U0136388

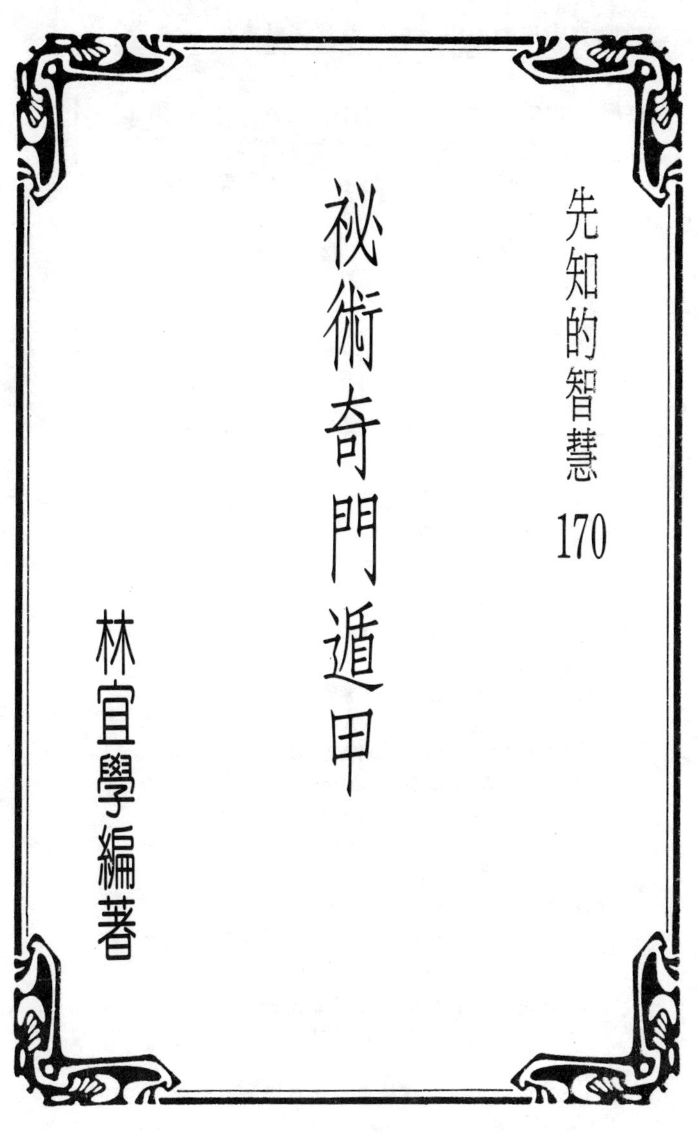

先知的智慧 170

祕術奇門遁甲

林宜學編著

龍吟文化事業

國立中央圖書館出版品預行編目資料

祕術奇門遁甲／林宜學編著. －－ 第1版. －－ 臺北市：龍吟文化，民82
面； 公分. －－（先知的智慧；170）
ISBN 957-689-044-6（平裝）

1. 占卜

292.5 82003620

祕術奇門遁甲

編　　著：林宜學
發 行 人：朱寶龍
行政總編輯：林淑華
出　　版：龍吟文化事業股份有限公司
社　　址：台北市民生東路3段113巷25弄35號
聯絡地址：台北市內湖區新明路174巷15號10F
電　　話：7911197．7918621
電　　傳：出版部／編輯部　7955824
　　　　　營業部／發行部　7955825
郵　　撥：0017944-1

排　　版：陽明電腦排版股份有限公司
　　　　　電話／(02)5363181　傳眞／(02)5367810

中華民國82年6月第1版第1刷

行政院新聞局局版臺業字第5283號
本公司法律顧問：蕭雄淋律師
　　　　　　　　李永然律師
本書曾於73年10月由希代書版公司出版

ISBN 957-689-044-6

Printed in Taiwan

編者小序

在預卜未來的學問裏頭，雖然著作發明非常多，但是大別分來可歸成兩類，一種是科學的推算，一種是靈的感應。這和通常把人分成理性和感性是同樣道理的。當然這種分法並不是絕對的，而且有大部份的人是折衷的，也卽綜合兩種性質的。

例如李子平的四柱推命術就是屬於科學推算的一種，這種科學所利用的方法和工具都是非常現實的。但是吉普賽民族中利用水晶球來幫人相命的則屬於後者。通常一個懂得科學推算的人預料出一件事情，只是算出事情的部份預兆，而且還要經過專家的解釋，大家才能理解那預兆的意義。但是一個熟悉靈的感應的人，他預知一件事情就宛如他親自那事情景像一般。他不必懂得一些很困難的科學公式，腦袋裏卽可浮現未發生的事情景像。厲害一點的，腦裏所浮現的景像可以歷歷如繪而且持續一段時間，輕微的可以一閃卽逝。最平常的，而且也是最多人擁有的，也是最容易令人覺得那是一種偶然的觸擊般的預感，但是景像却不一定有。這種靈的感應式的人又可分爲兩種，一種是平常人，這種人通常只是身體比較弱，特別敏感。那麼他的預知未來是偶發性的，不能控制的，不由自主的。也就是說，預知未來並由不得他，有時靈感一來，不想知道也由不得他，所以這種人的這種情形，只能算是一種現象，不能歸入預言術之門。一種是習有特殊方法來達到精神進入「恍惚」狀態而得以見到未來的情景的人，這種人通常說來身體也稍異於常人，不是獨具異秉就是身體有所缺陷。簡言之似乎並不可能人人都可學得這種方法。

預言術的後者，在巷閭間傳聞事件甚多，親身經歷的人也不少。筆者只經歷過一次：

臺北圓環是筆者岳父母家的所在地。天橋底下有一家遠東旅社。那個時候是民國六十一年五月，筆者沒記下是那一天，但是在結婚典禮的前幾天。事情是這一天發生的，但遠東旅社並非第一次經過，經常往岳父母家，經常經過遠東旅社，又經常看到門口掛着一塊招牌，上書：「洩天童」三個大字。那時候，筆者研究預言術已經有好幾年，微略有所得而已，但對於一般江湖相士是不輕易造訪的。這一天，心情不佳，走過該旅社，突然一陣心血來潮，朝着那矮小的門走進去，上了樓。

樓梯扶手邊有個昏暗的小門，門上垂下半截又黑又黃的粗棉花布簾。筆者在門口遲疑了一下，心想：「今天怎麼來到這種地方。」

「客人是吧？請進來。」裏面傳出不知是那一省人的口音，筆者只能確定那是內地人。

進了小門，看到一個青年和那位年輕的相士告辭離開了小房間。

房間裏迎面擺著一張書桌，桌上放了幾本薄薄的舊書，有「梅花易數」、「六壬金錢課」、

「六壬神課金口訣」、「奇門遁甲統宗大全」……大約有七、八本左右。老實說，他這一類的書只有我的十分之一多而已（也許還有藏着的，我不得而知。）桌子的裏面坐著一位貌不驚人的中年人，面清瘦，沒有鬍鬚，著淺色短香港衫。他背後高高的頭上方供著一組神龕，上有小匾書「恩主公」，我心想那只是幌子而已。他座位旁邊就是洗手間、浴室，書桌旁是沙發床，換句話說，這是一個只有兩坪半大的套房，一切簡陋不堪。

我一進去坐定在隔著書桌的他的對面之後，他就開始玩他的表演把戲——我一直認爲他是一位江湖，直到現在經歷過這一天的事實之後依然沒有改變這個觀念。

老早我就聽說過他的遊戲方式。這一天，他依然如同別人的描述那樣來玩他的把戲。打從進去後到最拿手戲的表演之前，他沒有問我的名字和八字（卽出生年、月、日時）簡言之，他對我這人應該是一無所知的。

他的遊戲是這樣子——桌子放著一疊六十四開大（約十公分乘十三公分）的紙。他把照道理不應該知道的有關於我的事實一一寫在紙上，我未把事實表達出來之前，他先把答案寫反蓋著，待我說出後，由我親手翻開他預測的答案，印證出他的預言能力。我一直以研究的眼光看著他，然而連串發生的驚奇，不斷的顯現在我眼前。細細瑣瑣的經過，卽使我拿不出證據來證明其中的漏洞，但都沒有我將要敍述的兩件猜測那麼使我震驚。

他要我說出我身上所帶的金額。我遲疑的眼神使他再度再三說明他無意敲詐，當然我知道他還是有意敲詐的。然後他說：如果他猜的金額差數在十元以上的話，算他沒猜中，差數在十元以下的話，算他猜對了。這時他已經把答案寫在紙上蓋在桌上。我想了一下也不怕他敲詐，就大約想了一下身上分置兩個口袋的錢額，內口袋放了一千五百元，褲袋放了七百元，還有一些零錢我的確不知這天用了剩多少，我說：「大約兩千兩百元左右吧？」這位「洩天童」一聽之下，臉上現出失望的臉色，無精打采的說：「你自己翻開看看吧！」我看他一臉毫不得意的模樣我就知道他猜走了樣，本來嘛！你也不是神仙，縱然你變一隻蒼蠅摸進我的口袋也無法霎時之間數出我所帶的錢數。說一句我認為可以武斷的說法，縱然我把兩疊錢放在桌上讓你只看不動手數，你也無法猜出那些錢有多少，猜不中乃正常事。於是我翻開答案紙，上面赫然橫寫著2290四個阿拉伯數字，我心頭不由猛地一震，由不得我震驚。原來他的無精打采只在那九十塊錢上頭，因為他說差數在十元以上算他不準。隨著驚訝我連忙拿出我褲口袋裏的零錢出來算，緊張而仔細的算，結果是八十六元，換句話說，這時我才清楚身上帶有2286元。這個結果頓時使我的理性起了一陣混亂，以前的信念和宇宙架構霎時之間被震成粉碎，一時百感交加。雖然極盡我的觀察和推理，我找不出他的蹊蹺。另一方面，由於我說的數目是二千二百左右，他竟然會現出失敗的臉色來，可見他對我這身上的錢數並非由他用什麼方法見到或聽到。可是他如何能知道呢？而且差額在他限定的十元範圍之內那麼僅僅四元之差。

接著使再度驚奇的是他猜我的兄弟姊妹人數以及我的排行。我想既有前述的驚人能力，這次也不必贅述。他紙上寫着：「兄弟4、姊妹6、排行5」。依照或然率來算，猜中率只有千分之一。在千種的組合當中要點中此一組合談何容易，說是胡猜中簡直完全不可能。雖不能說像我這種條件排列的人在全世界當中只有我一個，但明著用調查去找，恐怕也是非常不易找到。我的兄弟姊妹情形以及排行正是如此。依我研究四柱推命數年來的經驗，我知道光憑八字是不可能推算出如此精確的數字來的。

「洩天童」說他用的方法是「奇門遁甲」。可是依我當時的看法，他大概是利用占卜的手法。研究到今天，我都還沒找到可以把未知的數字算得如此精確的證據和原理。因此，此時筆者很輕率的把此事歸入「靈的感應」範圍。

對於預言術雖然研究有年，但是對於利用靈的感應來作預言這種方法，筆者經歷或經驗都屬淺薄。在筆者以前著作「中國占卜奧秘」裏，筆者曾經力斥神異之說，認爲縱使神仙也在宇宙秩序的駕御裏。然而今天發覺神靈之事不是隨便可以斷言有無的，雖然宇宙秩序的立論並未因神靈之說而致崩潰，但是至少今天我們所常言的實驗科學方法已經無法用以證實神靈之有無。我認爲最重要的問題乃在於人本身對於宇宙諸現象的體會。對於一位終日焦急在事業裏，輝煌在事業裏人而言，有神靈對他並無意義，但是對於一位重視靈性的人而言，即使世界本無神靈，神異現象仍會不時的觸擊著他，影響著他。因此我們的重點在其和人之間所產生的關係和影響而不在其之有無存在。

筆者研究「奇門遁甲」，用數學方法，統計方法來整理它的公式，也已頗有一些前人所未有的改進和發明，但是老實說談不上精通。半年前。筆者從日文書店尋獲這本「奇門遁甲入門」（原名），如獲至寶。裏面爲適用於一般人，對於用法敍述相當詳盡，對於需要用到的資料也記錄十分完備，但是不談原理，不談哲學觀念，所以這是一本以實用爲目的書。舉凡生活裏的各種重要事件都可以把奇門遁甲拿來加以利用。筆者只希望大家一起來體會奇門遁甲的用法，然後才能進一步的談如何把奇門遁甲加以研究加以發揚光大。

目錄

編者小序……三
奇門遁甲的來源……一一
什麼是奇門遁甲……二九
效力驚人的『奇門遁甲』……三〇
——諸葛孔明所留下的唯一禁書。
陷對手於滅亡的危險智慧……三〇
知道奇門遁甲的人格殺勿論……三二
如意地操縱對方的『立向盤』……三四
作盤時須注意的事項……四三
發揮最大效果的用法……四五
掌握對方的愛情……四九

在購買物品、運動、休閒活動中達成最高願望……………七八
按照自己的願望處理金錢交易……………………一〇九
如何使困難的委託事宜獲得卓越的成功…………………一三八
在入學、職業考試當中發揮更大實力而使考試及格……………一六六
生病的時候，如何找到好醫生和適當的治療使健康迅速的恢復…………一八三

附錄：

表1　遁甲循環表（一九七四—一九八三年）
表2　節氣一覽表（一九七四年—一九八三年）
表3　時辰平支一覽表
表4　遁局一覽表
表5　遁甲立向盤
表6　（日盤例外）遁甲立向盤
表7　（時盤來外）遁甲立向盤

奇門遁甲的來源

「奇門遁甲統宗源流」裏說：

「奇門之說，論者謂始於黃帝刪於呂望張良」這是說奇門遁甲從黃帝時代就開始有了。

「奇門總序」裏又說：

「竊惟黃帝戰蚩尤於涿鹿，夢天神授符，而命風后演就奇門，此遁甲所由始也。」這也是說奇門遁甲一法是從黃帝時代開始的。

筆者從研究預言學開始，當時好奇的心理甚於尊崇。而且見到所有有關這種學問總是說由天神賜予黃帝使用來消滅蚩尤統一天下的。例如「淵海子平」裏說。

「竊以奸詐生，妖怪出。黃帝時有蚩尤神作亂，當是之時，黃帝甚憂民之苦，遂戰蚩尤於涿鹿之野，流血百里，不能治之。黃帝於是齋戒，築壇祀天，方丘禮地。天乃降十干、十二支，帝乃將十干圓布像天形，十二支布象地形，始以干為天，支為地，合光仰職門放之，然後乃能治之。」

當時筆者覺得十分荒誕不經，只把它視為神話。後來，日積月累，對預言學浸淫日深，發覺中國竟然有這麼一大套浩瀚如海，深奧無比的學問。因為除了源起的說法之外，所談的儘是些應用天文知識的推算方程，其理論完全基於宇宙秩序原理，絕不是無中生有，江湖騙子所能勝任其事者。例如我們談談有關尋常人常常談及的「八字」——

原來幾千年來，中國人記載人時間的符號裏，除了朝代年號及數字之外，還有一種無論怎麼改朝換代都不改變的記法，卽干支——天干地支。天干卽甲、乙、丙、丁、戊、己、庚、辛、壬、癸一共有十的符號為十干。地支卽子、丑、寅、卯、辰、巳、午、未、申、酉、戌、亥等一共十二的符號為十二支。干支兩兩相配，如甲配子、乙配丑變成甲子、乙丑、丙寅……等一共可以配成六十組干支，按照順序甲子代表一、乙丑代表二。而且它可以記載年的變遷，也可以記載月、日甚至時辰的變遷。年、月、日、時是目前比較常用的時間單位。把一個人出生的年、月、日、時利用干支來記載，每個單位有兩個字，四組單位一共八個字，所以常人把一個人的出生時間稱為「八字」。但是學問還不在此，如果甲子只代表某一年或某一月的話那就沒什麼意思了。妙的是這兩個連帶也說明而代表了這個時間的空間意義，簡言之，如是甲子年的話，這年是水性為基礎，木性發揚於外的年頭。所謂水性、木性乃是從來所謂的「五行」，它和人生百態發生緊密的關係，因五行也是浩瀚無垠的學理，此地無法贅述。以此類推，月、日、時也具有同樣的空間意義。由於天干和地支配著陰陽五行，例如甲屬陽木，乙屬陰木，丙屬陽火，丁屬陰火……以至壬屬陽水、癸屬陰水等等。於是隨著干支的變化，五行也跟着變化，五行一變化，其中生生相尅的狀況也造成了變化無窮的空間意義。但是由於其中干支的排法是固定，也卽有秩序的，其所配五行也是固定，則其生尅變化現象也是井井有條的，簡言之，在這理論基礎之下，一個人的過去和未來的變化都可從他的八字中看出。這種方法用於替人算命，從有藉記載以來以迄今日大約已有一千四百年左右的歷史，但這個歷史只限了「子平法」（如果談其他各種方法就不只些年限了）。如此長久的歷史以來到今日，算命之事沒有見到有式微的狀況。書本上所說的，也許我們可以認爲是著作者的揑造，但是誰人有如此高的智慧（因爲其中推理之精密非常人所能爲）却又來說如此辛苦的謊（一本著作怕要他半生的血汗）。而且說這謊又所爲何來？要說爲人算命還可賺幾文錢餬口，當時又沒有寫書賺稿費之事，窮極半生，寫出來的東西又沒幾個人看得懂，他何苦來哉？難道犧牲一生辛苦所寫的，儘是有些人所謂的迷信無有，荒誕不經的童話，看官有機會瞧瞧那些古書就知道，除了每書開始都說由黃帝開始的說法外，沒有神話、沒有童話、沒有故事，整本書裏盡是些符號（中國文字的符號）和推理方法，只知道稍稍識字的人就知道書裏絕不是像電視上演乩童時唸：「啊呢叭哦……」一些不學無識的編導所導出來的那種無根無據的亂來。這些古書不易看懂是眞的，可是我們不能犯上「吃不到葡萄說葡萄酸」的幼稚毛病而說它們是胡說八道。更何況，一個算命奇驗的人，名滿全國，您要去給他算命，並不像買東西一樣錢付出，東西就來，比排隊買白雪溜冰團的入場卷，比過年由北回鄉的旅客買車票，比那些對留學趨之若鶩的留學生從三更半夜排隊在美國簽證處外等候簽證還要難上幾倍，您要排隊等待等上三四天，還要掛號。那就是那就是嘉義民雄的柳相士。筆者見他三次，他就像一部活電腦一般，看官自己去經歷一下便知道。（坐車到民雄下車問柳相士何在無人不知）不敢說他百分之百準確，要不有相當令人驚訝的地方，哪一個神經病去聽他胡說八道？哪一個傻瓜幫他做免費的宣傳？他如何敢叫人帶錄音機去把他的判斷錄下來，後來他索性自己準備一部錄音機，他不但不怕人留證據，還積極叫人留證，要沒有些許奇驗不怕人家去把他的店砸了。如此說來，這方法是有些來頭，我們不必說它百分之百沒有問題，但是只要有百分之五十的中的率，則這種預言學必有研究價值。

君不見，上述所說的，算命是根據八字，八字是根據五行。不管是干支的排法，或五行配法，或五行原理其中有一丁點的錯誤，打從所謂的甲子年甲子月甲子日甲子時（總有開始的這一天的）的四千六百多年前黃帝開始，假設六十個甲子中，只排錯一組（如果全排錯那就更不必談了），換句話說，如果每六十年錯一次，每六十個月錯一次，每六十天錯一次，每六十個時辰錯一次。四千六百餘年來要錯成什麼樣子是一個天文數字，以年來算，它錯了七十六點六次，干支已經完全改變另一個相貌（完全脫胎換骨）。以月來算，錯了九百二十次，年月關係用面目全非尚不足說明其錯誤程度。以日來算錯了兩萬七千九百八十三次。以時來算錯了三十三萬五千八百次。天下的錯誤還有更甚於此者乎？如果當初干支完全一派胡言，那還用得著算嗎？換言之，干支和五行排法精確到絲毫錯不得，這是一個驚人的結論——四千六百多年前，黃帝（代表人類）已經擁有精確無比的天文知識、物理知識，甚至天文和人類的緊密關係的知識。這些驚人的知識是誰發現的？誰發明的？這是搖撼千古的人類大疑團。用這些知識的人雖然已歷數千年，時有人在，但知其原理來源者却沒有，一直到今天科學昌明至人造衞星進入太空軌道，太空船登陸月球，人類已發達到前人所未能想像地步，猶且無法理解這太陽系的結構——干支和五行說所來何處？這是何等驚人的科學文明，眞是茹毛飲血才發明火食才懂得穿衣的初民所能發明的嗎？

「淵海子平」說：

「……自後有大撓氏，爲後人憂之曰：嗟吁！黃帝乃聖人，尙不能治此惡煞。萬一後世見災被苦，將奈何乎？遂將夫十干十二支分配成六十甲子云……。」

「呂氏春秋」裏說：

「大撓作甲子……」

大撓氏何許人也？竟有如此能耐，能發明用之數千年皆準的宇宙架構及符號。當時人才開始知道穿衣服，按照了解，沒有科學儀器，文字也才由蒼頡造出。在溝通思想都尙有問題的時代裏，能發明出這有現代科學猶不能輕易理解的干支來，豈不是過份不合理，過份難以想像，實在太不可思議了，而且太不可能了。

筆者研究預言學多年來，令我大惑不解的問題固然不少，但是最令我覺得匪夷所思的，莫過於前人之發明這些足以說明太陽系架構的符號。自然，誰也無法證明干支爲大撓氏所創，反過來說，自然也無法證明非大撓氏所創。但是最重要的問題是這些符號是個無法抹殺的事實，而且爲中國人用了數千年也是個千眞萬確的事實。可是我們實在不相信茹毛飲血的初民能創見如此精確的天文學。如此一來這問題豈不是擱淺了嗎？

然而，在黑暗甬道裏摸索經年，本以爲永無見天日的希望，不料，突然，黑暗的盡頭閃現一道曙光——一套衝破中外古今所有科學哲學宗教的嶄新觀念出現了，那就是丹尼肯（Erich Von Däniken）所主張的人類有過史前文明的說法（詳情請看丹尼肯四本著作「文明的程歷（原名：諸神的戰車）」、「來自外太空的播種者」、「史前星際大戰」以上三書已由世界文物出版社出版，另一本「史前文明的奧秘」亦由世界文物出版社及時報文化事業出版公司同時出版，他跑遍了全世界搜集了數量驚人的物證來證明了幾個事實：一、史前時期人類已有了高度的文明。二、在史前時期已有外太空的高度文明生物來訪地球。三、人類所崇拜的神祇——上帝，卽耶穌的天父耶和華乃是來自外太空的來訪者。他所搜集的物證來自法國、義大利、美國、南羅德西亞、秘魯、智利、墨西哥、巴西、澳泉、蘇聯、撒哈拉沙漠、埃及、印度等等幾乎遍及全世界。換言之，在數千年前全世界已經受過來自外太空的高度文明的洗禮。只可惜丹尼肯來到中國想要尋找他學說的物證，却幾乎完全毫無所獲。在「史前星際大戰」一書裏，他曾來到臺灣，只搜得排灣族的圖騰可以證實他的主張，但是排灣族實質上不屬於中國文化的系統。所以中國的古文明成了他的漏網之魚。（希代書版公司卽將出版的「失去的文明」，對中國古文明的異象有詳細的補餘。）

按「春秋命歷序」裏稱：

「自開闢至獲麟，二百二十七萬六千萬，分爲十紀。軍紀二十六萬七千年。……一曰九頭系、二曰五龍紀、三曰攝提紀、四曰合〇紀、五曰連通紀、六曰敍名紀、七曰循蜚紀、八曰因提紀、九曰禪通紀、十曰疏仡紀。」

這是何等漫長的一段人類史，卽使說人國人學者好作夸詞，我們把這段時間單位減半再減半，也仍有五、六十萬年的長度。所謂「開闢」就是「開天闢地」以來。所謂「獲麟」乃指孔子西狩獲麟之時——卽距今兩千五百餘年前。

我們所熟知的（聽熟了名字的）倉頡氏、軒轅氏、伏羲氏、促媧氏、祝融氏、神農氏都在第九紀禪通紀的十九世之內。神農氏以後到孔子也就是第十紀疏仡紀。另外我們尙聽過的大巢氏、燧人氏被歸于第八紀因提紀之內。歷史上通稱的黃帝卽軒轅氏，常言黃帝迄今四千六百餘年，與這段記載差距甚遠。因爲第十紀已有二十六萬七千年，黃帝在第九紀之內，何故距今才四千六百多年？年代之事只有史料沒有物證難以證實誰是誰非。但是若說從開天闢地以來有二百二十七萬六千年，這數目其實並不算大。在史前的這段漫長的時間裏，我們固然無法證實他們生活於黃河流域，或甚至有人主張黃帝乃來自中亞細亞也無法證實，但是他們的生活環境一定是在地球上。按照丹尼肯的說法，難道中國這一羣先祖能逃過來自外太空的播種者的洗禮嗎？難道中國史前眞可以沒有高度文明而突然會有黃帝時代這一段成就嗎？難道沒有外來高度文明的傳授而能發明放之數千年皆準的干支五行嗎？照理說當然是不可能的。

「春秋命歷序」裏稱第一紀九頭紀：

「人皇九頭，把羽蓋乘雲車，使風雨，出暘谷，分九河。」誰告訴「春秋命歷序」的作者有「提羽蓋乘雲車，使風雨」之事，沒人告訴他，他如何有車子可以在天上飛還可以呼風喚雨的想像。這不正是丹尼肯所說的「諸神的戰車」卽行使於空中的太空船的模樣嗎？沒有高度的科學技術，誰人有「分九河」之能。也許有人認爲這只是古人想像神是萬能的罷了，但是沒人傳言，一個人眞能有此離譜的想像嗎？

還有「五龍紀」的「皇伯、皇仲、皇叔、皇季、皇少。五姓同期，俱駕龍，曰五龍。」這五龍眞是今天過年過節街上舞龍那種樣子的龍嗎？爲何中國天子俱以龍爲標記，身體謂龍體，衣服謂龍袍，天子謂眞龍天子。爲何天子是乘龍而來？爲何「天上」有「龍」？爲何常人觀念中「龍」總是捲著風雨而來。若果先民沒有見過來自天空有如「龍」（龍之字自此而生）模樣的太空飛行物體，天上可以見到只有飛禽，何來「龍」的觀念和想像？先民若果沒有見過有人自「龍」而降，何來駕龍飛天的想像。若果先民沒有見過有人「駕龍」爲何以其當時不能乘龍的人却要想像他的前人能駕龍？而且「龍」不但可以飛天還可以入海，掀起滔天大浪，除了太空的飛行物，誰曾見過一種東西具備飛天和入海之能。「海龍王」很顯然是具備有無比威力的太空船。而「龍」自然也當時的太空船。在茹毛飲血的先民之時，突然從天上降一條怪物，帶著強大無比的風力和

聲響，震撼得大地搖動，然後從怪物上面下來一個「人」，這個「人」不是天子是誰？對於這種怪物當時既不會稱之爲太空船也不會稱爲火箭，古人稱呼一物通常都用一個字，則不以其所發出的巨大「隆隆」聲響爲名，要叫什麼才最恰當呢？然後再因其東突西蹺的怪模樣定了這麼一個「龍」字。當然在這十紀裏，「龍」不只一架，也不只來一次，有一段漫長的時間，太空人駕駛著「龍」不時在中國的上空來來往往。從「龍」走出來的天子却不一定是人樣，例如伏羲是蛇身人首，女媧也是蛇身，神農則牛首，因爲實際上他們並不是人類。

「詩經商頌裏謂：

「天命玄鳥降而生商」這玄鳥當也是太空船。

「墨子明鬼篇」裏說：

「有神，鳥身，素服三絕，面正方，曰予爲勾芒。」

「國語周語」裏說：

「有神，人面，白毛，虎爪，執鉞，是爲蓐收，天之刑神也。」

然後不知曾幾何時，這些從「龍」下來的「人」不再當皇帝了，爲宇宙間來往之方便，他們訓練人類自己管理自己，然後他們退居爲神。由人類自己產生的天子，也許曾被帶入「龍」後再由「龍」而降，也許是爲了建立像太空人那般的威信，也就以「龍」爲他的標詳。要不有這些緣由，「龍」的觀念將從何而來？（請看「不明飛行物」及「神秘的飛碟」兩書）

再研究一下中國武將所穿的盔甲。身上的裝佩在一般意義上來說是防止刀劍弓箭用的，但是除了聽說的「寶甲」之類的盔甲能抵得住刀劍之外，通常是毫無用處的。另外還有一個說法，即增加威武氣勢來震懾敵人，但是只爲增加這種心理因素力量披上這種重達百斤的盔甲，只有帶給他諸多行動的不靈活而已，也是令人覺得不可思議的事情。也許還有其他的原因也未可知，不知道的只好不談它。我們只來談談頭盔。通常頭盔由四個部份組成：一、是護盔本身。二、是帽緣和護耳。三、是護頸。四、是「角」。護盔本身的作用我們可以了解百分之八十，它是保護頭部用的，但是忽地一箭射中該頭盔時，通常突甲而過，人是應聲而倒的。護頸的作用我們只能了解百分之三十，護頸部份通常都軟性的，不是軟甲就是只有一層布，更不必提其防護作用，它唯一能防的是防晒和防止蚊子來襲其頸部，一個軍人怕晒還像話嗎？要是說怕蚊蟲咬那也許還有點道理。帽緣和護耳的作用則不可理解也。以實用目的而言，帽緣是遮陽用的，若果是遮陽用的，則其帽緣應該向前平伸或斜伸才對，但是令人意外的，它垂直貼在帽邊上。更且，帽緣中央有塊小鏡片或金屬片，它是照妖鏡？象徵權威？（可是不論階級幾乎所有頭盔皆有此物）美觀？第三隻眼睛？嚴格說，無法理解其用意。還有從中央這塊小金屬片的上方從空中伸出一條不知是何種質料作成的「鐵線」（多少具有一些韌性），線的末端繫了一個有各種形式的「纓」，這「纓」也許是象徵階級也未可知？但是象徵階級的標誌渾身都是，何必在這「纓」上，而且又何必利用一條「鐵線」騰空而起呢？爲了美觀？誰開始認爲身上東突西蹺是美觀？若果不是古人曾經見過從帽

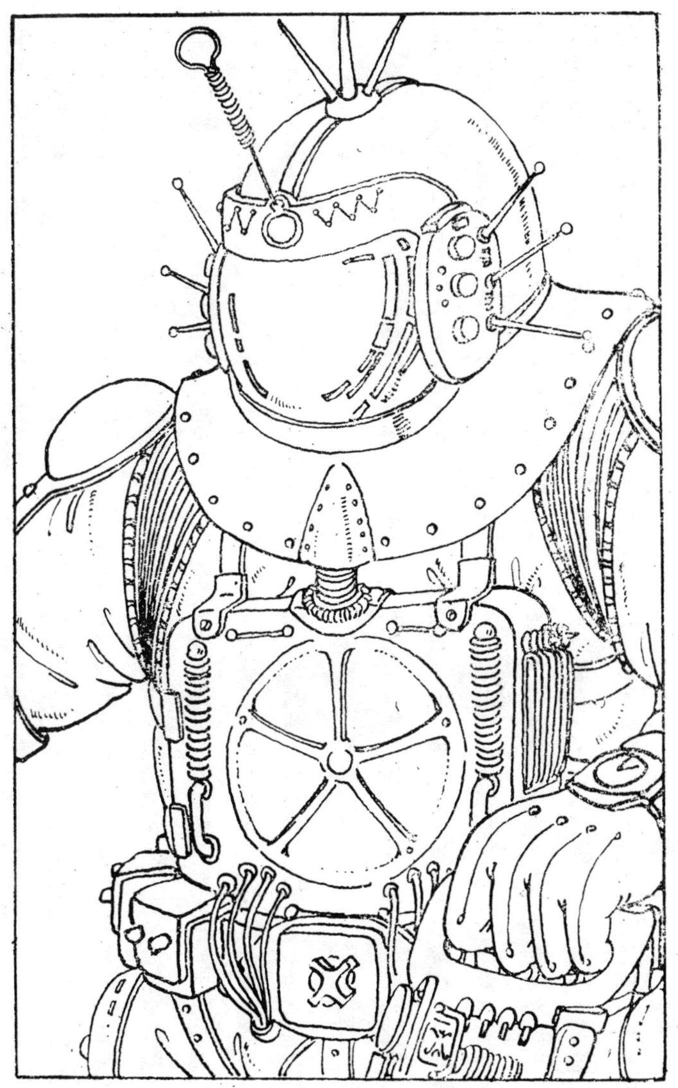

緣裝設一個騰空而起的「線」的裝置，他如何能有這種想像，而且不只想像，沿用的歷史竟達千年之久。講句笑話，只增加給敵人一個可以輕易抓住的把柄而妨碍到打鬪罷了。護耳的部份也令人百思莫解的，若不是爲了某種特殊作用，耳朶蓋著只碍聽覺，對戰事不利而已，沒有任何好處。而且光是護耳又何必有一大堆突起或尖角呢？難道這是模仿鳥類的翅膀？要飛？但是總括說來，最不可思議的還是那護盔本身頂端的「角」，這「角」的形式也很多，最近的資料裏大都呈現兵器中的槍、矛、叉的模樣，有的只是一個尖角。讀者認爲古代將領常常用頭部當武器來襲擊敵人嗎？不說也知道那「角」絕不是用來殺人的，因爲當它刺進敵人身體的時候，不使力是拔不出來的，那時豈不是因爲頭部運轉不靈而輕易斷送生命。那麼，它幹什麼用的呢？又是增加威勢？美觀？沒人告訴古人，或古人沒見過頭盔上揷有此物的經驗的話，他何以認爲頭上長個角是美觀呢？

我們來作作比較合理的解釋，中國古代軍人這一套裝扮可能是從來自外太空的「人」那邊學來的。中國古人見過太空人頭戴爲了利於太空旅行的頭盔，他們的頭盔上也許有玻璃面罩，帽緣上有個電眼，電眼上頭伸出一根當雷達探測用的天線。帽緣兩旁有爲了利於在太空或異域裏通話和覺察任何外來聲響的耳機，耳機上也有各種突起的探測天線或連絡天線。爲了避免直接接觸不習慣的太空氣體，護頸也勢必要有的。理所當然，上連頭盔本身，盔頂又裝一座總天線。這些「人」都是乘「龍」而降的，中國古人也許曾經截過這種頭盔，也許不曾戴過，但是他們一定見過，而且見過他具有無比的威力。戴有這種頭盔的「人」誰都要怕他幾分，因此這些太空的來訪者走了不再回來後，中國古代的將領爲了叫部下敬畏他，也學太空人戴有各種裝置的頭盔，只可惜當時的中國人還沒有能力接受這種高度科學知識和技術，只好只有裝模作樣作個表現文章，後來經過時間的演變，大體上特徵沒有變，但仔細的樣子自然都變了。那盔上的「角」即總天線，護耳即耳機，「纓」即探測雷達天線，帽緣金屬片卽電眼。讀者以爲然否?

丹尼肯沒有考察到上述的幾點，比起他說周朝銅鏡背面像「整合電路」要合乎他的主張些。在我認爲，他那「整合電路」的考察是不會有太多的結果。

如此說來，外太空人訪問過中國的可能性大增。外太空人來傳授一些精確而基本的天文知識，甚至告訴中國人一些有關宇宙生命奧秘的事情也越加可能。那麼中國這一套預言學的來源就可以得到比較合理的解釋了。

「繹史卷五引帝王世紀與春秋元命苞語」稱：

「黃帝之母附寶，感大電繞北斗樞星，光照郊野而生黃帝。」

黃帝是如此來的，我們無法證實他是神的兒子或者是人的兒子。但是從史料記載，我們知道他不是乘「龍」而來的，而我們也的確是他的後裔。

「竊以奸詐生，妖怪出。黃帝時有蚩尤神作亂，當是之時，黃帝甚憂民之苦，遂戰蚩尤於涿鹿之野，流血百里不能治之。黃帝於是齋戒，築壇祀天，方丘禮地。天乃降十干、十二支……。

」可見黃帝的確是人了，他爲了和「神」（也許是外太空人）取得連繫，利用「神」留給他的「祭壇」（雷達連絡站）來求神助，結果「神」說沒有時間了不能親自幫他打戰，只敎給他一些可以應用自然力量的符號和方法（天干地支）。

「黃帝戰蚩尤於涿鹿，夢天神授符，而命風后演就奇門，此遁甲所由始也。帝堯命大禹治水，得玄女傳文，而因洛龜畫敍九疇，此遁甲所由著也。」可見奇門遁甲的原始也是由這些「神」所授予黃帝，然後經由當時人以及後人加以發展的。帝堯之時的玄女也很可能是來自外天空。所「洛書」乃是神龜負書出現於洛水，這神龜也很可能是盤形飛行物，可以飛天也可入海。

「繫辭」裏謂：

「河出圖，洛出書。聖人則之。」這龍馬負圖出現於河，神龜負書出於洛，在當時定然來頭不小。否則眞的憑河裏突然躍出一匹龍馬身上有著不注意也不易發現的斑點以及神龜背上刻有幾點圓點，誰會去注意它，更何況是聖人自己去以它爲圭臬。事情按比較合理的猜測，一定一架類龍又類馬的「潛水艇」帶來了「河圖」，一架像龜的飛碟型「潛水艇」帶來了「洛書」。

「尙書大傳鄭注」稱：

「初禹治水，得神龜，負文於洛，於以盡得天人陰陽之用。」這也是在說明洛書之來由。

「漢書五行志」稱：

「劉歆以爲〇羲氏繼天而王。受河圖，則而畫之，八卦是也。」

「奇門遁甲」一術所用者，卽洛書九宮，與後天八卦，然後按照節氣日時的天干地支來演奇門。我們從零零落落的一些資料裏可以在腦海裏對它的來源有個梗概。此說發前人之所未有，雖未敢下定論，而且於理亦未全，但總算爲此奇門絕學盡了一份薄力。

譯者

什麼是奇門遁甲

「奇門遁甲」可以說是中國最大的一門秘術學問。也可以說是世界上唯一以如意地控制對方爲主的命運學。在古代中國它被稱爲帝王之學，其中奧秘是極端守秘的，不得洩露於外人，如果一般人盜用經發現者斬首勿論，所以它可以說是秘傳中的秘傳。因此，它深深地埋沒在歷史的淵底，由於它的可怕，師父只親口傳授子弟，一線單傳下來。它的準確率近乎百分之百可以誇稱爲世界各種命運學之首位，由於它的深奧難解，在日本了解它的人實在屈指可數。本書乃積著者十數年的研鑽和努力的成果，使它很簡易的向一般人公開。但是由於使用方式，可能使對手陷入困境，也可能造成犯罪。因此，應用本書的時候，絕對禁止用於爲惡。

効力驚人的「奇門遁甲」

——諸葛孔明所留下的唯一禁書

•「奇門遁甲」乃是

可以使自己如願以償的秘術學問

陷對手於滅亡的危險智慧

世事不如意者十之八九。愛人移情別戀了，朋友出賣自己了，突然疾病纏身了，生意失敗了，考試名落孫山……等等，總之，人生在世，老是到處碰壁，到處不如意。因此，有人認爲人類逃脫不了命運的掌握，人生是乏味的。那麼請您一定要看完本書。

命運眞的無法逃避嗎？以前所介紹過的命運學，幾乎全部是以證實人類與生俱來的先天運爲目的來討論的。不管是姓名學也好，占星學也好，或者是數靈、手相、人相等各種相術也好，都是各具特性的命運學，但是也都只是一種將一個人生下來時被宇宙所賦予的先天性而無法避免的宿命加以解說證明的學問罷了。

然而，如果命運學的作用是在於建立人類眞正幸福的話，則後天命運的開拓應該是比先天運來得重要多了。如果我們能夠判斷得出，明天將會發生什麼事情？或者，更逼近的一、兩個小時之後自己將要遭受怎樣的命運，則這世界上還有什麼可怕的事情呢？

在研究開拓人類後天性命運的的學問裏，有一門叫做「氣學」的學問。讀過拙著「氣學入門」（原著者在日本出版）的人相信可以充分的體會到它的効力。氣學的最大効力是發揮在有關年和月的事件上面的東西，也就是例如遠途旅行、搬家、轉變職業等比較大的事情的判斷。但是，在我們的日常生活裏面，並不是隨隨便便就有遠途旅行、搬家或轉職的機會。最切身的倒是在日常生活裏纏繞不已的命運的線索最要緊。

一進入公司以後，和顧客的交易、委託事件、和上司的衝突與協調、推銷的拜訪、接待，在私人生活方面，和愛人的約會、求婚、金錢的借貸進出、健康問題等等，任何一件事情無不與我們日常生活息息相關，我們的日常生活也處處被隱藏著左右我們命運的定律所包圍。如何一一來解決這些問題才好乃是本書的主要課題。一旦有一件事情處理錯誤，將有可能使我們的人生陷入永無翻身機會之餘地。

「奇門遁甲」所要敎給我們的是如何解除所有前面開頭所說過那種不安以及傳授如何加强自己的力量的方法。這種効力驚人的中國古文化的秘傳中的秘傳，不但將我們的命運證之於事前，而且使我們能按照自己的意願來控制對手的行動。

知道奇門遁甲的人格殺勿論

奇門遁甲所研究的是在探討自然界的磁性作用在每年、每月、每日、每時中的流動情形以至於影響到萬物之靈的所謂運氣，然後歸納出一種活用的符加以來推研而出。氣學這種學問預料的特性是事情未發生前，根據靈活的方法來推斷預料自己的命運。相對的，奇門遁甲這種學問隱藏着一種危險的機能，它可以在某個方位招來對方，或者只要自己在某個方法行動，就可以自由自在的操縱對方，因此這種學問被視爲極度的機密。因爲這種學問敎我們方位的方法，使我們達成自己的願望，所以如果把它用到作壞事上頭的話，就糟糕了。之所以，這種効力驚人的秘密學問在今天不能普遍爲一般人所了解，很顯然是於古代的人們只把這種學問傳給人格完美而值得信賴的人而且只用親口傳授的方式來畜傳的緣故。

尤其是在中國，這種奇門遁甲是用於軍事上面的。基於奇門遁甲這種必勝必成的原則，許多古代的軍事學家（古稱軍師）都得到了最大的成功。其中最有名就是「三國志」裏面的諸葛亮

——孔明。諸葛亮人稱諸葛武侯，大家都知道，他在多次的戰役當中利用奇門來布陣而大敗敵軍。對於軍人而言，如果能夠精通奇門遁甲的奧秘，的確就等於掌握了天下覇權的關鍵。因爲，史書上記載得非常淸楚，在中國，一個朝代的創始者，必定擁有它獨自的奇門遁甲的體系，否則就是身旁始終跟著一位精通此學的好軍師好參謀。有用到這種地步的奇門遁甲，皇帝一旦已經掌握了天下覇權當然會想盡辦法把它消滅掉。於是，一切有關奇門遁甲的著述完全被禁止了，如果犯了這禁令的人，必遭全家九族皆抄沒的厄運。

因此，奇門遁甲隱藏了它那神秘而驚人的能力四千年之久，矇上了重重的長遠的歷史蒙紗以至今天。

我從十幾年前就開始研究奇門遁甲這學問當中一部記載最詳細而且最具權威的著作——諸葛亮所著的「奇門遁甲統宗大全」。從幾年前開始，我屢次親身體驗了它的驚人効力。

然而，爲了公開這奇門遁甲，我面臨了兩個大問題。

其一是這個可能使人類的夢得以實現的驚人學問，它的困難是言語所無法形容的。爲了要製作這種學問深奧的遁甲盤，爲了要解釋這種遁甲盤，不知傷透了多少軍事學家的腦筋。這也就是在國內了解奇門遁甲的人少又少的最大原因。經過我好幾年的研究結果，終於發現了一種方法，可以將難懂的作盤變成人人能懂。說是簡易的作法，其實只是從本書後面所附的各表對照抄取而得的方法這種方法，我敢自誇是沒有人能想到的方法。這是第一個問題，解決了。

現在第二個問題，只是我對將要使用本書的讀者的一個願望而已。

就如同前面一直反復說明的那樣，這奇門遁甲是一種使自己達到最好狀況而改變命運的學問。假若把它用在作壞事方面的話，很可能傷害了對方，使對方陷入萬刼不復的絕境。所以，但願各位讀者使用本書的時候，要一本己立立人，己達達人，使自己幸福也使別人幸福的原則，才不違本書的本意。

如意地操縱對方的「立向盤」

依「奇門遁甲」所記載，地球上可大約分成八個方位，每個方位角大約占四十五度，每年、每月、每日、每時，依照方位角所造成的象徵意義（磁性現象），自由自在的改變自己的命運乃是本學問的目的。然而，如本書前面所述的，像大旅行、搬家、轉職這種機會並不太多的事件，我們把它委之於「氣學」的範圍，不去討論它。所要集中心智去探討的乃是奇門遁甲所能發揮最大効果的以日或時爲單位所發生的事件，也卽我們每天所面臨的日常生活的問題的使用方法。

因此，簡單的說，在本書裏面，我們分成六個目的類別，必要的時候，我們按照本書的方法所說的最好的方位去行動，必能達成我們的目的。而且，在這門學問裏面，沒有所謂自己的星或者生年月日時或者干支之類的痲煩限制。只要使自身按照當天當時的最好方位移動，委身於它的暗示就好了。

只要沒有錯誤的利用我所研究和實踐出來的獨特方法來作出「立向盤」，它就能宛如自己的東西一樣地發揮百分之百的効果。

立向盤

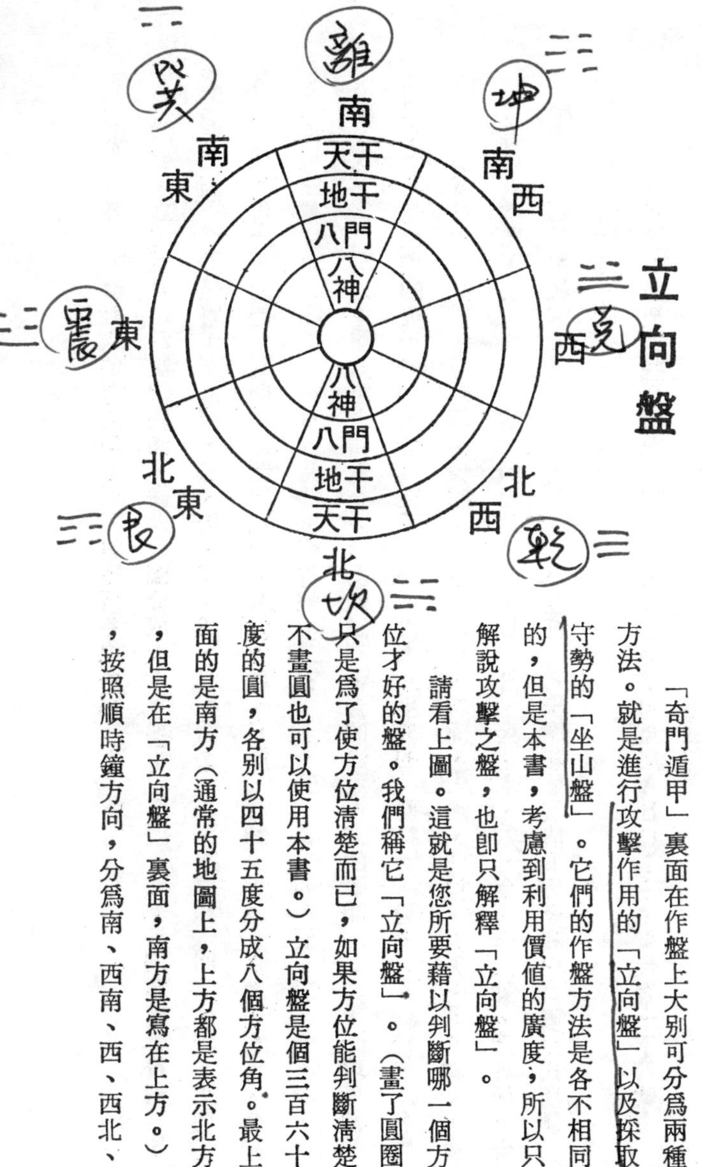

「奇門遁甲」裏面在作盤上大別可分爲兩種方法。就是進行攻擊作用的「立向盤」以及採取守勢的「坐山盤」。它們的作盤方法是各不相同的，但是本書，考慮到利用價值的廣度，所以只解說攻擊之盤，也卽只解釋「立向盤」。

請看上圖。這就是您所要藉以判斷哪一個方位才好的盤。我們稱它「立向盤」。（畫了圓圈只是爲了使方位清楚而已，如果方位能判斷清楚不畫圓也可以使用本書。）立向盤是個三百六十度的圓，各別以四十五度分成八個方位角。最上面的是南方（通常的地圖上，上方都是表示北方，但是在「立向盤」裏面，南方是寫在上方。），按照順時鐘方向，分爲南、西南、西、西北、北、東北、東、東南等八個方位角。這種順序請各位要記住。

然後，立向盤分成四層的圓圈。從最外圈分成天干、地干、八門、八神等四種暗示符號。所謂「奇門遁甲」乃是將十干（甲、乙、丙、丁、戊、己、庚、辛壬、癸）和八門（休門、生門、傷門、杜門景門、死門、驚門、開門）以及八神（太神、日神、月神、火神、水神、木神、金神、土神）三種意象（機能）在日或時的單位符號十二支（子、丑、寅、卯、辰、巳、午、未、申、酉、戌、亥）上面，視其組合和重疊情形而加以判斷吉凶決定吉方的學問。（其實此地所謂的「地干」乃是地盤的天干，而此地「天干」的甲代表九星裏的「直符」。還有「八神」的原名應該是「小直符」，其順序是直符、滕蛇、太陰、六合、勿陳、朱雀、九地、九天一共八神。本書作者田口眞堂為了使其容易記憶，因此改為神、日、月、火、水、木、金、土八神。譯者仔細研究所謂「奇門遁甲統宗大全」這本書所說的小直符，其秩序和輪流情形完全和田口直星氏所謂的八神附合。八門沒有改動。——譯者按）

但是，我們不必把這些全部記下來。本書為了簡便起見用ABC……來代表十干符號！

甲→A、乙→B、丙→C、丁→D、戊→E、己→F、庚→G、辛→H、壬→I、癸→J

至於有八門和八神，也只要簡單記住休、生、傷、北……和神、日、月、火……就好了。

爲了要讓各位了解立向盤必定南方在上，以四十五度分成八個八位，從外圈排成天干、地干、八門、八神四履等情形，此地我們舉實際作盤的例子來加以說明。因爲只是很簡單的查表和抄寫的工作，所以請千萬不要把順序弄錯或抄錯。立向盤的作盤製作時須使用本書後面從表1到表5的一覽表，但是，日盤和時盤的作法是有所不同的。

日盤的作法

日盤的用途適用於兩小時以上至將一天的情形。

作日盤的時候只要使用書後附錄中的表1「遁甲循環表」和表5「遁甲立向盤」就可以了。假若，作盤的日子是一九七四年三月六日（陽曆）。請您把您想知道的日子跟著本例來練習作盤以助記憶。

①首先，從表1遁甲循環表中翻開一九七四年那一頁，查看三月六日的項目，就可以看到像圖A所示的「四C午」的字樣。這「四」字就是局數。在局裏有所謂「陽局」和「陰局」。在本書上面：

表1　遁甲循環表

月＼日		1日	2日	3日	4日	5日	6日	7日
2月	局	七	八	九	一	二	三	四
	干支	J酉	A戌	B亥	C子	D丑	E寅	F卯
3月	局	八	九	一	二	三	四	五
	干支	H丑	I寅	J卯	A辰	B巳	C午	D未

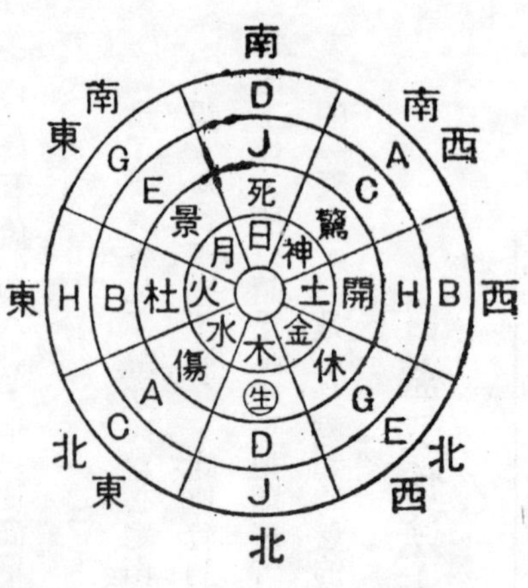

C午	南	南西	西	北西	北	北東	東	南東
陽三局	ED驚水	FB開火	DA休月	BH生日	AC傷神	HJ杜土	CE景金	JF死木
陽四局	DJ死日	AC驚神	BH開土	EG休金	JD生木	CA傷水	HB杜火	GE景月
陽五局	GA杜金	FD景木	JG死水	HF驚火	CJ開月	BH休日	AC生神	DB傷土

一、二、三……這種中國數字表示陽局

1、2、3……這阿拉伯數字表示陰局

所以「四C午」就是「陽四局C午」（原應稱「陽遁四局丙午」——譯者按）。請把它記在紙上。那麼如果是「5C午」的話，就是「陰5局C午」的意思。

②從表5遁甲立向盤當中翻開剛剛記下的「C午」的一頁。這表上半段是陰局，下半段是陽局。因爲「四C午」是陽局，所以請在下半段搜尋「C午陽四局」一欄。這一欄橫看就如同圖B所圈示的一樣，也就是表示南方的四履符號按照順序從外圈是DJ死日、南西方是AC驚神、西方是BH開土、西北方是EG休金、北方是JD生木、東北方是CA傷水、東方是HB杜火、東南方是GE景月。

就如同前面所述，南方的天干是D、地干是J、八門是死、八神是日的意思。請將「C午陽四局」一欄所示按照順時鐘順序從南方位置填寫在圓圖上就成爲像圖C所示的樣子。這就是以一九七四年三月六日爲例所得的日盤。我們只要以此爲根據打開以目的類別記載的本文內容加以查看就對了。

但是，在作日盤的時候，可能會碰到所要查的那一欄上面沒有記載天干、地干、八門、八神的符號，却只記載著「例外」的字樣。這種情形將會在時盤的作法上加以補充說明。

時盤的作法

——時盤的作用在兩個小時之內的未來。時間短，發揮的効力的也短暫。——

爲了要製作時盤必須要使用本書後面所附的所有的表。假設，要作盤的日子和時間是一九七四年二月十日的早上十點鐘。請您也把您想知道的日時跟着本例來練習作盤以助記憶。

月＼日	6日	7日	8日	9日	10日	11日	12日
1月	〃	〃	小寒上	〃	〃	〃	〃
2月	〃	立春上	〃	〃	〃	〃	立春中
3月	〃	〃	〃	啓蟄上	〃	〃	〃

①找出一九七四年二月十日的天干。

從表——遁甲循環表當中找出一九七四年二月十日一項，上面所示的是「七I午」。這「七」字我們不要管，只要把中間那個「I」字記在紙上，寫成一九七四年二月十日就是I日。（I日就是壬日。這種日干的推斷也有簡便的數學公式，是譯者自己研究出來的。由於不在本書範圍之內，此地不贅述，只在此說明，此天干並非一定得查表或萬年曆才能獲得。——譯者按）

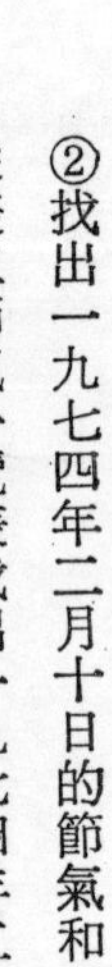

表3 時間之干支一覽表

J E 之日	I D 之日	H C 之日	日干／時間
B卯	J卯	H卯	午前5時 午前7時
C辰	A辰	I辰	午前7時 午前9時
D巳	B巳	J巳	午前9時 午前11時

表4 通局一覽表

時			陽					局
A	B	C	大寒	立春	雨水	啓蟄	春分	節氣
A子	B丑	C寅	三	八	九	一	三	上元
A戌	B亥	C子	四	九	一	二	四	
A申	B酉	C戌	五	一	二	三	五	
A午	B未	C申	六	二	三	四	六	
A辰	B巳	C午	七	三	四	五	七	
A寅	B卯	C辰	八	四	五	六	八	
A子	B丑	C寅	九	五	六	七	九	
A戌	B亥	C子	一	六	七	八	一	

②找出一九七四年二月十日的節氣和元。

從表二節氣一覽表找出一九七四年二月十日一項，則我們可以看到像圖D所顯示那樣從二月七日到二月十一日是屬於「立春上」的範圍。它是說從七日到十一日的五天期間是「立春的上元」的意思。因此，一九七四年二月十日就是「I的立春上元」的日子。那麼，中就中元，下就是下元的略稱。請在紙上記下「I的立春上」等字。

③找出早上十點鐘的干支

翻開表時辰干支一覽表，往最上面那一橫欄搜尋前面所記的I日，那麼我們可以看到「ID之日」一項，如圖E所顯示的一樣。因爲所要知道的時辰是早上十點鐘，我們就順着右邊所記的時辰範圍找到早上十點鐘那項，也就是「早上九點到十一點」這項。I日之欄往下，早上十時之欄往左，在它們交叉的地方，可以看到「B巳」的字樣。我們就把「B巳」記下來。這就是二月十日早上十點鐘的干支符號。（B巳也就是乙巳。）

④找出一九七四年二月十日早上十時的局。

利用②所查出的「上春的上元」和③所查出的「B巳」，在表4遁局一覽表上找出早上十時的局。從表4的右頁上方橫欄中找出二十四節氣中的立春一項。右頁欄共分三段，上段為上元，中段為中元，下段為下元。因為我們要查的是「立春的上元」，因此就要從上段的左頁去找「B巳」一項。則「B巳」往右，「立春」往下的交叉地方可以看到像圖F所顯示的一樣，上面印了一個中國數字「三」。這就和日盤所說明的一樣，表示是「陽三局」。

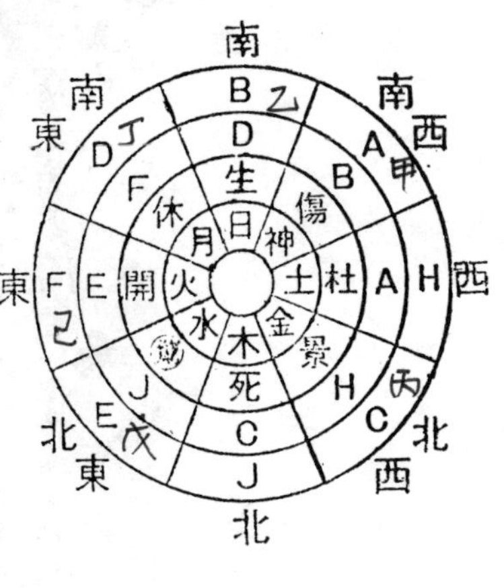

因此，一九七四年二月十日早上十時就可以判斷為「三B巳」即「B巳的陽四局」。

⑤作出一九七四年二月十日的遁甲立向盤。

和作日盤的時候一樣，翻開表5遁甲循環表，找出其中「B巳」之頁。因為是陽三局，所以必須從下半段去找B巳三局的橫欄。然後將橫欄上所示的天干、地干、八門、八神，如同圖G一樣，按照時鐘順序從南方填寫下來。這就是我們所要的時辰之盤。以這時盤為根據翻開以目的分類的本文去查看天干和地干所配合的該項就可以知道我們所想知道的。時盤雖然和日盤不同，需要採用五個階段的方法，似乎比較繁雜，但是，因爲只是移寫工作而已，只要順序不錯，抄寫不錯是非常簡單的。

※作盤時須注意的事項

1. 遁甲立向盤裏面也有例外

在作日盤或時盤的時候，雖然可以使用最後表5的「遁甲立向盤」，但是偶而也會遇到像圖H所顯示的那種情形。碰到這種情形的時候，因爲根據節氣一覽表，我們已經可以判斷我們所要研究的這一天的節氣，因此，只要依照像圖H所圈的欄裏所指示的來作盤就可以了。現在舉一例，加以說明之。我們爲一九七四年八月十五日下午十一時作盤，則：

A子	南東	東	北東	北	北西	西	南西	南
陰4局	AA(計)神	FF傷土	JJ生金	HH休木	CC開水	DD驚火	GG死月	II景日
陰5局	小雪■4	霜降■3	立秋■2	小暑■1	時盤	日盤■		〈例外〉
陰6局	GG杜水	HH傷火	CC生月	JJ休日	AA([illegible])神	BB驚土	II死金	DD景木

①按照表一的遁甲循環表可以查出一九七四年八月十五日是E日。

②按照表2的節氣一覽表可以查出一九七四年八月十五日是立秋的中元。

③按照表了的時辰干支一覽表可以查出下午十一時和

E日的交叉地點爲A子。

④按照表4的遁局一覽表所顯示，立秋中元和A子交叉所在是5，所以本局是陰5局。

⑤按照表5的遁甲立向盤，可以看到A子的陰五局那一欄就像圖H所顯示一樣。但是，不必著急。既然我們已經知道這一天是立秋，就可以從例外這一欄裏找到「立秋是2」的一行字，只要依照這指示，翻開表7的「時盤的例外」遁甲立向盤，找到A子的「2圖」的橫欄，然後按前面說過的方法在圓圖裏塡寫各方位的符號，即可完成一九七四年八月十五日的立向盤。

⑥有關日盤的例外也是一樣，按照指示在表6「日盤的例外」遁甲立向盤尋找也一樣一目了然。

2.關於遁甲循環表的陽局、陰局。

在表1的遁甲循環表當中，大約一年有兩天出現了中國數字和阿拉伯數字重叠一起的情形。這當然是表示這天陽局和陰局是叠在一起的，在這一天裏，以正午爲界限，上面的數字表示是早上，下面的數字表示是下午。因此使用日盤的時候，要考慮把早上下午分開。

3.節氣的大雪上元有兩個。

看看表2的節氣一覽表的每年的十二月，可以發現在大雪上、大雪中大雪下之後又重覆來了一個大雪上。這並不是印錯了。您只要把它當做奇門遁甲的節氣就是如此就好了。反正一切按照一覽表的指示來做就沒有問題，只是我猜想一定有人對這些有所猜疑所以才多叮嚀一下。

發揮最大効果的用法

奇門遁甲可以達成各位讀者從各種立場所要獲得的希望。奇門遁甲具有「無往而不利」一般的力量。其特色乃在於在使用的每一個瞬間都出現了它的効果，使自己的意志出人意料地通行無阻。最重要是在於活用這發揮最大優點的用法上面。

1.決定目的——

根據目的來分類，奇門遁甲所賦予我們的暗示是有所不同的。因爲常常也會有對於結婚而言是好的方法而對於交易來說却是壞的方法的情形，所以，第一是先決定目的。

2.決定使用的盤——

在奇門遁甲裏記載了日盤和時盤兩種。因爲日盤和時盤是完全不同的，所以一定要很明白的決定用那一種盤。大體說來，要推斷的事情是有關兩個小時以上的事情的就要用日盤，是有關兩個小時以內的事情時就用時盤，這一點要記住。(後面詳述)

3.作盤——

決定要用日盤或時盤之後，按照本書前面所說的方法來製作當時的立向盤。

了解清楚其地點是在什麼方位角，然後在所作出的立向盤上面根據那個方位角所記載的符號翻查本文就可以了。

4.應用於行動——

A可以決定時間和地點的情形：

例如，目的是生意交易，使用的是日盤，日子是一九七四年三月六日（在前而作盤時所舉例的日子），所走的方向是從東京到橫濱。那麼從東京到橫濱的方向是西南，我們查看所作出來的日盤上的西南（卽表上的南西）方位，上面所記的四個符號是「AC驚神」，那麼只要讀一讀本文裏交易一類的「A—C」一項，裏面所寫的就是這一天從東京到橫濱在交易事件上的暗示。

B沒有決定方位和日時的情形：

在這種情形之下，因爲可以自由地選擇方位，所以首先您用當時的日子或時辰來作盤，然後從本文所敍述的裏面找出對自己有利的方位，向這方位進行您的行動卽可無往而不利。

5.卽使沒有作出盤也可以使用本書——

作圓圖畢竟只是爲了要使其方位清楚罷了。其實只要決定了目的和方位，利用表5的遁甲立向盤，卽使不畫圓盤圖也可使用本書。只要您能憑感覺判斷南、西南、西……等各種四十五度的方位角而且習慣熟練的話，您就可以試着不作圓圖而使用本書。

6.時間和方位如何利用——

A時間如何測定：

在奇門遁甲裏面，時間的基準是在爲了當時想達成的目的而出發的那一瞬間。例如在東京新宿的一個人，要在下午四點鐘在銀座的純喫茶談生意。交通條件考慮在內，這個人在下午三點半鐘從新宿出發，那麼下午三點半就是奇門遁甲在作盤上所用的時間。

還有，奇門遁甲的時盤是以兩個小時爲單位輪流變換的。因此，如果事情延至三小時或四小時的話，則事情會受到不同暗示的影響。要很完美的發揮奇門遁甲的効力的話，應該盡可能在兩個小時間以內完成事情。否則的話，如果是三小時以上的情形，就必須採用日盤來判斷。

B方位如何測定：

雖然我們按照我們的目的來採用自己行動的方位，可是在實際情況裏面，無論如何，行動的方向不能成一直線進行的情形是常有的。但是，只要不在其他地點作長時間的逗留的話，是沒有關係的。還有，例如，雖是從新宿向銀座出發，却繞道經由其他的地方。這種情形，通常以最後向銀座出發的地點和時間爲基準。如果爲了某事從新宿出發到銀座，途中首先經過中野，然後在涉谷又有所逗留，最後從涉谷向銀座行動，這最後出發的地點和時間乃是作盤的基準，在方位方面來說，雖然新宿到銀座的方向是東南，但是從涉谷到銀座其方位却是東方。

7.壞的方位也可以改變爲好的方位——

我們每天要做的事情一定是有所約定和計劃的。幾乎沒有自由自在的時間上和地點上都合乎自己的條件和希望的情形。談事情的時候，如果對方所指定的時間和所指定的地點都是奇門遁甲的盤上所顯示的凶方——即壞的方位——的話，事情就糟糕了。然而，在這個情形之下，我們可以把壞的方位改變爲好的方位。例如，我們拿從東京出發到橫濱的情形來討論，從東京到橫濱的方位是西南方，但是假如西南方是凶方的話，就暫且先到別的地方去。這時就要研究一下要到橫濱來究竟要從哪個方向來才是吉方——好方位——我們就先到那個吉方的場所一下就好了。例如，根據當日當時的立向盤所顯示的知道南方才是吉方，於是我們知道要從北方進入橫濱才好，這時只要先到田園調布逗留一會兒然後出發就可以了。如果是利用日盤以日爲單位的話，只要在當日的前一天在調布停留一天，如果是利用時盤以兩小時爲па位的說，只要在前逗留一、兩個鐘頭，然後再向橫濱移動，這時它本來的凶意就完全消除了。

※在遁甲立向盤上所出現的八個方位角裏面，各別有着天干、地干、八門、八神等四種符號，但是本書的解說却以天干和地干的配合爲中心。因此，例如天干是A，地干是B的時候，就請看A——B的項目。至於八門、八神的効力各別在各章的章頭有補足性的解說。(讓各位讀者自行組合判斷八門、八神的影響，因爲如果再要把八門、八神按照所有立向盤的情形一一列出的話，則其篇幅實非本書所能擔負——譯者按。)

掌握對方的愛情

本章的特色

本章以戀愛爲主，舉凡有關男女之間所引起的認識、約會以及其他喜悅的事情等全部都可以利用。

●想在對象面前發揮您最大限度的魅力時。

●想使約會過得愉快的時候。

●求婚想使他（她）答應時。

●無論如何一定要抓住對方的心時。

此外，所有有關和異性產生關係的各方面，都可以引導您（妳）走向有利的境地。

但是，愛是雙方面的，要有對方才能成立，只有自己一個人自以爲是的陶陶樂，對方的他（她）却不快樂的話，就不能稱爲眞戀愛。

而且，就如同前面一再叮嚀的，因爲奇門遁甲可以掌握對方的生殺大權，所以尤其是在戀愛關係上面，如果傷害了對方則絕非愛情的本意。

從這個意義上說來，爲了培養相互之間的愛和幸福，如果並用日盤和時盤其效果將會更加完美。還有，約會的時候，爲了相互間過得愉快，不只爲自己，而且也爲他（她）找個吉方的話，則其效果可以發揮到最大限度，我想這是不必說的。

約會的時候如果儘量以日盤爲中心來應用，將可得到十二分的效果，儘可以放心使用。

還有，所謂「吉格」（好的格局）在男性和女性來說。有時候是不一樣的，所以要特別注意一下。

爲了使戀愛成功，奇門遁甲特別有一些如下列所記載的吉格。將之和本書一起並用，效果可以加倍。◇記號表示男性方面的吉格，♡記號表示女性方面的吉格。還有空欄的地方表示什麼都可以。

	天干	地干	八門	八神	備考
◇♡	B		開		天干B如果在北或西北則效果更大。

◊♡	B		休		天干B如果在北或西北則效果更大。
◊	B		生		天干B如果在東北則效果更大。
♡	D		○記號之文字		
◊♡	D		休	金	
◊	D		開	月	
◊	D		生	月	

☆八門和八神的效果

八門	開門、生門、休門	尤其是男性的開門，女性的休門更能充分發揮自己本來的魅力。
八神	太神、金神、木神	尤其是木神，它表現和諧，對戀愛和相配最有效果。除外，對於男人來說，日神也是好格，對女人月神也是好格。

(※補充說明——今舉一例來說，如果您從日盤或時盤上採取了一個方位，這方位上的四個符號是「BD開月」的話，則看看本欄的第一個直欄，欄上的天干是B，八門是開，我們的方位合乎了這個條件，再看看最上面一格的◊和♡兩個記號就知道這個方位和符號配置對於男人或女

人都屬於吉格。以此類推，如果我們的方位上符號配置合乎第六個直欄所列的條件，則這方位對男人來說是吉格，對女人却不是，因爲上欄只標了◇記號。反之，如果我們採取的方位全部不合所有七個直欄的條件，則非吉格。還有，在第四個直欄的八門裏寫着「○記號的文字」就是指八門的字之外又畫了一個圈的東西，這是奇門遁甲裏所謂的「直使」，直使就如同值星官一樣，是輪流由八門擔任的，因此每個圈內的文字是不定的，但是此地表示只要是畫圈的文字就合條件——譯者按。）

天干A所造成的效力——戀愛

☆A—A　在這方位角的約會，無論什麼事情都可以要求比較高的格調。一方面您可以選擇在高空覽室（Dky lange）吃飯，高談藝術性很高的談話，表現您高度的才華，確確實實扣住對方的心。在這個時候，最重要的一點就是給對方以誠實和高級的印象。

只是要注意不要逞能，因爲可能對方聽不懂您的話，變成您在唱高調就不好了。（吉）

☆A—B　朝這方位的約會，將可以到達山誓海盟，海枯石爛永不分離的佳境。因爲您的事情會受到上司、長輩和朋友的幫忙。它的效果並不是出現在約會當時，而是出現在約會回來以後。實際上的這次約會將在公園或美術館等寧靜的氣氛中度過，在這種安寧平和中深深種下無法忘懷的愛苗。

☆A—C　這對男性來說的吉格叫做「青龍回首」（按「奇門秘訣總賦」裏頭一句就是「甲

加丙青龍回首……回首則悅澤易遂」。A就是甲，C就是丙，所以此格叫做「龍回首」，日人叫它做「青龍回首」——譯者按。）朝這方位去赴的約會，您的溫柔的體貼，將如願地深深種在對方的心坎裏，留下深刻的印象。但是儘管如此，如果您太過勉強，也會使對方不以爲然或不知所措。這方位對男人而言是不吉格，但是對女人來說却只是小吉格。因此，最重要是保守一點才能抓住他的心。（吉）

☆A—D　這也叫「青龍回首」，尤其對男性而言大吉大利。朝這方位去的約會，最主要是您的優雅和豐富的知性將帶給對方深刻的印象。您的戀愛勢必意料不到地受到長輩和周圍人物的提拔和照顧而成功。對對方的感情就好像從同性的感情發展出來一般，很順利而輕易就情濃意密。

☆A—E　朝這個方位角去的約會，最必須注意的是要事先把對方了解得一清二楚，然後再想辦法給對方好印象。如果不注意的話，您的想法將不能讓對方覺得滿意，很可能一切期待都成爲泡影。但是您有臨機應變的能力的話，那麼事情就可以解決的很好。（小吉）

☆A—F　去這方位角的約會，很適合和對象一起去欣賞戲劇或音樂會。您對待對方的態度最好是誠實。因爲如果您要表現您的機靈的話，反而會引起對方的反感，恐怕帶來了不良效果。您必須改變您優柔寡斷的態度，抑制您的怠惰，很誠懇的去做。（小吉）

☆A—G　這方位角的約會，能避免就避免。因爲您煞費苦心的誠意並不能爲對方所接納，反而避會招來厭煩。因爲一切都會和您的希望相反，戀愛會造成破裂。因此，和對方相處的時候要很愼重。對交通事故也要特別注意以免發生不幸。（大凶）

☆A—H　朝這方位的約會，只要在公園之類的地方，安靜的交談就好了，但是不適合作運動身體的活動或者說一些嚴重的決心的坦白話。一切都讓它很自然而平靜的一起度過。要講一些嚴重的話，倒不如談一些微不足道的家常瑣事。（凶）

☆A—I　朝這方向去的約會，由於您的積極性使您性急，您會對您的對方起警戒心，所以您和對方相處的時候要儘可能保守一點，謹愼一點。不管您如何的愛他（她），如果在您的言行裏太過於表現您的熱情的時候，會反而會令對方覺您粗野。（凶）

☆A—J　朝這方向的約會，由於您們的相互讓步與妥協，您們相互間將有信心而且要好。相互把對方的身心視爲自身一般的愛情，將在您們的間萌芽。在氣氛寧靜的喫茶店裏談心，或者去欣賞電影、歌劇都可使您們之間的心靈交流在一起。（吉）

天干B所帶來的效力——戀愛

☆B—A　朝這方位角的約會，您將會在快樂當中度過充滿幸福的一天，譬如在船上的餐廳裏，一面看着風平浪靜的海面，一面用着美味的餐點，或者您將和愛人在野外陰涼的草上享受那可口的烤肉等等。您們兩位的愛，將由於今天，更加濃密，更加深入。這是向對方追求溫柔而穩定的愛情的最佳方位角。（大吉）

☆B—B　朝這方位角的約會，您不可以使用一切積極性的愛情欺騙手腕。只要照以前的樣子，甚至行動避稍微消極一點。相約的地點時間只要在老地方，叫同樣的飲料或點心就好了。這個時候，您絕對不能向對方求愛。只要一切都這樣的消極，那麼您們倆的愛就會保持得很好。

（小吉）

☆B—C　朝這方向的約會，會意料之外地進行得很愉快，但是回來後，或者第二天很容易有痲煩。而且這方位對男的好，可是對女的並不太理想。如果嚐試一下諸如運動之類的比較健康性的遊樂活動，保證氣氛可以像友情那般甜美。還有，如果這方位的符號底下附有八門的休門或生門或開門的話，則這是對男女都好的大吉格，名叫「雲遁」

（小吉）

☆B—D　這方位角的約會，可以逛逛圖書館或書店，您們相互之間可以有意想不到的發現，處處都有令人感動的新鮮事情。愛的日記和情書的交換是增加愛情密度的秘訣。兩個人之間的愛情故事，由相互之間，樂融融的扮演着。而且，如果本方位附有八門的休門、或者生門、或者開門的任何一門的話，對男女來說，都是大吉格。

（大吉）

☆B—E　朝這方位角的約會，適合在郊外的風景名勝地方一方面散散步一方面和對方暢談心裏面的話。您可以以您的誠意和機智讓對方對您留下深刻的印象，不能表現得太過於柔弱。約會回來後兩三天之內，也許您會意料不到地獲得對方的愛。

（吉）

☆B—F　這個格叫做「乙奇得使」，對男女都是大吉格。朝這方位角的約會，兩個人之間

將情意綿綿，大大的享受這甜蜜的約會。只要您可以設計出來的任何約會計劃都將可以獲得成功，尤其如果約會的計劃是有關乎藝術方面的活動則更可收到最大的成功。例如去觀賞電影歌劇或畫展之類的活動。如果此方位附有八門則其好處更不必多說。（大吉）

☆B－G　朝這方向的約會，由於相互之間都很任性隨便，氣氛將會不愉快，相聚毫無快樂可言。從這約會之後，兩人之間的情感將會漸漸冷淡。如果兩人盡量抑制自己的任性的話，還可以互相了解，重修舊好，但是其中畢竟還是留下了一道裂痕。（凶）

☆B－H　朝這方向去赴約會，您對對方長久以來所懷有的信任和愛情，會因爲意外的事情而消失。由於雙方一點也無法融洽，不無可能會很快造成離別的悲哀。這種時候，與其雙方努力於互相了解，倒不如不去利用這方向來約會爲妙。（凶）

☆B－I　朝這方位角的約會，在表面上會過得很暢快、很平安，但是有可能由於意外和積極性而令您的對方吃驚。對男性而言是作休閒活動可以最快樂的方位。而對於女性來說，儘量發揮妳的積極性，妳的愛情方面可以更甜蜜。妳和他的關係將會有快樂而美麗的結果。（吉）

☆B－J　朝這方位角的約會，您們可以在白色的基督教堂聽牧師講道，或者到寺院或廟裏去參拜，在諸如此類的嚴肅氣氛和情緒底下來想一想有關愛的事情。或者躲開都市的喧囂，到一個人也沒有的郊外，談一談兩個人的將來也好。只是如果這個方位角使用於非常普通的約會的話，則會絲毫得不到一點樂趣而失敗。（小凶）

天干C所帶來的效力——戀愛

☆C—A　這是特稱爲「飛鳥跌穴」的男人的吉格，朝這方位的約會，您可以隨自已的意思對您的對方說出您的愛或者提出您的要求。但是，這只是對男性而言而已，對女性來說，即使是吉方，這時採取消極的態度，反而會帶給他好感。對男性而言，這是愛情運同時是獲得永遠伴侶的最大吉方。對女性只是小吉而已。（吉）

☆C—B　這方位角的約會，是雙方都能够快樂如意的方位角。您們可以去西門町或百貨公司買買東西，或者到純喫茶或公園去舒暢一下，都是好事。開車到郊外的風景區去兜風也會很快樂。完全做一些比較健康的約會活動計劃將使您們的愛情更加深入。（吉）

☆C—C　朝這方位角的約會，有很大的積極性力量。結果，可能會由於過於多嘴而招致討厭。由於時機尚未成熟，您愛意的表白將使對方感到困惑。所以，只有採取消極的態度，一切都要很柔順，才能使您的約會安然度過。（凶）

☆C—D　朝這方位角的約會，會帶給您適當的積極而造成對方對您的好感。而且可以抓住對方的心的暗示會逐漸顯現出來，使他（或她）變成了您的愛情俘虜。約會的地方在哪裏都會很好，但是，能够的話，最好選博物館或美術館等有學術氣氛的地方，如此可以使對方對您改變看法。（吉）

☆C—E　朝這方位角的約會，會由於您的行動力，使您的交際很順利的展開。您以前所計劃而未能成功的約會活動計劃，在這個時候，您可以斷然的做看看。您的對方一定對您的機敏感到驚訝，同時對您有更深的信任。（吉）

☆C－F　在這方位角的約會，您要依時間和狀況來實施所謂「壓制不成的話就把它引出來」的策略。您要對對方的個性有充分的了解，絕對不能有絲毫疏忽。所有的事情都要想到一句古者的格言：「知己知彼，百戰百勝」。（小吉）

☆C－G　朝這方位角的約會，什麼都將估計錯誤。到後來一回想，經常會後悔當時對他不要那麼天眞就好了，或者懊惱當時要是乾脆跟她表明心意就好了。因爲這約會非但沒有快樂可言而且會招致痛苦的結果。利用這約會的話，兩人都將深深陷入苦惱。（凶）

☆C－H　朝這方位角的約會，將會使兩個人之間的感情逐漸慢慢的熱烈起來，從友情建立起來的情感慢慢萌出了有朦朦朧朧的戀愛滋味的愛苗。這種情感發展得很平衡，因此應該具有永久性。約會活動計劃寧可不必太過於講究漂亮或看得過份嚴重，最重要還是要製造兩個人能安安靜靜聊一聊的機會。（吉）

☆C－I　朝這方位角的約會，由於意外總會引起不必要的麻煩，對方會帶來困擾。您自己又相當不冷靜的話，不只對方，甚至第三者也會帶來困擾，結果兩人之間一切付之流水。話題方面，如果談談有關賺錢的事情，也許聚會有可能意外的順利也未可知。（凶）

☆C－J　朝這方位的約會，您們兩人之間會有嫉妒的人存在，您在約對方的時候就會有麻煩。萬一約成了也會有意想不到的中傷和妨害。因此，您在和對方交談的時候，很奇怪的總是談得不投契。您要用您强烈的愛情來退却在暗暗妨碍您的情敵。（凶）

天干D所帶來的效力——戀愛

☆D—A　朝這方位角的約會，要點是在發揮自己高格調的優雅擧止帶給對方深刻的印象。例如，您們去參觀了畫廊或美術展覽之後，到高雅的純喫茶店去高談濶論。但是，這種情形，必須選一位志趣相投的對象。總而言之，有關學術性或藝術性的話題或氣氛，是使兩人緊密地連結在一起的主要因素。（大吉）

☆D—B　這個方位角，有一種促進非常柔和的社交性的影響力，赴這種方向的約會，將發出濃烈的愛苗。在這時的一瞬間，由於您機敏的處置，對方將對您寄以最大的信賴。由於您銳敏感受性的選擇，約會的場所和話題一定都會更好。這將是一次安然而快樂的約會。（大吉）

☆D—C　朝這方位角赴的約會，對方將會有意想不到表示愛意的行動，您自己也將快樂無比。雖說如此，如果您採取太過自大的態度時，可能對方會認爲您傲慢。您一定要帶給對方一種謙虛的印象。如果您注意到這些，愛神的箭一定把您們的心串在一起。（吉）

☆D—D　這個方向的約會，利用書信的策略一定使您的戀愛如願以償。您只要把述說着您眞誠的心意的散文詩之類的信，悄悄的親手交給他（她）就好了。約會的地點，嚴肅一點的話，可以繞一繞美術館、圖書館、書店等，平常的話，去觀賞電影或者戲劇也不錯。但是，要盡量去

有學術氣氛的地方才好。（吉）

☆D—E　朝這方位角的約會，您那經常都很妥當的擧止和態度，一定能緊緊的嵌住對方的心。所以，這是一個平安而快樂的約會。偶而在安靜的畫廊或純喫茶裏交換一下各訴衷情的情詩或信，也是加深愛情的一個方法。（小吉）

☆D—F　朝這方位角的約會，雖然會有暫時的快樂，但是可能發生意外的驚險，主萬要自重。因爲，這約會一開始的時候，就必須和想不到的情敵做個解決。如果，您的熱情强烈到使您根本就不管自身的危險的話，不論是要跟情敵爭到底或是要幹什麼都要愼重考慮考慮，但是最好要大方一點，引身而退才能保無災難。這方位的約會還是盡量避免的好。（凶）

☆D—G　這方位角的約會，依照您的誠意和努力情形如何而決定它的吉凶。因爲這方位角的暗示是半吉半凶的。因爲這方位有容易健忘和容易遲到的暗示，請特別注意。去看看電影或者逛逛百貨公司大概是不錯的。（小吉）

☆D—H　朝這方位角的約會，應該緊緊記住「禍從口出」這句格言。您會漫不經心的說出您過去的回憶而引起對方的疑心。所以最正確的作法是把對方的心引到別的地方去，巧妙的躲開對方的懷疑。如果去教堂、寺廟朝拜一番會不錯。（小凶）

☆D—I　朝這方位角的約會，意外的順利和快樂爲您培養濃密的愛情。這個時候，您可以向對方坦誠的表明您的愛意和求愛。對方一定給您坦誠的答覆。這次約會之後，由於雙親或上司的幫助，兩人的未來開始響起了幸運的鐘聲。

☆D－J　朝這方位角的約會，將有完全想不到的錯誤產生，很容易會傷了對方的心。但是，看您的小心程度，不幸是有可能避免的。萬一發生了意外結果的時候，請您回來後送他（她）一個小禮物安慰一下對方，可以挽救些許。（小凶）

天干E所造成的效力——戀愛

☆E－A　朝這方位角的約會，由於您們相互間的意志不能十分相通，會有一些不愉快。這個時候，不要說任何不服氣的話，去做做休閒活動，把氣消一消。否則，即使您全心全力來解釋您的立場，也不能勉强出多大的功效來。（小凶）

☆E－B　朝這方向的約會，只要您預先想好如何抓住對方的心的策略，一定會帶來突然而意想不到的機會。對方一定帶給您愛戀和幸運。大抵說來，這將是一個平安無事的約會。而且，如果這方位上連帶有八門中的休門、開門、生門中任何一門，或者帶有八神中的月神、木神、金神的任何一神都是大吉格。（吉）

☆E－C　朝這方向的約會，起初在精神上不能十分溝通、融洽，但是您們的心將慢慢解開，逐漸陷入濃深的情愛，最後終將嚐到甜蜜的愛果。尤其對男性來說，您採取完全積極的態度，表現出您的 Sex-appeal（性感），她一定是被您迷醉，她的心完全被您掌握。女性方面，如果保守消極的態度，也一定萬事無礙。（吉）

☆E—D　這方位角的約會，即使在追求對方的情敵很多，您一定要利用自己人格上的優點來扣住對方的心。爲了使對方成爲您的愛情俘虜，您應該作詳密的約會活動設計。您盡知對方的一切，然後經由追求策略和戀愛上的幸運，把一切付之實行。（小吉）

☆E—E　朝這方位角的約會，您在做您所說的事情的時候，總是會出錯，而使對方傷心。例如，您很容易誤了約會的時間，甚至弄錯了約好的地點。您自己覺得對對方很親切、很體貼，但是却可能使他（她）更加生氣。（凶）

☆E—F　朝這方位角去的約會，由於您的怠惰態求將使您的對方對你感到不滿。因爲由於您的態度漫不經心大有可能破壞了您約會的計劃。但是，只要您牢牢記住這些話，謹愼一點，這次約會應該還有些許的快樂才對。（小凶）

☆E—G　朝這方位角的約會，由於您相當不小心以及一點瑣細小事，您會和對方爭吵而陷入不可收拾的狀態。總之，在這方位角上的約會，起初所遭遇的是毫無所獲的小失敗，然後從此以後漸漸招來了越來越大的失敗。您對對方的一舉一動千萬要非常懇切，非常小心。最好把這方位的約會取消。（凶）

☆E—H　朝這方位的約會，您所打算做的每一個約會活動，對您的對方而言都不很合適。相反的，不但相互間不愉快，鈔票也要破費得比預算的多。如果您想要向對方表明您的愛意時，對方很簡單的幾句話，就會使您精神上蒙受莫大的打擊。此方位還是避去爲妙。（凶）

☆E－I　朝這方位角的約會，可促進積極性，使腦筋靈活，追求策略可獲成功。約會的時候，如果要安靜的談一些心裏的話，倒不如去享受在太陽底下飛躍的運動或遊戲，使兩個人的心情開朗起來。整個約會將帶來令人喜愛的青春氣息。（小吉）

☆E－J　這方位角上的約會，有時會積極，有時會消極，您態度上的優柔寡斷將使對方不知所從。因此，您不能只有一直表明有誠意的意志，您要壓抑對方在精神上的不穩定，使對方安心。卽使要安靜的交談，也要找尋一些能夠激起熱情的場所。能夠的話，最好改個方向去見面爲佳。（小凶）

天干F所帶來的效力——戀愛

☆F－A　朝這方位角的約會，雖然您幾度採取攻勢來吸引對方，而對方的反應雖然恰當，却反而會引起不愉快。因此停止死皮賴臉的要求，冷靜一點。對方意外的變化會令你吃驚。不要豪華的氣氛，只要在安靜而平和的地點談談就好了。（小凶）

☆F－B　朝這方位角的約會，會有意想不到的經過，對方將成您愛情的俘虜。兩個人之間萌發愛苗，共遊令人神往的浪漫世界。約會的地點，應該選擇一個合乎兩人旨趣，氣氛安祥而優雅的地方。偶而跳跳社交舞（參加舞會）也很好。（吉）

☆F－C　這方位角的約會，男性女性都會一起遇到突發性的事情，很容易陷入進退維谷的窘境，千萬要小心。在男性方面，不但會和對方爭吵，而且也要注意第三者的介入搶奪。女性方

面，如果太任對方施爲的話，甚至導致肉體失身的結果。（凶）

☆F－D　這方位角上的約會，可以表明您的心意和提出您的要求而達到目的。只是開始的時候會非常不如意，但是其好結果是指日可待的。即使這次的結果沒有當場出現，保證後來一定有好消息。這約會的地點適合在富有藝術氣氛的優雅場所，然後您就可以收到表明愛意的信。

（小吉）

☆F－E　朝這方位角的約會，您的心情和對方格外的相通，在快樂的交談當中展開了您們心靈的交流。雙親和您們的上司將承認您們，您們的情感將由於意外的援助而得到保障。約會的地點，可以到郊外去和大自然親近，也可以去看看電影或欣賞歌劇，將爲您留下美好的記憶和念。

☆F－F　這方位角上的約會，您一大意，只爲了追求自己的快樂，衝動之下可能陷入情慾的淵底。在擧止方面，最好誠懇一點，小心一點。您們約會的場所，也自然會走到情人公園或咖啡廳情人座去。如果只喝一小杯鷄尾酒的程度就回家的話，應該是安然無事的。（小凶）

☆F－G　朝這方位角的約會，如果對自己的言行、擧動不稍加注意的話，會因爲芝麻小事而互相誤會，甚至導致爭吵起來。或者，只因對方的些許疏忽大意，而導致無法挽回的結果，所以如果預料結果會不好時，應該斷然的避免這次的約會。約會的場所也是如此，應該選擇一個不使對方不受困擾的清潔場所。（凶）

☆F－H　這方位角上的約會，雙方熊熊的情火焚燒著情慾，在不知不覺的快樂中，您會為對方獻出您的肉體。結果，將會留下無限的後悔，所以一定要小心一點，絕對不能沈溺於一時的情慾與衝動。而且金錢會意外的耗費，因此金錢方面盡量準備少一點。「君子不近危險」是這方位角的格言。（凶）

☆F－I　朝這方向的約會，您自己不能放鬆對對方警戒心。如果有些許的疏忽大意，在男性的場合，可能由於口角而造成離別的悲哀。在女性方面而言，很容易為情愛所誤陷入一籌莫展的境地，要十分注意。約會的場所要避免有浪蕩氣氛的地方。（凶）

☆F－J　朝這方位角的約會，即使您們兩人過去的情感不錯，但是這次約會卻流動著危險的空氣。因為，不管您們去多麼明朗而熱鬧的地方，您們兩人的心意，總會留下不對勁的陰影。再加上由瑣碎小事而引起口角，就是回家之後，那不愉快的氣氛仍然裊裊不散，此後兩方人的前途將黯然無光。（凶）

天干G所帶來的效力——戀愛

☆G－A　朝這方位角的約會，您的一點點失策會招致對方的討厭而造成不快。尤其要注意您那無意中的舉動會帶給對方一個多情而用情不專的印象。約會的地方，儘管是多好玩的地方，不是時間來不及了，就正好這一天不開門（休業）了，眞正是萬事不成的一天。（凶）

☆G－B　在這方位角上的約會，不管以前是多麼圓滿的一對，在這次約會裏面，兩個人之間的情感一定逐漸冷淡。約會當時到處會碰到不愉快的事情，您自己也一定感覺到將被拋棄的苦惱。因爲，您們爲了芝麻小事而爭吵，漫不經心的把不該向對方說的話都說了。（凶）

☆G—C　朝這方位角的約會，一開始就遲到了，否則就是讓對方等得不耐煩走了。卽使已經在聚會了，不是忘了東西就是掉了東西。而且這一點都不快樂的約會，將有極大的破費，不知不覺間錢包變成空空如也。但是，至少至少不要忘記對對方體貼一些。（凶）

☆G—D　朝這方位角的約會，不知不覺間，您那親切而溫柔的舉動將給對方一個新的看法。因爲這富於變化的約會活動設計必將成功，在事前一定要有周密計劃。有時去聽聽學術性的講演會，對人生增加更深一層的認識，兩人終將獲得幸福。（小吉）

☆G—E　在方位角上的約會，您的强硬態度將深深傷害了對方的心。其理由不僅是您的愛好虛榮和口頭上的逞强使對方苦惱，可能是您使用了暴力的緣故。您如果經常使您的言行、舉動冷靜而純眞的話，當然對方就會對您累以信賴。請自己小心，好自爲之。（凶）

☆G—F　在這方位角上的約會，您如果毫不謹愼，完全注意於享樂方面，將導致無法挽救的地步。理由是您自己在不知不覺中太過於放縱自己的衝動，陷入情慾的深淵而無法自拔。因此，您有必要好好把約會活動計劃愼重的斟酌一番。千萬要記住，約會地點一定要在淸潔的地方。（凶）

☆G—G　朝方位角的約會，您那游移不定見異思遷和處處討好人家的態度，將完全失去對方對您的信賴感以及他（她）對您的愛情。約會以後，將會有因瑣碎事而爭吵以及其他各種不愉快陸續不斷的發生，讓您沒有一刻平靜。假如您把所有這些優柔寡斷的態度反省一番而加以改進的話，對方對您的評價當有所改變才對。（凶）

☆G—H　在這方位角的約會裏，很容易誤了相約等候的時間，而且也會因爲搞錯了約會地點而導致陰陽差錯雙方落空的結果。不然的話就是很容易遭遇到意外的突發事件或災難，所以要特別注意。如果您很愼重的不要有輕浮的舉動，以您非常有誠意的態度，對方對您有了期望，當會很快的答應您才對。（凶）

☆G—I　在這方位角的約會裏，由於您態度上的優柔寡斷，恐怕處處都會困惱了對方。卽使，您特別要去想使約會更美好、更快樂的地方，可能也會迷失的道路而很難到達地點。有時則可能由於您那輕率的言行舉動而惹得對方勃然大怒。這時您一定要發揮您靈敏淸晰的頭腦來進行您的約會行動。（凶）

☆G—J　這方位角的約會，您相當的不小心，由於某一個小動作或者一句話，可能使這次的約會成爲最後的一次相聚。您毫不在意的舉動，使您飛躍向這意外的方位角，恐怕將切斷了細住您們兩人情感的繩索。考慮考慮這別離之前，您應該好好想一想這次在這方向的約會計劃。如果能警覺得早，最好取消這次的約會。（凶）

☆H—A　赴這方位角的約會，您的頭腦會變得靈活，能夠發揮軟硬自如的社交能力，但是這個當時並不能獲至太大的成功。相反的，如果您表現出和平常一樣那麼誠懇的言行舉動，對方理當被您的魅力所感動。在約會活動的設計方面，不要做休閒的玩樂，倒是安靜地談談兩個人的將來比較好。（小吉）

☆H—B．朝這方位角的約會，很容易遭遇意料不到的事故和禍害，所以要特別警惕您的身邊。您自己也會捲入第三者的爭論旋渦裏，頗費周章的約會終於不歡而散。甚至由對方的口中說出告別的話來，總之這是一個不會有結果的方位角，為了兩個人的將來，最好不要利用這個方位角才能安然無事。（凶）

☆H—C　在這方位角的約會，由於進行方式，活動本身可能要很奢侈。即使您自己非常省吃節用，對方在這時也會為您花錢。約會的場所方面，您們適合去享受所有的運動，諸如滑雪、溜冰、保齡球、高爾夫球等等都是很好的活動。（小吉）

☆H—D　在這方立角上的約會，由於您的進行方式，將成為非常充實而值得紀念的約會，您要有相當周密的約會活動計劃再付之實行。所有有關學術和藝術的計劃都會成功。但是如果要去看兩部同映不加票價的電影的話，這天倒不如去觀賞有益於上進的現代劇或音樂會要好得多。（小吉）

☆H—E　朝這方位角的約會，您的所有言行會帶給對方困惑。您表達的思慕之情會惹來厭煩，以後也不可能有二度相聚的機會了。總之，約會裏，每個地方每個時刻，對您而言都是不利

而不愉快的，不會有任何成效。在這個時候尤其是您言行的誠實是最需要的。最好事先知道的話，此方位避去不用爲宜。（凶）

☆H－F　在這方位角上的約會，您所採取的每一個行動全部得到相反效果，對方對您完全失去信賴。卽使您鼓起勇氣來向對方求婚，他（她）不但不會答應您，而且還會討厭您。最重要您要以行動表達您的誠實態度來加强對方對您的信賴感。（凶）

☆H－G　朝這方位角的約會，應該注意突發的事故和痲煩。卽使您按照約定的時間地點去等候，可是怎麽等也等不到他（她），不然的話，就是由於交通陷於癱瘓，您自己沒有趕上時間。或是縱然您們相會了，却無論如何也像往常一樣毫不投契。互相讓步是約會成功的要訣。但是能夠的話最好換換方位爲妙。（凶）

☆H－H　在這方位角的約會裏，您自己只顧熱中於自己的享樂，對方一點都得不到快樂。卽使您覺得您們相互間似乎談得很好，其實您那自大和儘是談自己的事情的話，對方是討厭透了。這時最必須的是您一定要多少體貼他（她）一些，多聽對方講話。（凶）

☆H－I　這方位角的約會，看外表似乎是一次非常漂亮而暢快的約會，事實上您們談得好好的話，將來都將成爲烏有。尤其在這方位上的約會最應該注意的事情是會出現意外的角逐者（情敵），要特別小心很容易發生被挑撥離間的痲煩。（小凶）

☆H－J　服這方位角的約會，對方會毫無理由的懷疑您，誤會您，您們兩人之間將充滿不

愉快。有時在約會之後，會捲入別人的意外麻煩裏面而受到困擾。您如果是女性的話，那麼您要注意他如果有奇怪而不太安穩的感覺，您好趕快結束約會回家爲妙。因爲，可能您會在這聚會中失去一生幸福之所繫的貞操，不可不多加小心。（凶）

天干I所帶來的效力——戀愛

☆I－A　朝這方位角的約會，您們兩人之間似乎會談得很好，但是總覺有某種寂寞感。那也是由於孤獨感的作祟，兩個人之間相互不說出的秘密部份就是徵結所在。如果您們相互間把胸懷坦開，說出肺腑之言，輕鬆地接觸對方，當可萌出乎和而濃厚的愛情來。（小凶）

☆I－B　在這方位角的約會裏，如果您是女性的話，您會非常熱情，隨者情感的熱烈，很可能犯意想不到的錯誤。自己要小心才好。如果您是男性的話，您所表現出來的想要讓對方給您評價高一點可是却沒有必要的舉動都會得到相反的效果。不管是男性或者女性，您都必須想到將來的幸福而推心置腹誠實地交往。（小凶）

☆I－C　朝這方位角的約會，起初您會準時到達約會地點，您們也可以在有氣氛的地方很快樂的暢談。但是，隨著時間的經過，您們親密的交談，漸漸會產生摩擦導至傷害了對方的心。尤其您所喜歡講的那些强迫性和自大的話，大大地困惱了對方。要十分小心自重才好。（小凶）

☆I－D　朝這方位角的約會，您可以利用信或散文來被達您深刻的思想，確實地扣住對方的心。例如，您不要用情書，不如將一些溫柔親切的信和記述著您心靈軌跡的日記讀給他（她）

聽，也是一個方法。而且此方位的約會有望獲得雙親、前輩或上司意外的幫助。（吉）

☆I—E　在這方位角的約會，視您發揮柔和的社交能力的方法，大致上您會有一個非常幸運的結果。由於這個方位角，您自已不但可得到人緣之惠，而且可以表現出適度的積極性和機智給予對方非常的好感。約會場所的選知道對方的嗜好，然後在心情舒暢的氣氛底互訴衷情。（吉）

☆I—F　朝這方位角去的約會，不是遲到就是弄錯了地點，一開始就給人家一個壞印象，兩個人之間無法快樂起來。再加上途中忘了東西，掉了東西，眞是災情慘重。尤其在交談當中，意想不到的情感的齟齬，很容易引起爭吵。您絕對不可以提出求婚之類的要求。（凶）

☆I—G　在這方位角的約會裏，和對方接觸的時候，什麼都要淡泊明志，少作要求，才是使雙方之間的交往順利而快樂的好方法。因爲如果避不知這方位角的壞處以前，您莫名其妙的赴了這方位角的約會時，您會向對方作勉强的要永，由於您硬要强迫別人照您的意思做，將會惹來對方的討厭。約會的場所，儘可能選擇氣氛安靜而乾淨的地方。（凶）

☆I—H　在這方位角的約會裏一切都將很順利完全按您的意志進行，所以這是個最適合提出要求的時候。因爲這時您的個性具有適度的積極性和附合中庸之道，可以很强有力的扣住對方的心。約會的地點可以在氣氛高雅而平靜的地方，慢慢的談一談有關於將來。（吉）

☆I—I　朝這方位角的約會，您的態度會太過份積極，反而會給對方覺得粗魯而加以輕視您。能够的話，儘可能不要急著向對方求婚，才能安然無事。否則的，可能會失去和他（她）再度約會的機會。約會的場所，最好是選擇寧靜而安祥的地方，冷靜的談一談。

☆I－J　在這方位角的約會裏，因爲您們非常相愛，因此很容易陷入熱烈的情慾裏，逾越了男女間的道德規範，犯了意想不到的錯誤，這方位裏的這種危險性是很大的。其結果是惡劣的謠傳以及毀謗將使一生英名掃地。而且儘管您們之間是多麼的相愛，却很容易有第三者意外地介入其間，因此您自己的行動要自行注意。（凶）

天干J所帶來的效力——戀愛

☆J－A　赴了這方位角的約會，您意外的失言或失敗，將得到對方的寬恕而得以挽救。雖然您弄錯了約會地點或者遲到了，對方不但不會計較，而且會很溫柔地安慰您。些許的失言或由於老實而導致錯誤，不但沒有關係，反而成爲加强兩人愛情的媒介。（吉）

☆J－B　這方位角的約會，一點點的情感糾葛也會導致互相爭吵的地步。如果不改掉這種强硬的脾氣和態度，會終於搞成不可挽救的結果，令您欲哭無淚。因此，能够的話，最好早早結束這個約會，留待以後再來慢慢享受這有冒險性的戀愛。約會的活動最好是沈醉於運動裏面，看是否能避去爭吵。（凶）

☆J－C　在這方位角的約會裏，兩個人心靈相通，情感很快地水乳交融，可以享受一次美滿的聚會。因爲，您那能够取得平衡而愉快的精神狀態以及悟當的行動力很漂亮地領導著對方。

關於約地的場所，您可以看隨時您們兩人的心情來改變地方，成功地享受不同的趣味和氣氛。

☆J－D　在這方位角的約會裏，由於您常常判斷或者處置錯誤而招來對方的討厭。或者遭遇突發的意外事故，由於感情上的糾葛，兩人爭吵不已，可能發展到兩人分手的地步。您做事的時候，如果都能夠溫柔一點，態度冷靜一點，就可以放變他（她）對您的評價。（吉）

☆J－E　朝這方位角的約會，不但其樂融融，而且由於這次機會，您將獲得周圍的幫助，一直到結婚爲止。而且加上朋友和長輩的特別照顧，兩人的愛在周圍的培養之下漸漸紮實而茁壯。這是個最適合求婚的方位角。約會活動設計方面，如果召集很多朋友或長輩來一起玩樂會更有效果。（小凶）

☆J－F　在這方位角上的約會，您的勉强要求和强迫，將使對方勃然大怒，甚至就失去了再度約會的機會。或者由於意想不到的發展情形導致兩人的關係惡劣到不可挽回的地步，到後來才後悔不已。一切從頭到尾都要用誠實的態度冷靜地加以處置，才是保持兩個人愛情的最佳手法。（吉）

☆J－G　在這方位角的約會上，您會很奇怪的焦躁起來，一點也不快樂，一點也無法平靜下來。您那頑固和焦躁的擧動，不但將傷害對方的心，他（她對您的愛情和信賴全都沒有了。約會的場所，不要在氣氛陰暗苦悶的地方，最好在能夠暢快地發洩掉悶氣的太陽底下。（凶）

☆J—H　在這方位角的約會裏，將受到某種不可思議的不安的襲擊，沒有快樂可言。當然，在這種時候，示愛和求婚都是荒謬的。約會的地點選在陽光底下作作運動遊戲，或者到郊外散散步，讓心情開朗起來，給予對方好感。但是這種方位角最好避是不要採用。（凶）

☆J—I　在這方位角的約會裏，您的著急態度導至反效果，結果將結束得很糟糕。因此，您要輕鬆而瀟洒的對待他（她），那麼才可得到確實的信賴。還有有在這約會的範圍裏也有出現另一個對方（愛人）的暗示。約會的地點最好在能够平靜而安全地交談的地方。（凶）

☆J—J　在這方位角的約會裏，由於您以自己的愛好來强迫對方所以對方將會拒絕您，您自己要特別自重。還有强迫的求婚也是令對方討厭的。在這個機會裏，也有可能性是完全由對方所弄糟。有時，卽使正在談話中，對方怒起而歸，於是兩人分道揚鑣。此方位角最好也是不取爲佳。（凶）

在購買物品、運動、休閒活動中達成最高願望

本章的特色

本章的效果在於如何把假日過得快樂而有意義以及使自己知道如何去購買東西。下列的各種場合，請經常利用本章：

●與朋友、愛人、家人共度假日的時候。
●在想要決定如何才好的時候。
●想要以低廉的價錢購得美貨的時候。
●要買貴東西的時候。

利用本章告訴您可以得到什麼效果，那麼您與朋友、愛人、家人等出發去進行休閒活動時，大家都能精神飽滿，培養出樂融融的融洽氣氛來。在停宿的旅社或飯店的服務生、侍者態度也很親切，車票的購買與安排都很順利。

或者去看電影或去餐廳吃飯的時候，可以吃得很愉快，時間過得很舒服。

去買東西的，如果您採用了吉格，那麼首先店員的態度會很親切，而且會給您適切的建議，那麼您就可以買到比您實際付出的金錢價值還要好的物品，尤其您在購買家庭電器類製品的時候，能夠買到性質又好又耐用的電器。

為了使休閒活動過得很愉快，奇門遁甲裏面特別設有下列的吉格，將這些吉格和本書一起使用的話，效果可以倍增。還有空欄的地方就是表示該欄是什麼符號都可以的意思（例如本一覽表的地干橫欄都是空的，表示任何一個直欄的地干是哪個都合乎吉格的要求。當然，有符號的地方就是指只限於該符號才是好的。）

天干	地干	八門	八神	備考
B		生	木	
B		開		八門的開門如果在東南方位的話，則效果更大。
B		生		八門的生門如果在東南方位的話，則效果更大。
B		休		八門的休門如果在東南方位的話，則效果更大。

C	C	D
生日		開月
只限於天干C在南方的時候。		

☆八門和八神的效果

八門	生門	休門以態度或作法的說明來表示您所持有的誠意，只要您平穩的進行交往的談話，這是一個必定成功之門。還有景門，除了公文的處理慎重外，還會有機敏的談話，促使事情發揮效果。開門如果和好的天干和吉格重疊的話，當然更不必說了。
八神	太神・日神	木神、金神、月神等也很好，但是到達成功所要耗費的時間要多一點。

天干A所帶來的效力——休閒活動，購買物品

☆A—A　朝這方位角的休閒活動，適合在一流的場所玩一些優雅的遊戲。平劇、現代劇、古典音樂演奏會都能使您愉快。戶外的話，高爾夫球之類的運動可以令您享受到一種高雅的情趣

。買東西的時候，您可以買到諸如寶石、珍貴金器之類的價錢高貴而且非常好的東西。您不但不會買到假貨，而且以後您還可購得非常好的高級物品。 （吉）

☆A—B　朝這方位角的休閒活動，將充滿舒暢，在公園或花園裏散步都很好。路過的人對您也非常親切，一切充滿了人間的溫情。買東西的時候，可以很安全的買到非常高級的物品。這是一切服裝料子、日用品都很好而且有意外收獲的方位角。 （大吉）

☆A—C　朝這方位角的休閒活動，如果是個晴朗天氣的話，您可以和全家在庭園裏或者一起出動去野外。或者和愛人或好朋友去參加藝術家演奏會能够度過一個快樂的時光。關於購買物品，則這個方位角適合購買任何物品，尤其在購買高級物品的時候，效果特別好。 （吉）

☆A—D　這方位角上的休閒活動，在知性氣氛當中，將有異常的快樂來臨。尤其，在圖書館、或者博覽會場、美術館裏最好。您在這方位角上，可以增廣見聞，可以琢磨感受性。關於購買物品，在服裝類方面，您會遇上華美的衣物，在這方位角上，您適合購買一流的藝術品、學術性的書籍等一切文化物品。任何您買到的東西都將成爲您所喜愛的東西之一。 （大吉）

☆A—E　朝這方位角的休閒活動，您自己很容易孤獨，您只好自己安慰自己。如果您是一位男士的話，您將遇上品性惡劣的太妹而受騙。購買物品的時候，在買食品方面，您會買到不太新鮮而不好的食品，其他東西的購買也是一樣，您買了以後都會後悔。因爲您要好好的想仔細再買。最好換個好的方位角去買。 （小凶）

☆A—F　在這方位角的休閒活動裏，將充滿了歡笑和喜悅，您將心情愉快，身體舒爽。到哪裏去，您都要和您所喜歡的人同行。戲院、美術館、夜總會、廣濶的山野、旅行，到哪裏都可以。購買物品的時候，在食品類方面，您可以買到味美可口的食品。其他方面，例如服裝、寢室裏的用具之類的東西都能買到好的。（小吉）

☆A—G　朝這方位角去的休閒，很容易遇上事故，碰上有人找麻煩而吵起架來，搞得您精疲力竭。由於容易食物中毒或壞肚子，吃東西到要特別小心。提要購買東西的時候，不是店員的態度您不好就是店關門了。買到的東西，很可能會有壞掉的或者是有瑕玼的東西，所以就要特別小心了。最好換個方位角去行動爲佳。（凶）

☆A—H　在這方位角的休閒活動裏，由於您的隨便，可以會和一起來的朋友發生糾紛，請特別加以注意。而且糾紛所留下的不愉快恐怕會一直會繼續到後來。購買物品的時候，很容易碰上人家硬把有損壞的衣物或日用品推銷給您，或者光是買到一些到後來您看了會生氣的東西，所以您就要特別小心了最好換個方位爲佳。（凶）

☆A—I　在這方位角的休閒活動裏別人儘量是在您的周圍快樂，偏偏只有您獨個兒了，悶悶不樂，老是滿腦子苦惱事，喜歡浸淫在孤獨的思想裏面。因此，很容易遇上遊手好閒的人或浪蕩的女人。購買物品的時候，在食物方面，您可以買鹹的食物或飲料。其他的東西都不要買，買了之後不是您不喜歡了就是壞了。（凶）

☆A—J　朝這方位角的休閒活動，如果和異性一起去的話，您的將會非常投機而且玩得非常開心。如果是夏天的話，到海邊或游泳池去游泳，將可以玩得很好。平常，去看看電影，或者到純喫茶去透透氣也很好。購買物品的時候，適合於購買專門性的東西，儀器之類。當然買一般性的物品也不會買到壞的。（吉）

天干B所帶來的效力——休閒活動，購買物品

☆B—A　朝這方位角的休閒活動，如果和全家人或組成一夥人一起去玩的話，將會特別好玩。關於遊玩的場所，最適合在名勝古蹟散步或者去欣賞大劇院、競技場（如體育館之類的造型特別講究的建築物。）購買物品的時候，可以買到最高級的東西，而無所損。如神佛的器具、機械、寶石、珍貴金器、高級衣物等都可以買到特別好的。（大吉）

☆B—B　朝這方位角的休閒活動不適合於遠出。到附近的公園散散步，或者及看看電影，逛逛書店就好了。購買物品的時候，如果是要買日常使用的非常平常的日用雜貨或者文具的話，那麼您可以選到好東西。如果要買可以一直愛用的傢俱、寶石等高級物品，恐怕不容易買到滿意的。（小吉）

☆B—C　這方位角的休閒活動，如果去屬於聽覺性享受的地方可以過得很開心。去聽聽各種演奏成歌唱，或者聽聽滑稽故事，充實談話的話題也很好的。購買東西的時候，找一些設計新潁的收音機、音響設備，可以買到很中意的貨色。倉品方面也買到新鮮的東西。（小吉）

☆B—D　這方位角的休閒活動，非常適合於諸如學術、藝術方面的高格調的玩樂。劇院、圖書館、博物館、繪畫展覽等等，任何一種都可以使您受到啓發，可以滿足您的求知慾。購買物品的時候，因爲您會遇上很好的書物和美術品，儘管去買不會錯。也適合於購買文具或漂亮的衣物。　（大吉）

☆B—E　朝這方位角的休閒活動，適合去名勝古蹟散散步或而到郊外去徒步旅行。要注意，活動場所盡量避免熱鬧繁華的地方，到一個氣氛幽雅的安靜地方才能非常舒暢。尤其不適合於作運遊戲和比賽。購買物品的時候，您可以買到設計精良、安全可靠的糖菓、餅乾之類以及衣料之類的東西。　（吉）

☆B—F　在這方位角的休閒活動裏，卽使您只有帶著一點點錢，但是一定有人請您客，您放心。在「性」的方面和您的對方互相情濃如蜜，其樂也融融。購買物品的時候，可以買到價廉物美的東西，買到的食品、酒等都將味道絕佳。　（大吉）

☆B—G　在這方位角的休閒活動裏，您的錢包將被偸走，否則的話，就是和朋友同伴吵架，總之，將災情慘重矣！有關交通安全方面也不能不注意。購買物品的時候，食物方面可能會買到不太新鮮而且味道不好的東西。其他東西也一樣，因爲您將儘是買到一些有瑕玼的東西。所以應該避開這個方位角。　（凶）

☆B—H　朝這方位角去的休閒活動，由於很容易遇上事故，或者東西被偸，所以一定要特

別小心爲是。即使在餐廳吃東西，價錢會很高，可是東西味道却不好，而且如果您多說一兩句不滿的話，您還會挨人臭駡一頓，總之這也是個災情慘重的方位角。購買東西的時候，人家會把賣剩下來的壞東西賣給您。最好躲開這個方位角。（凶）

☆B—I　朝這方位角的休閒活動，您一定要小心注意不能太過熱中於賭博以及自個兒的遊戲。因爲，太過於沈溺在這種不健康的玩樂裏面，您將無法自拔而墮落。這方角上的休閒活動無論玩什麼都會很好玩。購買東西的時候，適合買一些日用雜貨類或柔軟舒適的衣物，可以選到好的貨色。（吉）

☆B—J　這方位角上的休閒活動，安靜的遊戲比活動性的遊戲要恰當。不要去玩保齡球，下下象棋將其樂無窮。去朝拜一下寺廟、教堂也很好。購買東西的時候，您可以在不太顯露的秘密角落裏找到意外的好東西。如古代地圖、秘傳書箋、日記之類、鑰匙之類等專門性的器具，您可以買到您所喜歡的。（小吉）

天干C所造成的效力——休閒活動，購買物品

☆C—A　朝這方位角的休閒活動，無論那一種都可以玩得很開心，尤其是比賽勝負的事情，因爲您只要稍微花一點腦力或勞力就可以收到很好的成績，那時，一天所有的疲憊都將灰飛煙散。休閒活動的場所，往往會選在高級而有近代氣氛的地方。購買東西的時候，您可以買到全部都是第一流的好東西。買寶石之類，也可以買到絕對可以經得住鑑定家的眼光的好寶石。

☆C－B　朝這方位角的休閒活動，一大羣人也好，獨個兒一個人也好，都可以玩得的很愉快。尤其是玩一些和金錢有關的玩法，既可以獲得趣味性的快樂，又可以獲得實際利益的喜悅。購買物品的時候，您可以選到的貨色，不管是便宜的東西或是昂貴的東西都好。在服裝衣物方面，您可以得到設計精美而且可靠耐用的衣服。（大吉）

☆C－C　朝這方位角的休閒活動，由於您本身的任性和自大使您的同件對您產生反感，所以不能十分愉快。在比賽勝負方面活動，雖然您充活了自信，可以往往因爲您的草率，輕敵而遭致大敗。購買物品的東西，在日用品方面可以選到好的東西，但是在貴重物品方面，您買了之後都將會後悔。（吉）

☆C－D　朝這方位角的休閒活動，能夠在一個充滿友愛氣氛的場所和朋友或同事玩一玩比賽輸贏的活動都會很愉快。去洗洗溫泉澡也是一大樂事。購買東西的時候・可以買到學術性的好書，各種資料或參考書也都可以很容易找到。這方位角，最適合買美麗的衣服以及美術品之類的東西。（凶）

☆C－E　這方位角上的休閒活動，您本身精神活潑、作事熱心，因此絕對身心愉快。趣味性兼有實際益處的遊戲，效果特別顯著。在「性」方面也可享受到很大的快樂。購買物品的時候，在食物食品當中，尤具是魚類、蔬菜和水果更可以買到又新鮮又好的貨色。其他，服飾類、家（吉）

的時候，您可以買到品質優良的運動器具、釣魚器材、遊戲類以及汽油之類的油料等。（吉）

☆C—G 這個方位角的休閒活動，容易引起事故和爭論，所以還是避開才能保得安然無事。在比賽勝負方面的活動，您將失敗，和異性發生問題的時候，發展到動起暴力來。購買東西的時候，當場覺得是買到好東西，可是往往後來仔細一看，發現了缺點，而致勃然大怒。（凶）

☆C—H 這方位角的休閒活動，偶而倒是可以到綠油油的山野、森林裏去尋青，其餘却最適合大家聚在一起演奏樂器、唱歌作樂。購買東西的時候，如果您能不受誇大廣告的欺騙的話，您可以意外地買到好東西。服飾類方面，您可以選到高雅裏又稍帶流行的貨色。（吉）

☆C—I 這方位角的休閒活動，往往發生種種的錯誤，而引起痲煩。等到您一想起忘了帶招待券，最要緊的錢也沒帶，那時連一起來的人都受到了困擾。購買東西的時候，可以買到安全可靠到某種程度的物品。但是，您如果堅持要買昂貴的東西時，日後定會囊空如洗。（凶）

☆C J 朝這方位角的休閒活動，您會遭到壞人和太妹的欺誘誆拐，搞到您後來悽慘落魄。而且，這個方位角容易使您犯罪，所以最好避開方能保得無事。購買東西的時候，在百貨公司和地下道容易迷失而致和同伴或小孩子失散，所以要特別注意。店員也不和藹，買東西時買不到喜歡的東西。（凶）

天干D所造成的效力——休閒活動，購買物品

☆D—A 這方位角的休閒活動，完全接觸藝術性的東西來充實您的活動。如古典的民族舞

庭用品之類，也可以選到感覺不錯的東西。（吉）

☆C—F　朝這方位角的休閒活動，一大夥出去玩比一個人去玩要更能留下快樂美好的回憶。在您活動的地方，很可能會邂逅萍水相逢的異性而且萌發愛苗，您大可以盡情的玩。購買物品蹈，莎士比亞的戲劇、或音樂會等都是可以提高您美的感受性的快樂方法。在吃東西方面，您可以吃到高級的山珍海味。購買東西的時候，寶石、貴金屬、裝飾品及高級衣服等，雖然昂貴，可是您買了以後還會特別喜歡它。（大吉）

☆D—B　這方位角的休閒活動，如果您參加某種趣味性的創造製作集團，那麼不但可以提高您的審美能力和修養而且能夠過得十分愉快。例如去參加諸如，陶磁器製造、景泰藍、針綉編織等手藝的訓練班，您會很快樂的創造出令自己滿意的作品來。購買東西方面，您可以找到品質優良的家庭用品、電器以及服飾類的東西。（大吉）

☆D—C　這方位角的休閒活動，經常是充活快樂和喜悅的，但是絕對要注意，千萬不要得意忘形而暴露出輕浮的舉動來。在高爾夫球、保齡球、網球、射擊、射箭等運動裏您可建立您的信心，磨鍊您的技術，發揮您的實力。購買物品的時候，您可以買到非常喜歡而且品質很好的電氣製品，或者新鮮的水果、魚類、書籍、植物、盆花、盆景之類的東西。（吉）

☆D—D　朝這方位角的休閒活動，舉辦完全關於學術和藝術的事情不但可以獲得無上的快樂，而且可以獲得很多的暗示和靈感。這在各種展覽會、電影、戲劇、古蹟遊覽以及演講會等活動裏，効果特別顯著。購買東西的時候，由於買得了美術品、古董、書籍以及其他關於資料之類的東西，您可以得到意想不到的啓示，導致幸運的來臨。（吉）

☆D—E　在這方位角的休閒活動，最要緊的是要很舒服、很爽快地把日間的疲勞恢復起來。作旅宿一夜的旅行，洗洗溫泉澡，一面唱唱歌是很好的事情。或者玩玩其他的輕鬆運動，享受一下諸如電影或話戲之類的有趣而通俗的藝術也不錯。購買東西的時候，您可以找到雖然質樸但是却很令您喜歡的東西。衣料、文具、家庭用品等大致都可以買到好東西。（小吉）

☆D—F　在這方位角的休閒活動，異性往往變成引起糾紛的原因。男性方面，會上美人計的當，若是年輕的女性則會由於意外事件而失去貞操。所以，千萬不要接近無聊輕浮的年輕人。購買東西的時候，諸如釣魚器具、陶器、魚類以及油類等都可以買到品質優良的貨色。（凶）

☆D—G　這方位角的休閒活動，只要不到處亂飄，東走西遊，在某一個固定場所遊玩的話，就可以玩得很好。尤其到附近的公園或遊樂場所，您可以玩得如同恢復孩童日子一般的忘形。其他到博物館、百貨公司的展示會走走也不碍事。購買東西的時候，最適合於採購教育方面用的機器、文具或其他的事務用品。（小吉）

☆D—H　在這方位角的休閒活動，會被心地惡劣行爲輕薄的壞人破壞了樂趣。引起了吵架之後，已經被搞得很悽慘了，可是却不會有一個人來幫助您、保護您。這將成爲充活懊惱的一天。買東西的時候，往往會買到賣剩的東西、有缺損的東西、沒有用處的東西、發了霉的東西、壞

掉的東西，因此最好躲開這個方位角。（小凶）

☆D—I　在這方位角的休閒活動裏，由於與別人之間的關係會建立得非常好，因此您可以和要好的朋友或愛人一起過得非常開心。做些例如游泳、衝浪、騎馬、網球、保齡球等開放性的休閒活動最爲恰當。購買物品的時候，在運動器具、趣味性的器具玩具、書籍及機械之類的方面，可以買到品質優良的貨色。稍微貴一點的話，買下來將來也會很有用。（大吉）

☆D—J　在這方位角的休閒活動裏，由於您一直又臭又長的講一些不著邊際的話，您很容易和周圍的人不和而至於失去朋友，由於您自身的驕傲，在羣體當中您容易孤立，日子過得慌亂不安。購買東西的時候，因爲別人會硬把有缺損的東西、沒有用的東西推銷給您，您要特別小心考慮。能够的話，不用這方位角最好。（小凶）

天干E所帶來的效力——休閒活動，購買物品

☆E—A　在這方位角的休閒活動裏，如果作比賽勝負的活動容易引起糾紛，而且縱然您有理，您却反而會被駁得啞口無言。購買東西的時候，當時總以爲買到了好東西，待後來才明白看清楚所買的東西有缺點。尤其是服裝方面，完全無法和您的身體配合、相稱而令您沮喪、懊惱不已。（小凶）

☆E—B　這方位角的休閒活動，總算會平安無事的過去。在遊戲或比賽裏面，由於您過份的焦慮，或者過份的得意而不能締造非常良好的成績，但是當然還是勉强可以的。購買東西方面

，適合於買一些必需品或者一般家庭用品之類的小東西。在您經常去的店裏，您可以悠哉悠哉的挑選買到好東西。（小吉）

☆E－C　這方位角的休閒活動，起先並不會太愉快，但是隨後慢慢地，好玩的玩法就玩出來了。無論那一種遊戲都可以玩得入神，玩得忘我。運動或比賽勝負的活動，您會越勝越多。購買東西的時候，只要您找一找新型的電化製品，流行的服裝和裝飾品之類的東西，您就可以買到喜歡的貨色。（吉）

☆E－D　這方位角的休閒活動，只要您準備少數的錢，就可以享受很大的樂趣。除了可以到郊外運動之外，您可以玩樸克牌、圍棋、象棋等安靜的「爭戰」，您的對手對您的實力將大吃一驚。購買物品方面最適合於購買學術性的書、專門性的書、專門儀器等有關學術的物品。（吉）

☆E－E　在這方位角的休閒活動裏，您會碰上入場卷都賣光了，由於客滿擠得亂七八糟的狀況，因此您不會平靜也無法舒暢。相反的，白天的疲憊感都來了，情緒惡劣到極點。在家裏靜靜地看看書，勤快地整修整修庭園，或者看看電視也很好。購買東西的時候，在食物方面，糖菓、餅乾類很好，書籍、文具之類的東西也可以買到後好的。（凶）

☆E－F　在這方位角的休閒活動，由於您自己喜歡放蕩，意志薄弱，有經常會跑到近郊的酒家去泡在沈醉裏而受到壞的異性的拐騙的傾向。不管是哪一類的活動，在金錢方面都會相當浪

費，所以您要特別注意用錢。買東西的時候，陶器類、裝飾物、寢室用具等都可以買到好的。食品方面則您可以買到味道鮮美的水產食物。（小凶）

☆E—G　在這方位角上的休閒活動，容易被醉漢纏上或者碰上車禍。在比賽勝負的活動方面總是全軍覆沒，在其他各種場合的休閒活動也是一樣，不愉快的事情層出不窮，毫無快樂可言。購買東西的時候，因爲很容易質地粗劣的東西，所以要特別注意。在食品方面，您可以買到味美的發酵製品，例如味噌（豆醬）、酒糟、納豆（發酵過的大豆）。（凶）

☆E—H　朝這方位角的休閒活動，您會由於過度熱中於運動之類的事情，因而扭傷了，受到筋肉上的痛苦。在金錢方面也容易浪費，所以要注意節省一點。購買東西的時候，由於店員對您的態度不親切令您不愉快，但是只要您能够忍受下來，您會意外的買到好東西。這方位角尤其適合採買運動器具或者堅固的東西。（小凶）

☆E—I　在這方位角的休閒活動裏，這方位對任何事物都會產生効果。把保齡球、撞球、網球或者高爾夫球等用來比賽每個人的技術，您可以玩得很開心，而且成績又會很高。購買東西的時候，例如像滑雪、溜冰、高爾夫、保齡球以及其餘所有休閒活動的用品以及文具都可以買到品質優良的製品。這個時候，不要選高級製品，應該選比較一般用的普及型製品。（小吉）

☆E—J　在這方位角的休閒活動裏，您和別比賽或競技時，雖然對手退却了，可是因爲您那强迫性的挑戰，事情會因此鬧得很不愉快，千萬要注意。尤其像圍棋或象棋這種勝敗非常明顯

的遊戲應該禁止。購買東西的時候，您可以買到諸如打獵用具或釣魚器具之類能製造趣味與愉快的東西。（小凶）

天干F所造成的效力——休閒活動，購買物品

☆F—A　這方位角的休閒活動，在所有以比賽技術爲目的的運動裏，您不但會失敗，而且不愉快的事情會層出不窮，可能的話，盡量躲開這個方位角。到附近的純喫茶去舒暢一下，或者差不多到喝一小杯鷄尾酒的程度就該回家了。購買東西的時候，可以買到好的服飾品，有時也可能買到不良的產品。（小凶）

☆F—B　朝這方位角的休閒活動，如果和異性的朋友一起的時候，不管您到什麼地方，怎麼玩法，不但會非常愉快，而且您們兩人的之間的關係，一下從友誼發展成爲愛情。購買的時候，不但能够買到設計非常好的衣服和裝飾品，而且它們將會成爲您一直所喜愛的紀念品。（大吉）

☆F—C　這方位角的休閒活動，不管男性女性都很容易遇上意料不到的痲煩，能够的話，避開方位才能保得無事。男性方面一定要注意交通安全問題以及小心受傷。女性方面，可能受到意想不到的誘惑而招來破身的厄運。購買東西的時候。如果您買服飾品之類的東西，您所買到的，外表上看來很好看，而實際您却買到了糟糕到極點的貨色。（凶）

☆F—D　朝這方位角的休閒活動，適合帶您的異性朋友，到西門町散散步，或者享受逛夜市的樂趣。或者去看看有浪漫氣氛的電影或話劇、歌劇也很好，總之享受一些有情趣、有氣氛的

，會覺得充實得多。購買東西的時候，您可以在色彩設計得鮮艷的衣服、休閒活動用品、書籍或自家用車方面買到好貨色。（吉）

☆F－E　這方位角的休閒活動，特別應該用於男女之間的交往。因爲您不但能發揮柔性的社交手腕，而且由於這次機會將使您們兩人的關係更加親密。去欣賞電影、話劇、音樂演樂會等將使您特別愉快。購買東西的時候，不要一個人去，找個要好的朋友一起去比較方便。您可以選到日用品、休閒活動用品以及服飾類的好東西。（吉）

☆F－F　這方位角的休閒活動，由於您的怠惰，喜歡放蕩，整天盡是在酒吧或俱樂部等充滿喝嫖氣氛的地方遊蕩，除了浪費光陰和金錢之外毫無所得。購買東西的時候，您可以選到覺得很適合您買的東西，可是回家之後仔細一端詳，盡是粗陋不堪的劣貨。（小凶）

☆F－G　朝這位角的休閒活動，如果您是位女性的話將很容易被騙，所以一個人出去是很危險的。在帶有趣味性和實際利益的比賽裏面，您完全沒有勝的機會，而且會受無聊人的騙而捲入犯罪旋渦應購買東西的時候，在食品方面，您會買到味道不好的。其他物品方面，由於您會買到沒有用或者是損壞了的東西，要仔細檢查後再改。（凶）

☆F－H　在這方位角上的休閒活動裏，由於您儘是顧自己追求快樂，您將帶給您的朋友或愛人困擾。因爲您太過於熱中自己的遊戲，置別人的想法於不顧，您將會後悔不已。購買東西的時候，在買的當時會很喜歡，後來您才會發覺糟糕了，買到了糟貨。但是在木匠工具、工作服裝

方面您會意外的買到好東西。（凶）

☆F—I　在這方位角的休閒活動裏，您輕率的言行將帶給您的同伴不愉快，結果不能享受到充分的樂趣。在男性方面，容易發生爭論、事故「吵架，在女性方面，則容易受到意外的壞人的誘騙。千萬要特別小心。購買東西的時候，您會買到有缺損或者已壞掉的東西，所以絕對避免使用這個方位角。（凶）

☆F—J　這方位角的休閒活動，即使暫時會很快樂，但是由於您對朋友的無意間的舉動，將引起口角，甚至越鬧越僵，搞到不得不分手的地步。而且不論您和朋友有多要好，到了這方位角的休閒活動的目的地時就會莫名其妙地什麼事都不對勁起來，毫無快樂可言。購買東西的時候，除了購買佛龕、墓碑、節育用具之類的東西外，您將大部份買到粗劣品，所以除了買上述的東西之外，這方位角完全不能使用。（凶）

天干G所造成的年力——休閒活動，購買物品

☆G—A　這方位角的休閒活動，不但完全沒有樂趣，而且碰上車禍、受傷，有時被染上傳染病，所以請絕對不要使用這個方位角。購買東西的時候，店員的態度非常惡劣令人不痛快，往往找不到您所想的東西。尤其要特別小心的是粗劣品。（凶）

☆G—B　朝這方位角的休閒活動，您心裏期待要大玩特玩一番，和朋友們約好的一起去，可是不是找不到要去的地方就是亂七八糟，一場糊塗，搞得精疲力竭。您越是想樂它個過癮越把

您弄得疲憊不堪。購買東西的時候，您會在廉價大拍賣裏意外的買到東西，但是店員態度的不誠實，將帶給您不愉快。（凶）

☆G－C　這方位角的休閒活動，想樂它一番，可是一去之下，不是找不到目的地，就是那個地方關門公休了，總之一開始就不愉快了。或者您和朋友在一起的時候，您一直要別人按照您的主張去做，結果雙方意見不合，回家的時候，變成各走各的不愉快場面。購買東西的時候，往往買到的東西都是只有外觀好看，內容實質却不好。所以這方位角最好的是避開不用方保無事。（凶）

☆G－D　朝這方位角的休閒活動，您可以和家人或家人或年輕人結伴而行，您將精神豐沛，享受到充分的樂趣。去逛逛畫廊、博物舘、百貨公司的展示會，您將發現到令您深刻的東西。購買東西的時候，您可以買到佛具、書籍、文具等堅固而高級的好貨。（小吉）

☆G－E　這方位角的休閒活動，您頑固的言行舉動將帶給您的同伴不愉快。到達目的地的時候，您才發覺氣氛比想像中的要壞，接客態度也比想像中要惡劣、不誠實，只有留下不痛快的記憶。購買東西的時候，店員那沒有禮貌而輕率的招待，使您連找想買的東西的興趣都沒有了。（凶）

☆G－F　在這方位角的休閒活動，如果您玩得樂不思蜀，得意忘形的話，將遇上意外的災難。尤其，在酒吧、咖啡廳等場所沈溺在酒裏，頭腦混沌，招致失敗。如果您是女性的話，您將

被狡滑的男人所誘騙，使您遺憾終生無法挽救。購買東西的時候，注意服飾類的東西，不仔細檢查的話，您會買到粗劣貨。 （凶）

☆G－G　在這方位角的休閒活動裏，由於您自己本身東也想要西也想要地舉著不定，您同行的朋友會覺得很討厭。由於您無意中的舉動，您和您的朋友或者當地的人發生口角，有時可能就產生的傷害事件來。交通安全也要特別注意。購買東西的時候，除了買刀子類（帶有双口的東西）或佛具以外，絕對不要使用這個方位角。 （凶）

☆G－H　這方位角的休閒活動裏，很容易由於一點點的開玩笑而發生口角，或者容易發生車禍，所以要特別注意。在實際的旅行時，也會誤了車子的時間，或者迷失了道路，受了很大的挫折才到達目的地，結果也是搞得災情慘重。購買東西，由於您會買到缺損的東西、賣剩的東西或者古舊的貨色，選的時候千萬要特別審慎才好。 （凶）

☆G－I　朝這方位角去的休閒活動，所到之處，不是到處休業關門就是找不到目的地，累了一天毫無所成。假若您到達了目的地，也會由於手續的錯誤或者所託之人不好，弄得一身不舒服。購買東西的時候，店員的態度馬馬虎虎，您要東他拿西來給您看，不然的話，就是您自己弄錯了給對方找痲煩。 （凶）

☆G－J　朝這方位角的休閒活動，縱然您辛辛苦苦爲您這快樂的休閒活動作了非常周密的計劃和準備，可是到時候總會由於突發的障礙發生，終於使計劃泡湯。如果您毅然決然地來到了目的地，往往會和第三者引起爭論而遭遇到事故和傷害。購買東西的時候，不但和店員會意見不合，買了之後您一定後悔不已！ （凶）

天干H所帶來的效力——休閒活動・購買物品

☆H—A　這方位角的休閒活動，如果用在運動競技或賭博對奕方面，您會比平常有活潑的運動神經以及機靈的腦筋。但是在到達最好的結果之前，您沒有享受勝利的過癮之前，別人就放棄不玩了。玩玩國術和射箭、射擊都會很愉快。購買東西的時候，您會意外的買到品質優良的商品，但是不知爲何您總是不會喜歡它。 （小吉）

☆H—B　在這方位角的休閒活動的目的地，您很容易和您的朋友或第三者發生爭論。有時您如果朝這方向開車的話，可能違反交通規則而被罰，否則就是發生眞正的車禍，要特別小心。如果利用這方位角聚會時，每個人都會隨隨便便走各人自己的，所以不要使用這方位角。買東西的時候，店員的接客態度會很惡劣，您要的東西也很難找到。 （凶）

☆H—C　在這方位角的休閒活動，方位所影響效果最顯着的是和金錢有關連的興趣味性和實際利益的遊戲。例如，高爾夫球、保齡球、網球、撞球等類的運動，視您的手法可獲得相當的樂趣。而且又可以使用於所有的賭博遊戲，試試看不會有問題。購買東西的時候，不管是買什麼東西，您都可以在非常愉快的氣氛下買到品質優良的商品 （吉）

☆H—D　這方位角的休閒活動，您可以和您信任的朋友逛逛書店，遊博物舘、展覽會，一方面增加見聞，培養智能，而且會出現有益自己將來的靈感和啓示。偶而去走走寺廟、敎堂，心情可以開朗起來，心靈得到充分的安祥。購買物品方面，您可以在百貨公司、鬧區找到您自己所喜歡的衣服、裝飾品。（吉）

☆H—E　這方位角的休閒活動，如果您太過沈溺於比賽或運動競賽的活動當中的話，您不但會飽受失敗的滋味，而且將使您耗費龐大。卽使您安全到達目的地，由於無所得而使您煩躁不安，可能遭遇意外的災難。購買東西的時候，所想要買的商品起先如果不買的話，特意掩去便宜的地方找，最後您會買不到。（凶）

☆H—F　在這方位角的休閒活動裏，在玩的地方您會和一起來的朋友或家人們意見不和，弄得非常不愉快。以比賽高低爲目的的運動，您不但一敗塗地，而且會毫無樂趣。當然，賭博更不用說了，更會輸得奇慘。購買東西適合在廉價拍賣的地方找您所要的東西。（凶）

☆H—G　朝這方位角的休閒活動，絕對避免去參加稍帶危險性的活動諸如打獵、國術、射箭、射擊、開車等。因爲不但不會好玩，而且容易遭到意外和傷害。另外也要注意不要和人爭吵。購買東西時，您在打獵用具、釣具、刀劍之類的東西方面會有意外的收獲。但是不能買到有來歷的古代刀劍。（凶）

☆H—H　在這方位角的休閒活動裏，由於您只顧一個人玩得高興，將帶給同來的朋友或愛人很大的不便。如果去朝拜寺廟、敎堂、名勝古跡的話，一定會不錯。射箭、射擊或其他有關武

術方面的運動都會帶給您愉快。只是和別人相處之間卻不太如意。購買東西的時候，買一些農具、木工的器具、或武術用的器具都會買到好東西。（小凶）

☆H—I　在這方位角的休閒活動裏，例如電影或戲劇，它們在宣傳時非常誇大，看了結果卻一點也不感動。去聽演奏會也是一樣，不但音響效果不好，演奏家和歌手也是一塌糊塗，不如在自己家裏聽聽身歷聲設備的音樂來得舒服。購買東西的時候，您從它們外表看起來都很中看，但是拿回家之後，您會發覺裏面都是破的。所以必須特別仔細檢查才好。（小凶）

☆H—J　這方位角的休閒活動，不利於勝負非常明顯的運動或賭博遊戲，您如果參加這類活動的話定遭慘敗。只有用於掃墓或拜拜的場合卻不碍事。購買東西的時候，您會由於完全購買便宜貨而吃虧，應該要特別注意。尤其注意受騙。（凶）

天干I所造成的效力——休閒活動，購買物品

☆I—A　這方位角的休閒活動，適合於到郊外去散步、玩棒球、高爾夫球等戶外運動，或者參加賽球的賭博，但是您在目的和場所方面會產生猶豫，或發生一點小問題，後來恐怕會若有所失，沒有充實感。購買東西的時候可以買到名牌的商品，尤其是競技用的運動器具。（小凶）

☆I—B　這方位角的休閒活動，所到之處，處處令您嘆氣，無法十分有充實感。到一些您經常去的餐廳吃吃點心或者看看一般票價的電影、玩玩保齡球等等不會太過入迷的休閒活動就好了。購買東西的時候，注意可能會浪費在價錢不貴的日用品以及一些瑣瑣碎碎的服飾物—諸如提

包、帽子之類的東西上面。

☆I—C　這方位角的休閒活動，有促進您的積極性的效能，您對任何活動都會入迷，但是恐怕所到之處會捲入吵架或麻煩的旋渦裏面。如果不小心一下自己的輕率的舉動，可能會發生刑事事件。如果要遊玩的話，不要出郊外，寧可去走走熱鬧的西門町之類鬧區。購買方面，買買水果、運動用具或藥品都可以買到安全可靠的東西。（小凶）

☆I—D　這方位角的休閒活動，特別適合於陪同異性或朋友去看戲劇或去看美術展覽。還有，去保齡球舘、電影院等年輕人集中的地方，您會獲得舒暢的充實感。如果您不堅持自己的意見或別人頂撞的話，您能充獲得學術上的進益。購買方面，車子、刀子、剪刀、菜刀等金屬製品或書籍之類的東西都可以買到好貨。（吉）

☆I—E　這方位角的休閒活動，您可以在一個寬濶的場所，很活躍地大樂一番。只要是像高爾夫球、棒球、游泳等可以呼吸大量新鮮空氣的運動都很好。您積極而果敢的行動都會帶來愉快，但是如果您強迫別人的話，別人却會不服您。購買東西的時候，買買書籍、文具、柑橘等都可以買到好產品。（小吉）

☆I—F　在這方位角的休閒活動裏，不管您想要任意的去享樂，或者想要撈一筆，總之您往往會動歪腦筋，但是事情的發展也總是不如您意。如果去郊外的話，應該早點回家。購買東西的時候，您會相信自己的判斷，當時覺得很喜歡，後來却總是後悔不已。尤其在買衣服、寢具、

或戒指的時候要特別注意。（凶）

☆I－G　要休閒活動，能够的話，最好躲開這個方位角。因爲您自己會由於精神狀態的不穩定，做一些勉强的事情，使您和周圍的人們之間留下不愉快的記憶。還有，賭博也不能使您受益，如果參加較技的運動時，您的對手會對您產生强烈的憎惡感，沒有快樂可言。購買東西的時候，您會很浪費，所以一定要稍微控制一下金錢。（凶）

☆I－H　朝這方位角的休閒活動，在您周密的計劃斷然付之實行的時候，往往會有意外的發展和樂事。這方位角尤其適合在山谷間散步或者去掃墓。在運動方面，比較富有精神性的高爾夫球、保齡球、撞球都有很好的效果。購買東西的時候，買寶石、機械類的東西可以買得很珍貴的貨色。（吉）

☆I－I　在這方位角上，不管是別人的邀請，或者是經自己周密計劃的休閒活動，都不要付之實行爲妙。由於內憂外患，不但事事不能如意，在活動場所遭遇意外，或者在運動中受傷，狀態非常不樂觀。而且由於會受到詐騙或買到壞東西，購買東西最好還是謹愼一點好。（凶）

☆I－J　朝這方位角的休閒活動，您會由於弄錯時間或弄錯地點而心情焦躁，總之結果將悽涼而暗淡，自己孤獨的度過寂寞的一天。而且，您所到的地方可能碰上意想不到的兇暴的人，使您非常不愉快。購買東西的時候也是一樣不能判斷東西的品質，買到了不良商品，所以要特別注意。（凶）

天干J所造成的效力——休閒活動，購買物品

☆J－A　在這方位角的休閒活動裏，您可以得到比預期還要大的樂趣。最適合在第一流的大飯店或夜總會等氣氛優雅的地方吃東西。而且，您的樸素、正直很容易使人對您有很好的印象，即使爲了應酬而做的運動或餘興娛樂節目，也將使您過得十分愉快。購買方面，就是買諸如寶石之類的高價物品也不會吃虧。（吉）

☆J－B　這方位角往往使您消極，所以這方位角的休閒活動，去看看輕鬆的電影，或者做做比較大衆化的娛樂，就能過得很平安。有時候，可能在您所到的地方和萍水相逢的人結爲好朋友。購買東西的時候，躲開豪華的物品，去買一些自己所感興趣而且價錢便宜的實用物品，您會毫不吃虧的買到好東西。（吉）

☆J－C　這方位角的休閒活動，您可以和女朋友吃吃飯、看看電影或者去遠足，您們相互間的誠摯和體貼，形成豐富的情感，使您們的關係更加親密。還有在運動方面也可以使您度過一段快樂的時光，您的活躍將使您獲得勝利。購買方面最適合買豪華的物品，例如寶石或昂貴的水果、藥物之類。（吉）

☆J－D　在這方位角的休閒活動裏，因爲您自己的焦慮和大意，可能遭遇意外的障碍。不是爲了勉强進行計劃而造成車禍，就是與同學出去爲了堅持自己的主張而發生吵架，演成分手的局面。購買方面，您可能買到中看不中用的東西。尤其是水果，最好不要買。（凶）

☆J－E　在這方位角的休閒活動裏，您可以和愛人同遊名勝古蹟，或者成羣結隊地去遠足、到牧場去走走，將可度過快樂的一天。您充滿自信的態度，使您的愛人和朋友對您有更深一層的信賴。購買物品方面，這是一個可以使您得到成爲您的智慧糧食的好書以及品質最好的文具的最好方位角。（吉）

☆J－F　這方位角的休閒活動，事情雖然可以進行得順利，可是心理却不得安寧。玩玩運動雖然也很有興緻，可是由於同行的人度量狹窄，會來阻撓您的遊戲，令您感覺到討厭。搞得不好，您一個人變成別人的眼中釘。購買東西的時候，注意一下，衣服、寢室用具、戒指等類東西可以買到好的。（小凶）

☆J－G　在這方位角的休閒活動裏，您只有自己一個人虛張聲勢，可是却免不了東煩惱西煩惱，一直沒有充實感。即使具有活動性的運動，如果您不持有相當堅强的意志，您也會中途而廢。購買東西的時候，由於硬要殺價，可能因此買到劣貨，所以一定不能失去冷靜。（小凶）

☆J－H　這方位角的休閒活動，如果您與異性或朋友在一起，您很容易產生怠惰心理，終於因爲任人擺佈，您的計劃被中途破壞。不要去運動或追求活動性娛樂的樂趣，最好您一個人自己去走走古廟或教堂。購買東西的時候，自己想找的東西買不到手，到手的東西却虛有其表中看不中用。（凶）

☆J－I　這方位角的休閒活動，應該要獨自一個人在一個安靜的場所度過安然的時光。假若您和異性或朋友一起出去的話，不但事事不如意，也無歡樂可言。而且又動不動就被同行的人攪得十分不愉快，而別人却反而把您突然的擧動視爲惡意。購買東西的時候，由於您考慮得很少，絕對買不到滿意的東西。(凶)

☆J—J　朝這方位角的休閒活動，不管您怎麼穩定，怎麼冷靜地安排，都無法長保歡樂，而且由於您的性急，終於還是搞得亂七八糟。譬如被捲入無意義的麻煩裏面，或者由於一起來的人的惡意中傷，心情鬱悶寡歡。購買東西的時候，要特別注意別人硬把壞的產品塞給您。(凶)

按照自己的願望處理金錢交易

本章的特色

本章對於想在金錢交易上獲得成功的人來說是一大福音。假若您遇上了下列這種局面的話，這遁甲一定對您有所幫助：

• 無論如何也要借到錢的時候。
• 欠債到期無法籌到錢，想拜托對方多等一些時間的時候。
• 各種損害賠償要請求或支付的時候。
• 各種契約合同的取得和商品的推銷。遁甲是應用策略發揮最高效果的實用兵法。而且在本章裏面，不僅吉方能夠發揮效果，而且根據您的用法，凶方也能帶來絕大的效果。

例如，交易的場所已經決定，而這方位角對您而言是個凶方，但是還好對您的對方來說，他的方位也是凶方（如果對手占了吉方的話，您就沒有勝的希望了。）而且比您的方位還凶的話，那麼這次交易依然能夠依照您的意思來進行。

還有，假若日盤上顯示您的方位角是凶方，完全沒有獲勝的可能的話，您就在此盤上選擇比對方更有利的時間來進行交易。但是因爲它畢竟還是凶方，所以您要振奮精神來面對這個局面，事情成功之後趕緊結束交易。

如此一來，不管什麼難題都可獲得解決。

在奇門遁甲裏面有如下幾種吉格對於交易的成功尤具效力。把這些吉格和本書一起併用，效果當可倍增。還有，空欄的地方（如地干的橫欄等）表示任何一種符號均附合吉格規定之意。

天干	地干	八門	八神	備考
B		生	木	
B		開		八門中的開門如果在東南方位的話，效果更大。
B		生		八門中的生門如果在東南方位的話，效果更大。
B		休		八門中的生門如果在東南方位的話，效果更大。

C		生	日	
C				只限天干C在南方的時候。
D		開	月	

☆八門和八神的效果

八門	八神	
生門		休門以態度或擧止的說明來表示您所持有的誠意，只要您沉著地進行交易會話，這是一個必定成功的門。還有景門，除了公文的處理愼重之外，還會有伶俐的口才，促使事情發揮效果。開門如果和吉天干或吉格重疊時，效果更着。
	太神・日神	木神、金神、月神等也很好，但是到達成功所要耗費的時間要多一些。

天干A所帶來的效力——交易

☆A—A　這方位角的交易，效果在於比較大的交易以及和政府公事有關的交涉上面。面臨交涉的您，非常沈着，言行擧動上充滿了誠意，您將帶給對方好感，而使交易進行得很順利。尤其，您的交易對手是長輩或有地位的人時，您將受到意外的關照而使事情得以解決。（吉）

☆A—B　這方位角的交易，在最後總解決的交涉上特別能發揮效果。交涉的對方，您就很率直地把他當做社會上有力量的人，您一定獲得意外的助力，交易得以順利。尤其是這個方位角，把對方看做人格端正的誠實人來進行交易才是成功的秘訣。想一些勉强的策略反而容招致失敗，要千萬小心。（大吉）

☆A—C　這個方位角叫做「青龍回首」，在交易上是個非常有力的最大吉方。尤其是在和金錢有關的交涉或商業貿易裏面，起初很難看出效果來，但是隨著時間的經過，效果將越來越大，最後終獲成功。只有這個方位角，即使您的交易比較具有强迫性，也依然可以成功，請您帶著自信，放心去處理。（大吉）

☆A—D　這方位角使用在公文的手續以及和公家機關有關的交涉上，均可收到意料不到的成果。尤其是交涉的對方是社會上有地位的人或者是您的長輩的時候，他不但會尊重您的意圖，而且您可以獲得有力的援助。用在和出版、大衆傳播有關的交涉事件或交易上也有效果。（大吉）

☆A—E　在這方位角的交易裏，雖然您的計策很高明，交涉談話也應用得很巧妙，但是反而得到反效果而招致失敗。最後能奏效的還是有誠意的態度和熱忱，千萬要注意。這方位角的交易裏，大致說來，對方的人數大多會是兩個人以上，您這邊最好也要選幾個有才能的人湊成跟對方差不多的人數才好。（小凶）

☆A—F　這方位角的交易，最重要的是您要與能成爲您的依靠的同心協力的人合作起來。起初，您很難隨意地控制對方，慢慢一階段一階段的商談，交涉就能逐漸順利起來。不要過份緊張，一定要按步就班，以有條不紊的柔和態度來處理。這方位角如果對手是異性的話，效果特別顯著。(吉)

☆A—G　這方位角的交易，就您而言，您很容易完全立於不利的立場。縱然，暫時性地事情有所解決，但是隨著時間的經過，會由於意外事件而使整個事情完全崩潰。由於您覺悟到您的計劃必須重新打算，對交涉已不存希望，自己對自己的無能感到失望。(凶)

☆A—H　這方位角的交易，盡可能避免以大膽的態度來面對交涉事件，最重要還是以辦理尋常事務的態度來處理才好。不要很焦急地想把這次交涉完全解決妥當，只能把它當做交涉的第一階段來處理才對。如果計劃過大或交涉策略進行過於勉强，一定導致失敗，千萬要自重。(小凶)

☆A—I　在這方位角上的交易，雖然交涉對手的態度意外的熱心，但是他却怎麼也不答應您最後的要求。總之，對方的態度很曖昧，糊里糊塗當中交涉越扯越長，很容易就導致決裂。這時您只要稍微取得適當的諾言或決定一下次交涉的大致目標就好了。(小凶)

☆A—J　在這方位角的交易裏，由於您能發揮靈巧的社交能力，所以交涉活動可以很順利的展開。尤其交涉對手是異性的時候，事情更能够在和睦的氣氛當中獲得結果。如果您和對方的

交涉是第一次的話，您和對方的交涉活動將繼續永遠展開下去。而且，您和對方在生意之外將有更深的交情。（吉）

天干B所帶來的效力——交易

☆B—A　在這方位角的交易活動裏，即使您作出强迫性的要求或者所想的策略嫌勉强一些，對方也很能够接受，而且商談得很諧調。因此請您安心而平靜地去進行交涉。尤其交涉對手如果是社會上的達官貴人或者您是在和公家機關打交道的時候，將獲得意外的幫助，事情得以順遂。大致上用於大的交易活動或者整個計劃中最後簽合同的時候最有效果。（大吉）

☆B—B　這方位角的交易，用於一般事務的正式交涉最有效果。然而計劃不能過大，要求也不能太勉强，否則不但事情不能通過，甚至也許就雙方決裂了。總而言之，絕對禁止各式各樣的花言巧語，跟往常一樣，採取比較保守的態度才是最重要的。（小吉）

☆B—C　這方位角用在金錢的借貸或商業交易上，能使交易安然無事。由於這方位角，您將受到長輩意外的援助，您自己本身將有好事來臨。結果您在社會上的地位必然大大提高。用您有誠意的純摯態度來面對這交涉事件，是是此次交易成功的要訣。（吉）

☆B—D　這方位角的効果出現在交易事件裏面所有有關文書的交涉以及與公家機關有關的公文手續上面。尤其在簽訂契約交換書類的時候，不但進展順利，更會受到有地位的人的意外援助。在和出版、大衆傳播有關的交涉事件裏面也可以平安而順利的獲得結果。（吉）

☆B—E　這方位角對於和觀光事業有關的交涉事件能夠產生効果。結果您將有做生意兼觀光的出差旅行的機會。在這方位角上，由於對計策的巧妙應用，自然會決定結果的好壞。但是必須要不忘誠實的態度以及禮貌，慎重的處置這次的交易活動，必能獲得好的結果。（吉）

☆B—F　這方位角特別稱為「乙奇得使」，在這方位角的交易裏面能夠發揮以柔克剛的強力効果。在面臨交涉的時候，能夠發揮靈敏的社交性，相互間都覺得很親切而使交易順利的解決。書類的手續方面也能辦理得很順利，因此最適合合同契約的交換。（大吉）

☆B—G　這六位角的交易，如果不事先十分注意的話，事情將一塌糊塗，是個不可信賴的方位角。尤其在金錢借貸方面，可能會發展成討厭的爭吵局面，保守一點，謹愼一點最要緊。商業交易方面也牽連對方的家庭事情，無如何也無法協調得好。（凶）

☆B—H　在這方位角的交易裏面，您所依靠的合作者或部下，可能會叛變。而且，對於實際上在交易的物件沒有充分的調查清楚，可能完全差錯。由於很容易遇上覇佔或詐欺之類的事情，在面臨交易的時候一定要有充分的警戒心。能夠的話，最好是避開這方方位角。（凶）

☆B—I　這方位角的交易，在能夠酒足菜飽的餐桌上進行交涉的話，當可獲得意外的解決。要覺悟交涉活動時間會拉長，只有忍耐才行。總之交涉結果的吉凶乃是視您款待對手的方法而定的，您要下定決心付出某種程度的金錢代價。您們一同享受，一面談生意，才是成功的秘訣。（吉）

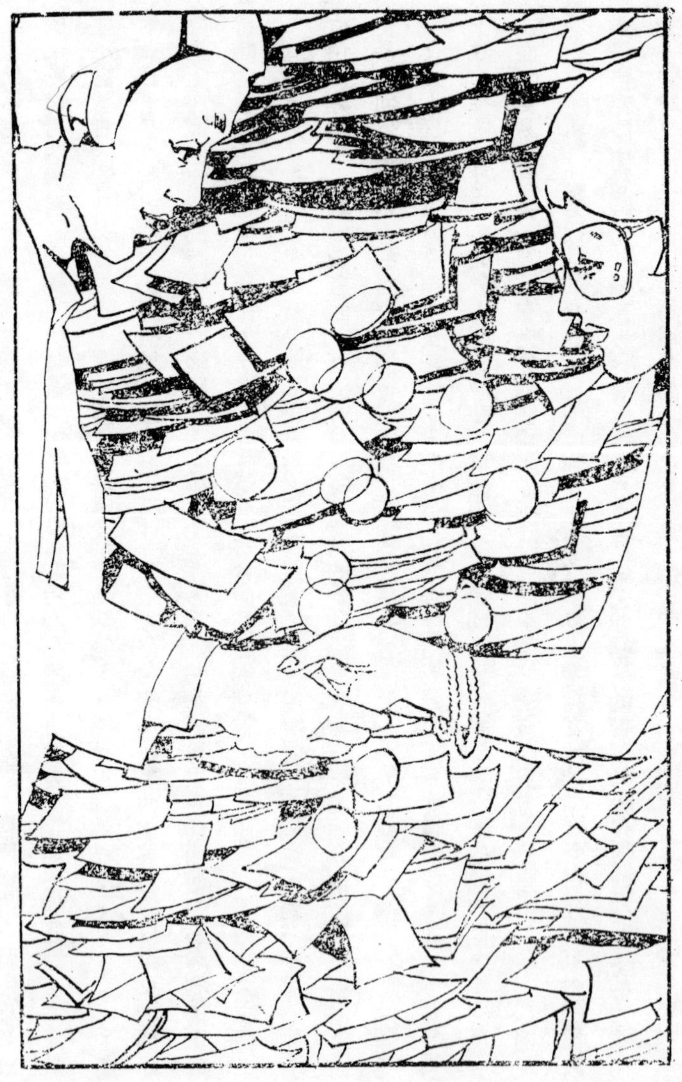

☆B—J　這方位角，能够的話，不用爲妙。因爲，無論您向交易的對方提出多麼好的條件，對方仍然會面無難色地拒絕您。有時，交涉對方不但毫無興趣，甚至恐怕會中途離席。這個交易計劃最好還是坐着靜觀聲勢找一個下次的好機會來進行交易才好。（小凶）

天干C所造成的效力——交易

☆C—A　這方位角特別稱爲「飛鳥跌穴」，用在想向銀行等金融機構貸款或商業交易上，效果非常好。總之，這是所謂「無往而不利」的最大吉方，所求您在整個交易上有稍微强迫性的要求也依然可以成功。在這次交易上，您最重要的事是用您强有力的領導能力來推進您自已所立的周密計劃。（大吉）

☆C—B　在這方位角的交易裏，不但在金錢方面非常融通，也可以發揮靈敏的社交手腕，使交涉順利的展開。因此，商業交易可以在和睦的氣氛中進展而且獲得意想不到的援助。還有。有關向公家機關的申請或銀行等金融機構的交涉，在這方位角裏特別能發揮功効。（大吉）

☆C—C　在這方位角的交易裏，由於您交涉的態度過份的强硬，對手可能因此驚慌失措反而失去信用使交易沒有成功。因此，對交易貨物要反復冷靜的重新看清比較不容易出錯，如果任它自然的討價還價的交涉方法則很容易出錯。總而言之，要愼重而周密的計劃過再處理交易才是最要緊的。（小凶）

☆C—D　這方位角用於所有的商業交易上可以有非常大的効果。尤其在金融關係上非常良好，簽訂契約時的書類辦理手續等可以進行得非常順利。因交易的大宗小宗以及業務內容，自然從各方面獲得的利益也自有不同，大致說來交易計劃越大，則其所獲的利益也就越大。即使是大量款項的借貸，也可以意外的融通，所以這方位角試試看無妨。（大吉）

☆C—E　這方位角特稱爲「丙奇得使」，其在交易上由於以堅强的自信和決斷力很果斷地處理交涉，所以交易必定成功，而且一面可以巧妙的應用策略，一面可以發揮柔軟的外交手腕。所有有關商業交易以及對金融機關的作業必能達成最佳成果。在這方位角上，如果又附有八門中的生門的話，則是稱爲「天遁」的大吉格。（大吉）

☆C—F　這方位角的交易，由於順應著當時靈活應用積極性和消極性，交涉情況會有意想不到的進展。因爲您能應用適度的積極性，實施巧妙的策略，對方對您必然有求必應。金融關係完全良好，在商業交易上對方對您絕對相當讓步。（吉）

☆C—G　在這方位角的交易裏，會在交涉半途殺出沒想到的程咬金來，結果一切都錯了。這眞正是一個「好事多磨」的方位角，儘可能把重要的決定放在下一次，把這次交易早早結束爲妙。否則的話，不但交涉將決裂，所依賴的人也將離棄您。（凶）

☆C—H　在這位角的交易裏，某一方會單方面地形成主動，而他的對手自然成爲被動者，可是却不一定說積極的一方就是較有利的一方。只是雙方相互間都能在和睦的氣氛底下談生意，所以成功的可能性是很大的。即使起初您不能很如意的傳達您的意圖，可是隨着時間的經過，您

的希望將受到尊重。尤其是在金融方面更有利。（小吉）

☆C—I　這方位角的交易，在借款之類的金融事件上面非常有効果。只是，這個時候，比較麻煩但是却很要緊的是您要誠實地把自己的窘境說給對方了解。還有，在商業交易方面，大致說來您將總是跟着對手的步子走路，因此您會感到不滿，但是結果對您而言您却將獲得更多的利益。在交涉會談的當時，尤其重要的是您的態度要冷靜而客觀。（小吉）

☆C—J　在這方位角的交易裏面，如果您沒有處理得非常愼重，恐怕會着了對手的道兒而一敗塗地。否則的話，就是您所信賴的部下或者合夥人，在暗地裏進行着對您不利的勾當。您對您自己，周圍要不相當小心的話，將很容易遭遇到騙局，所以不要隨聽別人的甜言蜜語，冷靜的觀察最要緊。（凶）

天干D所造成的效力——交易

☆D—A　這方位角用於與公家機關有關事件或者大宗的交易很有効果。尤其有關公文手續或者合同書類的交換更容易成功。面臨事情交換的時候，由於您發揮了適度的積極性和靈巧的社交能力，交易事件可在愉快而和睦的氣氛中獲得解決。交涉的時候，誠實和正確的禮節是使這交易順利進行的重要要素。（大吉）

☆D—B　這方位角在不動產交易方面以及其他的商業交易行爲上面可以發揮絕大的効果。其理由是因爲您靈巧的外交手腕，在不知不覺間，使對方接納了您的要求。向公家機關發出的申

請或書類上的手續等也能順利解決。由於這次的機會，薪水階級等人物可獲得遷昇。（大吉）

☆D－C　這方位角的交易，在資金的週轉或書類的手續上可以有急速的進展。在所有的商業交易上面發揮吉利効果，但是由於運氣太好而太過自信，却可能招致意外的失敗。最要緊的是一切都要小心自重。借大量款項比借少數資金要容易有好的結局。在交易的計劃上面也可以有一些强硬的要求。（吉）

☆D－D　這方位角用於出版以及有關大衆傳播的交易上可以發揮効果。在所有商業交易以及公家機關的書類手續上的交涉都可以在愉快的心情底下順利的成立。尤其，交涉的對手是有學問或有藝術修養的人時，您們可以談得心花怒放，從此，以前講不通的也講通了。這時候，您充滿風趣的談話使對方感到愉快。（吉）

☆D－E　在這方位角的交易上，您隨時的臨機應變，使您轉危爲安。尤其您那雄辯之才和富於機智的外交手腕壓倒性地左右了您的交涉對手，對方將任您擺佈。這是在所有商業交易的契約以及文書上的手續辦理可以奏効的方位角。（吉）

☆D－F　在這方位角的交易上，由於您本身太過順利使您態度鬆懈容易陷入對手的控制。尤其交涉對手是異性的時候，對方會在談話中對您進行性的誘惑，非十分小心戒備不可。您優柔寡斷的態度和柔弱的推銷方法，很容易使您自己跌交，所以，堅强的自信和積極性是必要的。（小凶）

☆D—G　在這方位角的交易上面，一定要把您的計劃做得從任何角度來看都理想。那麼在進行當中，您的交涉對手，自然而然對您的企劃能力感到驚訝。契約或合同能够毫無障礙，毫不躊躇地迅速簽訂成功，不久甚至您的社會地位也會有所改變。（小吉）

☆D—H　在這方位角的交易裏，您的交涉對方很容易對您有不應該有的懷疑，自然而然消極起來，本來應該解決的，結果沒有解決。您自己和對方相處的時候也不由自主的採取了冷淡的態度，所以一定要用盡量使對方感到有溫暖感的交涉方法。尤其是薪水階級，由於這次的交易，上司對您的印象將越來越不好。（小凶）

☆D—I　這方位角特稱爲「丁奇得使」，在交易交涉上面，對您非常有利。由於在意見交換的時候，雙方都非常踴躍，最後您的計劃將被充分的理解。這個方位角對於公家機關方面的投標工作具有異常的推進力量，必能使您獲得成功。因爲這是您最如意，最左右逢源的時辰，您要充分準備好您所想交涉的事情。（大吉）

☆D—J　在這方位角的交易裏，由於在簽約的時候容易產生文書上意外的錯誤，所以您要事先把合同書類準備得十分妥當。假若您在契約上有很勉强的要求時，則簽訂工作絕無法成功。因此，您要盡量保守一些，只要知道了對方的意思時，就可以早點結束這段交涉談話。（小凶）

天干E所帶來的效力——交易

☆E—A　在這方位角的交易裏，卽使您盡了所有力量把自己的計劃向對方說明，想說服對方，可是對方却很難了解，而對您的態度完全冷淡。或者對方對您提出無理的要求或到處挑剔，到最後您自己在這交易當中都會自行放棄您的計劃。在這次的交易裏面，只要您已經向對方說明了要點就好了，趕快結束這次的交涉活動。（凶）

☆E－B　在這方位角的交易裏，您本身的策略很高明，您在當時的適當處置，將使對方非常愉快。其結果，在一切的商業行爲上，您將確實地掌握了對方的心意，困難的問題也都能獲得成立。這時，您要花點時間，很愉快的和對方進行談話，這是成功的秘訣。只是如果變成了執拗的話就有問題了。（吉）

☆E－C　在這方位角的交易裏，由於您堅强的自信心發揮了您的積極性，即使您的要求稍有些勉强，對手對您也會有相當的妥協與讓步。在起先，對方沒有表示非常理解，但是最後對方會提出妥協的意見。尤其在銀行等有金融關係的工作進行裏面，將可以進展得很順利。在方位上如果附有八門的景門和八神日神時，稱爲「火遁」是大吉格。（吉）

☆E－D　在這方位角的交易裏，即使您的條件並沒有像您的計劃那般的有利，可是對方却會意外地對您有所理解。尤其用於對公家機關的投標工作方面，不但結果良好而且將獲得信用。在書類手續方面，這方位角也有効果。在所有商業交易的競爭裏面，具有强盛的必勝力，所以這是很可以利用的方位角。（吉）

☆E－E　在這方位角的交易裏，由於您有着三寸不爛的彈簧舌，對方可能暫時聽信於您。

但是由於您這巧妙的計策，對方將會失去以前對您的信賴。進行交涉的時候，您稍稍有個猶豫不決，或者焦慮不安的話，結果都將事與願違，所以，萬事都要謹愼爲是。（小凶）

☆E—F　在這方位角的交易裏，由於您的保守、謹愼，做事不够積極，對方往往誤會您是沒有誠意的人。因爲您當時那自棄頹唐的態度，會被對方覺得您沒有責任而不誠實。結果，本來是很好的計劃也完全破壞，甚至您的社會地位也因此而喪失。千萬要自重。（凶）

☆E—G　在這方位角的交易裏，雖然對方會突然高興起來，但是那是暫時性，對方的快樂並不能繼續下去。而且可能這次的交涉將成爲雙方決裂的導火線。盡可能以保守而冷靜的態度來接待對方才是最要緊的。到時候，只要已經談到了要點，就應該早點把這次的交易活動結束。（凶）

☆E—H　在這方位角的交易裏，您的說明錯誤，當場的處置錯誤，一開始就情況悽慘。由於您將在計劃周密的商業交易對手底下遭受壓倒性的打擊，能够的話，躲開這個方位角才能保得安然無事。有關金融的作業或借款，不但簡直完全無望，甚至可能使您的信用完全失去。（凶）

☆E—I　在這方位角的交易裏，您堅强的自信心和强盛的活力將壓倒對方，每一件事情都將進行得非常順利。由於您的臨機應變、處置適當，對方自然而然被您牽着鼻子走路。您所希望的計劃得以實現。平常很困難的生意，漸漸由於您的策略，每做成成。（吉）

☆E—J　在這方位角的交易裏，不論您說明得多麼熱心，對方總是無法了解您所說的事情

。您如果連很糟糕的計劃都想蠻幹下去的話，不但計劃馬上被看穿，而且只有落入對方的掌握而已。和對方相處最好要保持誠實的態度，最好還是不用這方位角，您才是聰明的。（凶）

天干F所帶來的效力——交易

☆F—A　在這方位角的交易裏，起初會很熱心，但是隨着時間的經過，不管您用什麼好態度來向對方表示，結局總是龍頭蛇尾的。如果用於所有的商業交易，不但都無法做出成果，而且連自己的社會地位都將發生危險。拿出相當的積極性和忍耐力才是成功的秘訣。（凶）

☆F—B　這方位角的交易，將在雙方和諧而愉快的氣氛中，得以順利的進展。尤其交涉對手是異性的時候，這種効果更加顯著，甚至由於這次機會，在私人的交際方面也會有所進展。不但在所有商業交易裏，特別有効於靈活社交能力的發揮，使用於交涉的第一階紙，效果更是絕大。（吉）

☆F—C　在這方位角的交易裏，您無意間的言行，會使交涉對手非常憤怒，很可能當場就拒絕您。在實際上的商業交易上也常會發生由於說明不清楚而招致誤會，或者由於書類證件不足而發生錯誤，結果一敗塗地。在這方位角上尤其容易輕擧妄動、失態而蒙受損失，因此不愼重地加以處置是不行的。（凶）

☆F—D　在這方位角的交易上，起先，對手不容易被說服，但是隨着時間的經過，結果會獲得相當好的成績。尤其這件交易有其他的競爭者在場的時候，隨着交涉的逐步進展，最後勝利

將屬於您所有，有關公家機關的投標工作的競爭也將有所成果。有關書類證件手續方面的事情也不會有什麼妨礙。 (吉)

☆F—E　在這方位角的交易裏，您不但能發揮您的積極性，同時您的策略也很高明，對方完全進入您的掌握。但是在這次交易之前，您必須要事先求助於有社會力量的人。由於他的支持，無論怎麼困難的生意交易應該都能圓滿解決。 (吉)

☆F—F　在這方位角的交易裏，您的交涉展開得很蜿轉靈活，但是由於您的怠惰和猶豫不決，您完全得不到別人的信任。在談生意的第一階段裏，如果您請客，以酒食款待客人來進行交談，那麼雙方意見的交換與溝通會非常完滿。但是用於其他正式交易的時候，則不但會毫無結果，以前所贏得的信用也將完全失去。 (凶)

☆F—G　朝這方位角去的話，一切生意交易的競爭都一定會失敗，所以在公家機關所舉辦的投標絕對不要使用這方位角去參加。面臨交涉的您如果是女性的時候，要是對男人的誘惑不小心戒備的話，您將飲失足之恨。在這種時候，您要特別認清楚這是談生意，萬一着了花言巧語的情感道兒，您將連後悔都來不及。 (凶)

☆F—H　這方位角的交易，您可能在酒家之類的地方接受有女人和酒菜的招待，或者由您來招待別人，對於男人而言，它雖說是生意却是令人快樂的玩意兒。可是不能不注意小心陷入意外的陷阱。如果對方不是一位官員的話，對方一定會對您提出各種不應當的要求。 (凶)

☆F—I　這方位角的交易，由於交通事故等原因，您會誤了約會的時間，或者雙方都把約會地點弄錯了，一開始就不對勁了。或者，即使按照所約定的能夠開始交涉，也會由於別人無聊的藉口而鬧得大家不愉快。尤其要特別注意書類證件手續上的錯誤。（凶）

☆F—J　這方位角的交易，可能您以前已經交涉過了幾次，或者有了過去的交易經驗，但是您會遭受致命的打擊。假若這次是首次交易，那麼您們雙方的意見交換不能協調、順利，事情一點也無法解決。如果把交涉時間拉長的話，由於您並不能作冷靜而客觀的判斷，所以還是早點結束這次的交涉，等待下一次機會。（凶）

天干G所帶來的效力——交易

☆G—A　在這方位角的交易裏，要特別記住「口蜜腹劍」這句格言。總之您如果不仔細把計劃作相當思考而做恰當的處置的話，您可能遭受欺騙而上當。不但一切交易將歸失敗，信用失去，到最後甚至連生命也發生危險。（凶）

☆G—B　在這方位角的交易裏，您所站的立場，地位即使是有利的，它不但不能生効，對方對您敬而遠之，本來可以解決的事情也無法解決。在交談的時候，您們雙方的言語老是齟齬不通，結果也只有使交涉破裂而已。您一切都不能够冷靜的判斷，所以您處置的時候一定要愼重。（凶）

☆G—C　這方位角的交易，如果您不在事先把對方調查清楚，好好仔細研究一番，到後來您一定會後悔。即使經過調查之後，您判斷這人是可以信賴的之後，如果您自己不小心，不知不覺也會受到對方的控制，最後還是不能成功。在借款或有關金融的作業上，完全無法奏功。（凶）

☆G—D　這方位角對向公家機關的申請或書類的手續等事件有良性効果。尤其是有關學校或教育的交涉事件特別有力，不妨試試看。但是在要正面解決的較大的交易計劃裏面很不可能使對方理解您自己的立場。可以使用在事件繼續當中的交涉書類手續上面。（小吉）

☆G—E　在這方位角的交易裏面，您們相互之間會突然懷疑起對方的內心來，難免變成疑心生暗鬼的結果來。您自己由於進行了拙劣的策略，反而危及自己的地位，給予對方乘虛而入的機會。由於所有有關商業交易的事情都不獲得絲毫的成果，所以最好是冷靜的觀察等待下一次的機會。（凶）

☆G—F　在這方位角的交易裏面，您那怠慢而不誠實的態度會觸怒對方，您以前所建立的信用將完全失去。否則就是在酒店裏吃喝談生意時，自甘墮落，在酒和女人的包圍之下迷失了本性，忘記了要緊的交易事情，等到發覺的時候，一切已經不可挽回了。（凶）

☆G—G　在這方位角的交易裏，由於您慾求過份，什麼都想要，對方將覺得您很惡劣，您的信用完全失去。有時候您騙人，有時您受騙，得不到片刻的安寧。如果您不充分嚴守交易上的道德，後來將蒙受莫大的損失。您應該決定，每一件事情都要以誠實的態度貫徹始終，否則的話就完全不要採用這個方位角。

☆G－H　在這方位角的交易裏，對事情如果沒有相當愼重的處理，將產生意料不到的錯誤，您們相互之間意見衝突。因此，這次計劃如果是您自己的一定要再重新考慮改進。由於您和對方意見經常相左導致爭吵，大有可能一切變成泡影，所以您一定要用冷靜而緩和的態度來處理交涉才行。（凶）

☆G－I　在這方位角的交易裏，您自己當時的處置恐怕會失敗。理由是因為您面臨交涉的時候沒有堅定的信念，對方將由於您的優柔寡斷視您爲不可信賴的人。尤其在方位角的交涉事件裏面，您恐怕會感到焦慮而缺乏沈靜的判斷，所以在這一點上面要特別注意。（凶）

☆G－J　在這方位角的交易裏面，如果沒有相當仔細的再三研究過交易計劃，不知不覺間會產生錯誤，受到欺騙，後來後悔莫及。尤其，可能從這次的交易開始，一切事業漸漸倒潰，所以絕對不要使用這個一位角。這時一定要等下次機會，最要緊的是要把交涉對手和整個交易計劃好好推詳一番。（凶）

天干H所造成的效力——交易

☆H－A這方位角會使您富有積極性，而且也會使您的頭腦應變很快，對事情的處理很巧妙，可能會有一下子的成果。但是，雖然有一線的希望却只有一瞬間，不知不覺間一切都會歸於烏有。使用這方位角想要取勝的話，就要儘可能儘早結束，只要說明了要點就應該停止。（小凶）

☆H－B　在這方位角的交易裏，由於把交易計劃的重點遺漏而處置不當，以前努力的成果完全白費而歸失敗。而且這是一個容易引起誤會和爭端的方位角，所以最要緊的不但是要冷靜而且要緩和。尤其是在面臨交涉裏佔主要地位的人，由於意外的痲煩將有失足的虞慮。（凶）

☆H－C在這方位角的交易裏，您花多少力量和努力就可以獲得多少成果。因爲這是個在有關銀行等金融事情的活動或借款方面相當有力的方位角，所以一定請您不妨試用一下。只是不管是借款的場合或是商業交易的場合，些微的痲煩是難於避免的，一定要十分注意。（吉）

☆H－D　這方位角的交易最適合於現實而合理性的交易計劃，在和睦的氣氛底下，交易可以順利的進展。尤其是向公家機關的各種申請和公文書類上的手續，可以毫無阻碍地得到解決。由於在所有的商業上都有很大的效果，所以您可以利用您的靈感進行强有力的交涉。（吉）

☆H－E　在這方位角的交易裏，凡事如果採取保守消極的態度時，態度越積極，越容易暴露弱點而爲對方所乘。因此交涉的結果完全和您的期望完全相左。最後，自己不是遭受莫大的損失，就是一切希望完全泡湯。（凶）

☆H－F　在這方位角的交易裏，您言行反悖，自掘墳墓。而且，您所依賴的同志、幫手和部下也將叛離，不但要遭到損害，您的社會地位也將失去。由於您的怠慢，您將被對方的行動所操縱。最後可能到衆叛親離的地步。（凶）

☆H－G　在這方位角的交易裏，從一開始您們相互間的意見就不一致而互相爭吵，雖然您有很大的誠意，盡了多大的努力，對方完全不會採取您的意見。或者由於雙方的錯誤，互相推諉塞責，發生令人不愉快的爭吵。最好趕快停止這方位角的交涉，或者在適當的時機結束這次交談，等待下一次機會。

☆H—H　在這方位角的交易裏，由於您自己的我行我素，不考慮對方的立場，終於沒人理您，一切努力等於白費。甚至您聽任您的部下去處理這方位角的交易，公私混雜不分，爲難對方，有時說不定還用覇佔的方法。縱然這次交易對您是多麼的有利，要是有這些不應當的要求，就等於自掘墳墓一般。（凶）

☆H—I　這方位角的交易，如果不一再仔細檢討交易計劃的話，您所得的利益將只是外表而已，外强中乾，很少實際利益。對方也是一樣，頭銜和外觀都是很好看的，但是在社會裏却是有名無實的。任何事情將都毫無績效，抓住重點，適可而止就好了。（小凶）

☆H—J　在這方位角的交易裏，完全受到對方意外策略的控制，落入對方的圈套。爲了防止上當受騙，應當特別注意預先充分的調查對手，仔細研究交易計劃。您自己要充分培養堅强的自信心和看穿對手的眼力來對付這次交涉。但是最好莫過於不利用這個方位角。（凶）

天干I所造成的效力——交易

☆I—A　在這方位角的交易裏，如果沒有充分正視對手那種積極性的舉動，您會不知不覺地中了對手的圈套。其結果悽慘落魄，您的計劃意圖完全不受重視，一切歸於失敗。尤其必須要

注意的是您要小心不可因爲您那事事性急的性子，暴露了狐狸尾巴，上了對方的當。（凶）

☆I—B　在這方位角的交易裏，您那不得要領的擧動將引起別人的議論，交涉將在互相猜忌、互相陰謀的氣氛下進行。或者，在酒家餐廳進行交易，您將自甘墮落，迷迷糊糊而導致本末倒置的結果。尤其在男女混雜的地方要特別注意不要沈溺於色情的陷阱裏面，一切事情都拿出您安穩而誠實的態度才能挽救您這種局勢。（凶）

☆I—C　在這方位角的交易裏，起初您能够表現您自身的威嚴和積極性，由於您的策略，事情得以展開，但是這種情形並不會長久持續下去，最終將一切歸於烏有。所以面臨使用這方位角的時候，特別要注意的是抓住要點，速戰速決，事事都要忍耐。（小凶）

☆I—D　這方位角，對向公家機關辦理的事件以及證件書類上的手續有非常大的效力。而且由於將有您的長輩和有地位的人來幫助您，不妨把他們當做您的智囊團也不失爲一個好辦法。這方位角可以用於其他一切有關商業交易的契約事件。不但能够獲得利益，而且您的社會地位也將跟著上昇。（吉）

☆I—E　這方位角的交易，起初只是微不足道的交易，但是由於這次機會却可促成一次可獲大利的生意。由於有社會地位人士的援助和忠告，您將受惠於一次可成就大事業的機會。但是這次的機會只是一瞬間的事情而已，希望您絕對不可以失之良機。（吉）

☆I—F　在這方位角的交易裏，儘只有令您焦躁，一切努力都要徒勞無功，不但惹來對方的厭煩，他也完全無法了解您的意思。您越是勉強進行這交易，對方不但越只是逃避，而且對您的話根本充耳不聞。因此，您要徹底覺悟不要抱有任何成功的希望，儘快的在短短的時間內，趕緊把事情結束才是上策。（凶）

☆I－G　在這方位角的交易裏，由於您用火急的性子來辦事，對方驚慌失措之下，事情反而無法愼重處理。對方不僅不了解您的意圖，反而對您產生畏懼而遠遠地躲開您。總之，盡量在一種舒暢而明快的氣氛當中，仔細去了解對手的意志才是要訣。（凶）

☆I－H　在這方位角的交易裏，由於您具備有適合於當時情況的適度的積極性和判斷力，您不但能使對方對您具有好感，而且能夠使他受您控制。因此，在所有商業交易的場合裏面，即使您不善於策略，只要您表現最大的誠意，對方對您當會意外的柔順。（小吉）

☆I－I　在這方位角的交易，您們相互之間都不知道怎樣從容進行交涉，事事都求之過急。總而言之，由於您對交易計劃和交涉的對手沒有仔細研究過，您們相互間並不了解相互間的立場，結果十不離八九是一切功虧一簣。交涉時環境的舒適和心情的舒暢是交易成功的要件，這是必須非常注意的一點。（凶）

☆I－J　這方位角的交易縱然成功了也會由於這次的成功反而導致後來的大損失。其理由是您自己沒有預先把這次的交易計劃和交涉的對手做充分的調查，而一味勉强去進行的緣故。還有，可能由於幫助您的人不小心，向對手提出不恰當的要求來。（凶）

天干J所造成的效力——交易

☆J—A　這方位角的交易，由於周圍的援助和提拔，得以順利的進行。假如您在這次的交易事件上所站的地位對您不利，爲了把它解釋明白，您可以拜託有地位的支持者，您一定可以得到比想像還要多的助力得以安然解決。而且您也可以得到部下或異性愉快的相助。只要在溫和而快樂的氣氛底下，問題都可以得到解決。（吉）

☆J—B　在這方位角的交易裏，由於您自己本身不够覇氣，不能讓對方充分理解您的意圖。或者卽使他了解您了，他對您也不是全面的信賴，也不會全部採用，只是把您的意思聽進去而已。因此不要勉强說明您的生意計劃，倒不如在無關緊要的閒談當中，提出零星的小要求。（小凶）

☆J—C　這方位角對向銀行等金融機構洽辦小額融資的委託事件特別有效。還有，不管是怎樣的商業交易，由於您有靈巧的外交手腕適度的積極態度，不但可以獲得成果，而且博得別人的信用。您可以求得社會上有力人士的援助，您的社會地位得以提高，生意能够順利的進展。（吉）

☆J—D　在這方位角的交易裏，您不小心您的言行擧動，輕浮的玩笑摧毁了對方的信心，本來可以解決的問題却弄得無法解決。或者由於證件上的錯誤或其他種種的不完備，交易事件將會中輟。和公家機關交往的事件也是如此，由於別人不信賴您，將會中途受到挫折。（凶）

☆J—E　朝這方位角去，一切商業交易將會有自己無法想到的收穫和成效。部下或支持者的幫助自不必說，周圍的情勢將隨著您的每一舉一動而展開。有關金融的融資委託也有效果，一次不成，兩次三次一定會成功。（吉）

☆J—F　在這方位角的交易裏，不是您沒有預先把交易計劃充分檢討，就是您自己誤了約會的時間，結果常常因此使對方覺得您不誠實。如此一來對方的心情和信心都不穩定了，本來該解決的問題被破壞，以前所做的努力完全功虧一簣。交涉對象如果是異性的時候，應該防患對方的性的誘惑。（凶）

☆J—G　在這方位角的交易裏，您毫不通融地祇顧頑固地强迫對方接受自己有利的條件，因此，這次交涉將毫無進展。加上當時在所有事情的處理上都不得要領，很容易產生證件手續上的錯誤。由於這方位角在所有商業交易以及借款等事件上全無效果，所以希望您找找別的機會再行下手才好。（凶）

☆J—H　朝這方位角的交易，如果是從以前繼續下來的事件的話，就因這次的交涉，情況會突然不理想起來。交涉一開始就完全沒有成績。您自己開始的時候，雖然充滿了信心，而且也很努力地去進行交涉，但是對方似乎沒有令人覺得有愉快之感，費盡了力氣，結果還是半途而廢。（凶）

☆J—I　朝這方位角的交易，由於您想使交涉速成，沒有充分仔細檢討交易計劃，最後終於無法成功。而且由於您的屬下沒有按照您的意思，行動隨便任性，使您無法很順理成章的完成您的主意。這些完全起之於內的紛擾，可能使您失去信用，請特別注意　（凶）

☆J—J　這方位角的交易，凶多吉少，自己總無法很如意地把自己的眞意傳達給對方。也許對方稍微了解了您的意思他也會表現出不以爲然的神情而採取不合作的態度。尤其是您自己如果利用了這個方位角，由於會缺乏柔和及融洽的氣氛，所以最要緊的是要以舒暢、心平氣和而穩定的態度來處理這次的交易。　（凶）

如何使困難的委託事宜獲得卓越的成功

本章的特色

本章用於與金錢沒有直接關係的委託事件具有效果。

下列各種委託事件可以收到卓越的效果。

●無論如何想要就職的委託。

●向上流人士推薦自己的委託。

●相親婚媒的委託。

●身份保證、調查等的委託。

●其他想絕對要成功的委託。

●想要拜託朋友或一流人士的家時。

利用本章可以發揮什麼效果呢？最主要的是那遁甲所象徵的意義當時直接顯露出的驚人

效力。但是却不能因此精神就鬆懈了，進行事情的時候言行舉動不按常軌，不負責任，沒有節制，否則事情也一樣絕不會成功。

所謂委託此事，談來似乎很簡單，但是實際上在事到臨頭的當場是非常困難的，委託別人辦事的時候，您會想委託這人辦事會怎樣呢？或者甚至擔心去拜託他的時候會不會遭他無情的拒絕呢？這種情緒經驗相信任何人都有過。我們不必有這種想法，同樣地雖然我們把事情委託人辦了，却不能過份的堅持己見，或過於輕鬆視之，一定要全心全力來處理這件事情。如果有委託延後的情形則請以日盤爲主，時盤爲輔來使用。

爲使委託事件進行順利，奇門遁甲特設有下列的吉格。將這些和本書配合使用可以倍增效果。還有，空欄的所在表示該欄什麼符號都可以。

天干	地干	八門	八神	備考
B		休	日	
B		開		
B		休		天干B在北方、西北方、西南方時效果更大。

B		生		八神是木神，而八門的生門是在東南方時效果更大。
C		生	日	
C				只限於天干C在南方時。
D		有圓圈之文字		
D		休	金	
D		開	月	
D				只限於天干D在西方時。

☆八門與八神的效果

八門	開門、休門、生門、景門、死門	開門利於追求名譽和錢財，休門絕佳可助您獲得援助您的人。生門具有誠實性質，事情可以進行。景門要注意文書證件上的事情。死門利於葬禮。
八神	太神、金神、木神	此外，日神利於訪問長輩、上司以及有地位的人。月神次之。

天干A所帶來的效力——委託事情

☆A—A　這方位角利於尋訪長輩或有地位的人，可委託之。即使您訪問他的時候只是第一次見面，您也可以受到意外的提拔和援助。到時，您自己會出乎意料的鎮靜，給對方以誠實的印象。結果，您不但受到愉快的招待，而且所商量的事情也可順利解決。（吉）

☆A—B　這方位角不但能使您發揮積極性，在拜托對方幫您辦事的時候，您那有誠意的態度可以使對方對您有好感，不知不覺當中，本來無法解決的問題也解決了。尤其去訪問有地位的人或長輩的府第時，您會受到意外的提拔。去訪問朋友的時候，也可以受到有禮貌而且愉快的招待。（吉）

☆A—C　這是最好的吉格，特稱爲「青龍回首」。這方位角能使您任何的委辦事件得以意外順利的進行，您大可信任自己的力量和幸運。因爲這是個可以獲得周圍援助和長輩的提拔的方位角，您必須毅然決然的付諸實行。訪問之後，其效果是必然的，您儘可安心的等待。（大吉）

☆A—D　這和A—C同樣稱爲「青龍回首」也是最好的吉格。使用這方位角的委託事件，如果是有關文書或有關學問藝術方面時，效果特別顯著。尤其是去訪尋長輩或有地位的人時，事情會格外順利，您將受到好的建議和援助。如果您去拜訪的人是一位非常平常的朋友時，您將受到愉快的招待。（大吉）

☆A—E　這方位角會促進您的積極性，使您的策略變成很高明，但是可能也會弄巧成拙，反而因此使您以前的信用盡失。相反的如果您不存著什麼意圖去訪問的話，反而會有出乎意料的好處，所以您要放棄一切的願望和期待來訪問對方。尤其如果不注意一下這些事情的話，很容易陷入孤獨，請特別小心。（小凶）

☆A—F　由於這方位角能適度發揮您的積極性，施展靈活的社交手腕，委託的事件得以順利進行。因此您意外的抓住機會獲得了値得信賴的援助者和同志。尤其您去訪問朋友知己和長輩的家時，他們會給您暗示如何把握機會。（吉）

☆A—G　在這方位角位的委託事件裏，您所計劃意圖的一切願望和期待將落空。因此，這個方位角最好不用才是聰明的作法。如果您是去訪問的話，情形也一樣，卽使訪問的對象是您的長輩，終究因受到敷衍的招待而感到不快。去訪問朋友家裏時，可以說您一定受人冷落而感到孤獨。（凶）

☆A—H　朝這方位角去進行委託事宜，避免積極性，一切消極保守，事情一定可以辦得很好。因此，不必太耍手段，只要以誠實的態度貫徹始終，必能招來幸運。如果您的訪問絲毫不抱期待或意圖時，情況並不會怎麼壞，但是如果您想開開玩笑隨便跟對方約定或坦白的話，將會造成令您後悔的後果。（小凶）

☆A—I　朝這方位角去進行委辦事宜時，您和對方語言不合，談不到兩下子，方向就偏差，事情陷入無法處理的狀態、因爲這方位角暗示著事情將是始善終惡的狀況，所以一定不可拿這

方位角來辦理重大的事件。假若您冒然去拜托人家，結果一定難於避免不如意。只有遊玩的拜訪不妨事。（凶）

☆A—J　朝這方位角去進行委託事宜時，由於在情感方面有特別好的效果，所以在人事方的交涉可是順利進行。尤其在戀愛、家庭、交遊方面，大家一定可以心胸坦蕩地愉快暢談。因爲這方位角可令您獲得朋友知己的意外幫助，您有期望也好，沒期望也好，不妨去訪問看看。（吉）

天干B所造成的效力——委託事情

☆B—A　朝這方位角去進行委託事件或訪問，常常會帶來某種喜慶的事，趁着對方心情愉快的時候，您的拜托商洽之事一定很容易被對方接受。就是遊玩順便去拜訪朋友的家時，也由於碰到場面的氣氛輕鬆愉快，將會聊得很久。而且雖然談得愉快，却不會得意忘形。即親密而有禮也。（大吉）

☆B—B　朝這方位角去進行的委辦事件，稍微會有一些困難，所以最好避免去拜訪長輩或大人物。如果一定非去不可的時候，那麼在去和對方會晤之前，最好照照鏡子，練習微笑，把外觀整理整齊。即使對方的反應不佳也不必沮喪，只要注意怎樣盡力表現發自內心的誠實態度和禮貌就好了。（小凶）

☆B—C　這方位角使您明朗而快活的態度獲得好感，所委辦的事情得以順利進行。而且，您得輕易就能獲得長輩對您的妥善處理，事情發展令您精神愉快。但是最重要的還是進行事情的

時候要不失長幼有序的正確禮節。尤其如果這方位角帶有八門裏面的開門、休門、生門的任何一門，則以上的效果倍增。（吉）

☆B—D　這方位角在有關學問、藝術或文書上的委託事件或商洽事件上尤有奇效，而您自己本身將得到很大的啓示。去朋友家拜託也是一樣，談談有關藝術或藝能方面的話題將可以談得樂融融，相互都可獲得啓示，友情越來越深。（大吉）

☆B—E　這方位角用於婚約等愛情方面解決障礙的商談委託非常有效果。您的意志受到尊重，您會得到滿意的處置。在去朋友家的輕鬆訪問當中，您們的聊天很可能以旅行爲題，而且，後來和這些朋友直正去作快樂的旅行的機會可能性很大。（吉）

☆B—F　朝這方位角去進行委託事件和商談事情，您會受到對方愉快的款待，問題也會完美圓滿的解決。還有，使用此方位角去訪問很要好的異性，情形將會最好。此吉格將使您朦朧的愛情，漸漸濃蜜强固起來。此方位如附有八面的開門時稱爲「地遁」，是有絕對效果的大吉格。（大吉）

☆B—G　朝這方位角進行的委辦事件，正好會有紛爭之事或夫婦吵架介入其間，人家不但不聽您的問題，可能您也一起捲入糾紛裏面，一定要特别注意。不要搞到最後，進退維谷，悔不當初就糟糕了。回家之後，由於您的焦急，更要注意，以免發生自己的家庭糾紛。（凶）

☆B—H　朝這方位角的委託或訪問要儘可能避免。如果萬不得已一定非去不可的時候，那

麼您要小心鎖門和燭火，把心愛的小狗或寵物繫好再出去。訪問的時候，即使對方有不痛快的態度，您也絕對不能有不高興或破壞氣氛的表情。（凶）

☆B—I　朝這方位角去的委辦事件，男人女人都會慢慢獲得好結果。尤其如果您是年輕而品行良好的女性，雖然您是去談其他的事情，但是您會看上對方，和一位有名望又瀟洒的男性結識。還有，第一次去拜訪認識的人的家時，談話將越談越投機，度過一段快樂的時光。（小吉）

☆B—J　朝這方位角去進行的委辦事件，很容易碰上對方是悶悶不樂的當兒，不管是委託或商量，都只能保持消極性的態度。即使想去訪問朋友的家，這也不是個可以使用的方位角。在談話方面，親友間常有惡言惡語或愚蠢的話使您興味索然。（小凶）

天干C所造成的效力——委託事件

☆C—A　這是稱為「飛鳥跌穴」的一個最高格，朝這方角去辦事，一定萬事如意，而且在非常短的期間之內可以獲得好結果。即使您身負極大的困難問題，由於長輩和周圍人士的意外援助，十之八九都將會成功。到朋友家去訪問時，必定受到隆重的招待。（大吉）

☆C—B　朝這方位角的委辦事件，不管於公於私都可獲非常好的結果。去拜托有關公家的事情時，會收受到私人方面的好意。去作私人拜託商談的時候，將有機會使您的特色發揮到公家方面去。去拜訪朋友家的時候，必有意外的喜訊。（大吉）

☆C—C　如果要朝這方位角去委託辦事時，應該避免訪問大人物或長輩。由於在不知不覺當中，您的言行舉動會因自私或性急而使對方不愉快，您的自尊心將受到打擊。到朋友家訪問的時候，由於您的話題論調經常走極端，後來自己才覺得失言而若有所失。（凶）

☆C－D　朝這方位角去的進行的委託事件對於在社會上有某種程度的堅固地位者，不管男女都特別有效。這次委託的成功或者與對方的友誼將會促成您的昇遷與發達。當然，一般人也可以使用這方位角，都可以獲得非常好的結果。（大吉）

☆C－E　這是稱爲「天遁」的吉格。尤其再附上八門中的開門的話，則更是所向無敵的最高吉格。在使用這方位角的委託事件裏，因爲您的實力可以發揮無遺，卽使您對人事的處理非常拙劣，沒有自信心，但是您對自己竟然會如此積極感到異常的驚訝。您的訪問也將受到愉快的招待，滿載而歸。（大吉）

☆C－F朝這方位角去進行商談或委託辦事，別人對您將有和以前大不相同的評價，卽使很困難的問題也將很輕鬆愉快的得到融通。去朋友家訪問時，對方將拿出豐富而美味可口的餐點來招待您，但是因爲很容易談起異性的話題，所以您最好能夠適可而止。（吉）

☆C－G　如果碰到這方位角盡可能的不要去進行委託或商談。如果萬不得已一定必須去時，您一定要把證件書類或重要物件仔細鎖藏妥當，門戶小心關好。去訪問的時候，談話主題也完全被對方所左右，所委託要辦的事情也在不著邊際的談話當中攪垮了。因爲很容易把事情搞糟，所以一定要冷靜。（凶）

☆C—H　朝這方位角進行的委託事件，有持久戰的態勢，但是最後還是能夠按照您的意志進展。尤其在實際的問題上這方位角會給予您非常驚人的解決策略，事情在溫和的氣氛中獲得結果。這方位角也適合於輕鬆的訪問，您那輕巧的禮物，對方將非常喜歡。（吉）

☆C—I　在這方位角的委託事件裏，在您訪問的時候，由於捲入了意外的痲煩，您們相互之間將非常不愉快。相互之間，由於無意的舉動而引起誤會，在情感上造成了疙瘩，結果該解決的也沒有解決。應該知道任何事情處理時都要放輕鬆一點，大方一點。（凶）

☆C—J　在這方位角的委辦事件裏，您總是會講一些無關緊要的雜談，因此對方對您會有成見，問題無法進行得很順利。由於有口難言的委屈，問題越發陷入膠着，這個時候，要避免受人寃枉，使您有誠意的舉動貫徹始終。絕對不可自暴自棄。（凶）

天干D所造成的效力——委託事件

☆D—A　朝這方位角去進行的委託事件，由於您的態度充滿了自信和威嚴，卽使您比對方的輩份還低，他也絕不會看輕您。尤其，如果您身爲公務員，由於您利用此方位角而使拜托的事情成功的話，昇遷的好消息將會不期而至。平常輕鬆的訪問也可以非常愉快。（大吉）

☆D—B　朝這方位去辦的委託事件，可以獲得比您所施的手腕應得的還要好的結果，所商量的事情也可獲得妥善的處置。在這方位角別人所建議的計劃或事情裏，或許您也將擔任一個任務。這件事情之後，必有利益到來。去朋友家訪問時，您們將談起有關學問或藝術性的話題，必能獲得良好的啓示。

☆D－C　朝這方位角去進行的拜托或洽商，雖然您們素昧平生，您也將受到意外的歡待，幾乎事事如意。但是，不可太過於得意忘形，最重要的是安份誠懇的態度。去朋友家訪問時，由於對方這時正好齊備了豐盛的菜肴，雖然您的訪問突然，對方也非常高興。很可能一坐就坐很久，或者可能在對方家過夜。（大吉）

☆D－D　朝這方位角去進行的拜托，會很快按照您的意願而成功，所商量的事情發展也對您有利。而且，由於這方位角有使您所想要的證件文件立刻到手的好作用，所以所有有關學問學術的事情或所拜托的事情都有啓示您和使您產生靈感的愉快發展。（大吉）

☆D－E　朝這方位角去進行的委辦事件和洽談，不管問題怎麼困難，對您都有利，而可得穩當的解決。這時您的機智所表現的敏捷處置，明眼人看得淸楚，日後對您一定有益。在平常隨意的訪問裏，使您成爲雄辯家，好朋友聽了您言談大爲開懷。（吉）

☆D－F　朝這方位角進行的拜托或洽談，背後常會附帶著異性問題，卽使您是受歡迎的人，由於對方的嫉妒，還不知道要出什麼點子哩！在這時的事情裏，表面上看不出什麼不對的地方，但是不管是您或者對方，打從心裏都會有反感。最好避免去朋友家裏訪問。（凶）

☆D－G　朝這方法角去拜托事情或拜訪時，卽使所要找的人不在家，但也不至於令您沮喪，因爲不久他就會回來。如果朝這方位角去領取書信證件時，必定可以辦成或拿到手。要注意的

是，由於談話很容易東拉西扯，您要利用您的機智使談話回到本題上來。（吉）

☆D—H　朝這方位角去進行的委託事件和洽談，由於很可能受到對方的冷落和輕視，最好避免才能無事。僅從這暗示也可了解，任何事情都不會很好。並且，即使去訪問非常要好的朋友，也只會受到令人　高興的冷落，但是當您非常懊喪地想要回家的時候，對方才不知怎麼搞的突然殷勤起來一直把您送到門口。（凶）

☆D—I　朝這方位角去進行的委託事件，將排除萬難收到美好的成果。尤其您的長輩和社會上有地位的人將器重您，對您的評價將直線上昇。如果您是去拜托糾纏不清的訴訟案件時，正義得以伸張，有理的一方將獲得勝利，狡猾的一方將徹底受到嚴懲。（大吉）

☆D—J　如果您利用這方位角去拜托人家辦事的話，您將遭受全面的失敗。尤其是有關證件文書類的事情特別辛苦而且錯誤頻生。所商量的事情，不管您的方法有多正確，您和對方之間可能總是充滿惡意。即使是到朋友家去隨便訪問一下也很容易引起誤解，以前所建立的友情因此有了瑕疵。（凶）

天干E所造成的效力——委託事件

☆E—A　朝這方位角去進行的委託事件，全然無法進展。您的主張無論有多正確，對方總是能夠應付得很恰當，而且頑固的貫徹他自己的主張。您的收獲只有感嘆而已，所以您要小心，言語不可太過份，也不必太過反駁對方。這次雖然不好，等下次也許成績意外的好也說不定。

☆E—B　朝這方位角去進行的委託事件，可以按照意願收到良好成效。即使您只是去訪問一下，只要您謙虛，對方將好意待您。這方位角如果附有八門中休、開、生當中的任何一門，或附有八神中月、木、金當中的任何一神將是大吉祥的方位角。（凶）（吉）

☆E—C　朝這方位角進行的委託和商談在交談當中就逐漸浮出成功的跡象。拿出您的自信心來，把您的意志施展開來。女性使用此方位角稍嫌過強，但是帶有任務的女性則可安心利用。在這方位角如果附有八門的景門、八神的日神，則是稱爲「火遁」的大吉格。（大吉）

☆E—D　朝這方位角去進行委託事件時，長輩和大人物對您頗有好感，任何事情均可得順利的進展。即使碰上競爭對手很多時，由於您充滿了力量和自信，結果都可得到勝利。去訪問別人時，將湧起文學或藝術的話題，度過一段充實的快樂時光。（大吉）

☆E—E　朝這方位角去進行的委託事件常常會違反您的意願發生錯誤，判斷混亂。您很容易由於虛誇而有勉强的舉動，您越是嚕嗦，事情就越糟糕。因此您要充分注意您的說話，不要講無用的話，乖乖做個好聽衆才好。（凶）

☆E—F　朝這方位角進行的委託事件，由於您的力氣不足，經常很容易被對方所左右。並且廢話講太多了，談話很難進入要緊的正題。去訪問人家的時候，常被邀請下棋或比賽勝負之類的事情，比了幾次總是敗給對方，搞得意志消沉，掃興而歸。（凶）

☆E－G　卽使是本來應該可以解決的問題，却由於您利用了這個方位角而導致事情流產。此方位角暗示著好事停止，壞事逐漸出現的徵兆，所以請不要利用這方位角。去訪問人家的時候，您的善意總是被人曲解，是很痛苦的。（凶）

☆E－H　朝這方位角去拜托人家，很遺憾，要百分之百成功是不可能的。越商量，糾紛越大越難收拾。因此，這種時候，拿出精神來，不要自我虐待。等渡過了這段辛苦時期，快樂時期才會來臨。（凶）

☆E－I　在這方位角的委託事件裏，由於您充滿了勇氣和智謀，不管所遭遇的是如何的難題，都可以得到令人滿意的進展。但是，因爲可能有某種阻擾，絕對不可過於疏忽大意。去訪問人家時，雖然會受到愉快的歡迎，但是如果您是女性的話，必須比平常柔順一點。（吉）

☆E－J　這方位角有容易焦慮的暗示，所以所拜托或商量的事情必定不能過份勉强，以免令人覺得您太强人所難。訪問的時候，卽便是非常親密的朋友，如果您硬要勸對方參加宗教活動或者什麽團體活動的話，雖然您是出於善意，最後您們的友情難免會有裂痕。萬事都保守一點，謹愼一點才能有良好結果。（小吉）

天干F所造成的效力——委託事件

☆F－A　朝這方位角進行委託事件，對方絕對不同意您的看法和意見，甚至冷落您，把您趕回來。假如您是想要成爲畫家或作家而去商量的年輕人，却利用這方位角的話，您將遇上不如

意的猛烈攻擊，遭遇無情的心碎。有强烈感受性的年輕人，一定對未來絕望而喪失力量。(凶)

☆F—B朝這方位角進行委託事件，只要態度正大而溫和以及些微的忍耐力，一切事情卽可得美好結果。在平常的訪問裏面，如果是去找很要好的異性朋友時，很可能當場會只有您們兩個人單獨相處，所以如果您的男性的話，一定要注意不要很露骨流露出您的喜色來。如果您是女性的話，態度也一定要溫文而體貼。(吉)

☆F—C　由於朝這方位角去進行委託情事不但無益而且有害於您，因此應該避免使用此方位角。大致上說來，男性方面這時很容易沉緬於有夫之婦及過於年輕的少女溫柔鄉之中而遭滅身之禍，非注意不可。在女性方面，由於在行人稀少的路上或擁擠的公共汽車上容易遭遇非禮，應該避免使用此方位角。(凶)

☆F—D　朝這方位角進行委託事件或商談時，當時也許對方的反應不理想，但是也不至於令您沮喪的地步。過幾天之後，佳報自然就來臨。有關文書方面以及子女的教育問題特別可見到效果。訪問別人時，將和要好的朋友在知性的氣氛當中共度良辰。(吉)

☆F—E　朝這方向去拜托別人，將可受到長輩意外的援助和提拔而獲美好的結果。然而也就因此遭致周圍的嫉妒，使您感到傷腦筋，只要以穩重而優雅的態度去一一排除就沒問題了。在訪問方面，去走走投機的朋友或沒有利害關係的朋友家會受到意外的歡迎款待。(吉)

☆F—F　朝這方位角去拜托別人辦事，縱然是很簡單的事情也會變成意外的困難而使事情不能如意辦成。您特別小心因此而失去自信而致自暴自棄。如果使用這方位角來探病時，萬一對方的病是傳染病，可能受到傳染，回家只好躺到床上。（凶）

☆F—G　朝這方位角進行委託情事，不但任何事情完全無法發揮效果，而且使您以前的信譽完全失去。即使您遇上了稍不錯的情形，後來反而因此導致更大的損失。年輕的女性如果使用這方位角，將有意外失去貞操的危機。去訪問朋友時，您們相互間由於怠惰而自甘墮落，酒喝得爛醉如泥，墜入色情的深淵而無法自拔。（凶）

☆F—H　朝這方位角進行委託事情和商量事情，要是您不稍具實力，結果將一塌糊塗。甚至到後來給人講閒話。而且此方位角可能使您一時衝動而使您做出終身後悔的事情來，尤其年輕的女性方面更須要特別注意。在訪問人時，對方態度冷淡，所談的話題窮極無聊，毫無所獲。（凶）

☆F—I　朝此方位角進行委託事件，日後會陸續產生有損於您的事情來。尤其您爲了要商量事情而去訪問長輩的家時，您秘密的話被人偷聽，對方招待不週使您不愉快，只好掃興而歸。在訪問的場合裏，常常爲了一點芝麻小事而爭吵甚至有時還會大打出手。（凶）

☆F—J　朝這方位角去拜托人家，好事沒有，儘是發生一些壞的事情。去商談事情，結局只有遭人輕蔑，所以應該不能這方位角去辦事。訪問時由於無聊而互相爭吵。（凶）

天干G所帶來的效力——委託事件

☆G—A　朝這方位角進行的委託，由於您太過高傲，對方對這事反應敏感，對您鬼神而遠之，本來該解決的問題也不能解決。此次的失敗並非由於您和對方不要好，應該反省一下自己用了多少力量。在商量或訪問方面也是一樣始遇到不愉快的事情，心情無法舒暢。這方位角不適合於訪問或商量。（凶）

☆G—B　朝這方位角進行委託事件時，您和對方都相當自私，相互間都以爲對方得利較多，以前所建立的友情也破裂了。去訪問朋友時，由於您自身的不小心，將可能遺失金錢或貴重的東西。對方家裏的人感覺您對他們似乎不懷好意，不希望您下次再來。能夠的話，最好避免這次的訪問。（凶）

☆G—C　朝這方位角進行委託情事，無論何事，您將遭受徹底的損失。利益儘爲對方所得，所以不要利用這方位角去托人辦事。訪問或商談方面也是一樣，您會與以前所尊敬的對方發生激烈的爭吵。爲了保持您們以前的友誼，請特別注意。（凶）

☆G—D　朝這方位角進行委辦情事，您自身很熱心研究這事情，和對手協調起來，事情將逐漸獲得成果。去找朋友時，不妨帶著小弟弟妹妹或您的小孩子一起去。對方將很高興而熱烈地招待您們。小孩子您只要給他書他就靜下來，從此以後將突然變成喜歡念書的好孩子。（小吉）

☆G—E　朝這方位角去拜托人家，對方將是一位難以相處的頑固者，您將十分辛苦。如果您是去談將來方針問題時，對方只有澆您冷水而已。沉默是金才是您的金科玉律，男性的話，有話說幾句倒還無所謂，但是是女性的話最好守著緘默的原則才能保得無事。

☆G－F　朝這方位角進行委託和商談，常常會由於您什麼事都過份要求對方，結果對方對您敬而遠之，終於招致失敗。並且，您不像平常的自己，依賴心特別强，您的對方對您也感到無可奈何。在訪問朋友時，您那散漫而不經心的態度令人感到厭煩，以前的友誼將遭受破壞。（凶）

☆G－G　這方位角絕對不可以利用來訪問人或委託人辦事。因爲很容易發生交通事故，而且有金錢被偷之可能，如果是女性的話，還可能碰上被非禮的情形。卽使您所訪問的人是非常親密的戚友，也會發生惡劣的吵架，乃至於斷絕來往。（凶）

☆G－H　朝這方位角去拜托人或商量的時候，途中會因爲車子慢了而很難到達目的地。所要解決的問題也很可能因此而無法解決，後來雖然您一直向對方致謙，對方也很難原諒您。這於個完全有害無益的方位角。去訪問親密朋友的途中也一樣會悶悶不樂，應該來迎接您的當事人也會不在，令您十分不痛快。（凶）

☆G－I　朝這方位角去拜托人，您自己這一方面很容易發生錯誤，因此事情無法解決，您所想要說的情形對方聽不進去。您必須要更冷靜、更沉著，講話不要有强迫性的味道。您去探訪長輩家的時候，也常因迷失路途遭受到阻擾而很難按時到達。結果對方對您印象非常不好。（凶）

☆G－J　朝這方位角去拜托人時，不但會受人輕視並且會招致各種大的損失。因此事情糟了之後還危及您的地位，把您逼到欲笑不成欲哭不得的境地。去訪問人時，對方會很不客氣的告訴您不歡迎您來。而且，如果對方拿出吃的東西來時，大部份是不新鮮的東西，吃了之後可能壞肚子甚至食物中毒。（凶）

天干H所造成的效力——委託事件

☆H－A　朝這方位角進行委託，您的實力和魅力無法充分發揮，問題結果是糊里糊塗的算了過去。商談事情時，對方打從心裏就輕視您，您將爲不該和這種人商談事情而感到後悔不已。去訪問人時，您會遇到對方一直表示要您趕快走路的態度，而且也有捲入是非的危險。（凶）

☆H－B　在朝這方位角進行的委託和商談中，您的態度無意中傷害了對方，並且口出惡言，即使是好事也破壞了，因爲有這種凶的暗示，所以必須避免使用此方位角。去訪問人時也一樣，您的漫不經心帶給對您而言很重要的人很大的痲煩，到後來後悔不已。（凶）

☆H－C　在這方位角的委託裏，在物質方面您有意外之得。但是也暗示著馬上可能被某人橫奪而去。這時您只要想反正那東西本來就不是自己的，把心放開一點就好了。去訪問人時，將受到美味可口料理和溫暖的招待。（小吉）

☆H－D　朝這方位角去拜托人，不但您的態度給予對方很好的印象，而且還會受到第三者的幫助，事情辦的結果這超過您預想的好。即使有令您苦惱的問題，利用這方位角時，將有意料

外的人親身參與這次的商談，引導您發揮很好的解決辦法。（吉）

☆H－E　利用這方位角去委託，不能獲太好的結果。您的判斷很容易產生錯誤。由於越進行會越失敗，所以這個時候應該小心靜觀事情的變化。去訪問人時也要注意不要穿著太豪華、太引人注目的服裝去才好。（凶）

☆H－F　朝這方位角進行的委託，如果是有關於訴訟之事的必敗無疑。如果是去商談什麼新創事業時，幾乎完全不會有進展。由於氣氛不佳，縱然對方是您的長輩，也很難以傳達您委託的本意而很輕易的就引起爭論。去訪問人時，對方的家人或用人對您的態度惡劣。儘可能不要利用這方位角才好。（凶）

☆H－G　朝這方位角的委託，將全軍覆沒。一點點事情發生很大的爭吵，騷擾了周圍的人。不管您怎麼注意，一定會發生事故使得事情一敗塗地。去訪問人時，也很容易引起吵架，雙方互不讓步，演變到絕交的地步。（凶）

☆H－H　朝這方位角去辦委託事情，由於利令智昏，常常只顧自己而把公家的事忽略。辦其他事情也一樣，很容易產生各種不好的慾望，所以最重要的是要有公德心。還有開車出去時，會由於車子的停放違警受罰而使您憤慨不已。要穩定心情，努力克服自己。（凶）

☆H－I　朝這方位角去拜托人，對方的反應似乎很好，事實上那只是外表的狀況而已，於事是無補的。您去找人商談的時候，對手會把您當成小輩高談他的闊論，他會說一些什麼是眞理

的理論，事實上他對眞理却是一竅不通的。對方很陶醉於自我的情形對你將造成困擾。（凶）

☆H—J　朝這方位角去託人辦事，由於您不够小心，事情的成果宛如砂上樓閣沒有穩固的地基，如此一來當然很可能造成不可挽回結果。去訪問人時，您會被口德不好的人取笑，柔弱的您最好不理睬對方的譏笑。（凶）

天干I所造成的效力——委託事件

☆I—A　朝這方位角去拜托人，您的意思對方無法搞淸楚，很容易使您感到性急而做出强迫性的擧動來，因此可能有觸犯某種危險的情形產生。用於商談時，由於犯虛榮心的毛病，對方反應也非常敏感，不太願意親自來幫助您，只是對您一味的敷衍而已。（凶）

☆I—B　朝這方位角去進行委託或商量，對女性而言，事情可以運展得很好。在訪問方面，如果您是女性您將沉浸在幸福裏，但是千萬要注意，如果已經有了愛人，絕對不要輕言放棄或見異思遷。男性在這個方位角上很容易犯輕薄的毛病，對於公家的事情毫不在乎，將會吃大虧。（凶）

☆I—C　朝這方位角去託人，很難獲得好結果。如果由於剛開始時不錯就以爲對方很好的話，那您的如意算盤就打錯了，最後還是必須一切重新再來。去找人商談事情時也一樣，對方儘是在講自己的得意話，因此您只好勉勉强强做到自己應該做到的禮貌，掃興而歸。（凶）

☆I—D　朝這方位角進行的委託和商談，對男性而言，事情進展狀況將會良好。因爲您平素非常有好感的長輩，將會給您各種幫助而且提拔您。但是這方位角對女性却不太好。很容易引起焦躁，文書上發生錯誤，判斷紊斷而被對方輕視。另外也要特別注意事故的發生。男性（吉）
女性（小凶）

☆I—E　不論事情有多麼的急迫，遭遇多大的困擾，請不要使用這個方位角。在訴訟方面難免慘敗，有關公事的委託也將全部破敗。用於私人的商談時，事後也必然遭到壞的結果。友情將因此破裂，夫妻或愛人間的情感也將產生裂痕。（凶）

☆I—F　朝這方位角進行委託或商談，事情的進展比預想的還要順利，對方很瞭解您的意思，事後必有令人欣悅的消息來臨。在男性方面，昇遷的消息令您雀躍，而且在訪問的時候，將認識做夢也沒想到的美麗愛人。在女人方面，也許由朋友的介紹和一表人材的青年交往，您將可以抓住美好的機會。（大吉）

☆I—G　朝這方位角的委託，由於您過於焦躁，很容易使您行動粗野無禮而招致和對方的不和及失敗。因爲很容易發生種種的事故，請特別注意。訪問人的時候，由於求之過急，相互譏諷而發生惡劣的吵架。（凶）

☆I—H　朝這方位角去拜托人，只要您抱着誠意忍耐堅持到底，逐漸就有佳報到來。用於紛爭的排解時，可以獲得公正的裁決，有理的一方必可獲勝。訪問人的時候，雖然事情的經過很愉快，但是問題並不能太成功，日後還會有麻煩。（吉）

☆I—I　朝這方位角去辦理委託，您的意志很容易動搖由於您態度的優柔寡斷，被對方看輕，事情無法辦好。用於商量事情的時候，對方不但不親自來了解問題，反而增加的困惱，造成極大的焦慮。（凶）

☆I—J　朝這方位角進行委託，不但不能向對方傳達您委託的本意，而且很容易發生爭吵，必須十分注意講話。

如果用於無意的訪問時，可能陷於性慾之中，造成極壞的感覺。能夠的話還是避免爲妙。（凶）

天干J所造成的效力——委託事件

☆J—A　朝這方位角去拜托人，卽使事情有多傷腦筋也會出現意外的幫手，問題有多困難也能得到圓滿的解決。訪問人的時候，人家自然而然待您親切，宛如自家人一般，使您非常暢快。尤其是去拜訪異性朋友的時候，由於您們相互間心心相印，在談話方面感到非常的舒適。說不定對方還會向您示愛呢！（吉）

☆J—B　朝這方位角去拜托人時，不必期待會有太好的成果。去做事情商討時，也會牽涉到家庭紛爭而招致意外的誤解。尤其利用這方位角來解決男女之間的糾葛時會反而更加糟糕。在訪問方面，如果您是去探望病人時，有可能被傳染到惡疾而且受感染之後還很難醫治。（凶）

☆J—C朝這方位角去委託人，將由於長輩或有地位人士的提拔而獲得良好的結果。任何事情不但可得平安無事心情愉快，有時還會有錢財上的喜訊。去親密朋友家訪問的時候，偶而在朋友家的佛壇前合十禮佛一番也是很好的。您將受到溫暖而熱烈的招待。（吉）

☆J—D　這方位角有著飛來橫禍及背負冤曲的暗示，所以拜托人辦事時要特別注意。簡言之，不要利用這方位角來商量事情或拜托人。可能由於交通事故而受傷，或者不在家的時候發生火災或被小偷强盜光顧。訪問人時，氣氛惡劣，將發生意外的麻煩。（凶）

☆J—E　朝這方位角去拜托人，不但將得到人大量的幫助，您自己腦筋靈活，成功地使用策略，將使您的事情得到圓滿的解決，而且進展順利。做意外訪問的時候，對方宛如事先準備好一般地來款待您。（吉）

☆J—F　朝這方位角去拜托人，很容易在電話上或信上發生令人生氣的錯誤，對方心裏有著不應該有的疑忌，因此事情進展無順利。還有在這方向上的人常會告訴您：「以後再回答您。」但是事後怎麼等也沒回音。而且在男女之間也有發生麻煩的凶暗示，請務必特別注意。（凶）

☆J—G　朝這方位角進行委託事件，您的實力無法發揮，總是不得要領掃興結束。對方十之八九是比預料的還要頑固而心地不好的人。您的自尊心受到相當的打擊快快而歸。訪問人時，如果是男性的話，很容易和活潑的年輕人引起糾紛，女性方面則可能在途中碰上痴漢，一路來完全不愉快。（凶）

☆J—H　朝這方位角去拜托人辦事，即使您抱有很大的誠意，也不會有太好的結果。在訴訟方面，您會蒙上不白之寃，而且甚至發展到別離或紛爭擴大。訪問人時，很容易碰到心地不好的人，您是男人的話，可能和對方大吵一番，有時還可能受傷。（凶）

☆J—I　朝這方位角進行委託事件，您可以發揮積極性，但是由於操之過急而反而招致失敗。努力再加強忍耐力是很重要的。訪問人的時候，對方總是把所要談的問題扔在一邊儘是談一些無關緊要的色情話，造成不愉快的氣氛。如果是女性的話，即使是您熟知的事情，最好的保持緘默，不動聲色的這無聊的話題扯開才好。（小凶）

☆J—J　朝這方位角進行委託事件，您的精神狀態不知怎的總是無法穩定下來，訴訟方面也將遭失敗，以前幫助您的人，如今却將離棄您。商談的事情結果總是壞的。訪問人時，夫婦或與朋友之間很容易引起糾紛。請特別小心事故或傳染病（例如嚴重的感冒）。（凶）

在入學、職業考試當中發揮更大實力而使考試及格

本章特色

本章使用於年輕人想要通過嚴格而危險的入學考試或職業考試有非常大的効果。尤其是下列情形務必請加以使用。

- 考試已經準備得很有把握，但是最低錄取標準太高了，心裏總有些擔心的時候。
- 進入考場總是怯場而無法充分發揮實力的時候。
- 筆試非常有自信，而不擅長於面試的時候。
- 條件充分去參參加考試的時候。

通常考試都是起先就決定了考場和時間的，也許有人提心如果當時的考試對您是凶方的話豈不是就不要參加考試了，那麼請您放心，這是沒問題的。假如從自己的家來看，一發覺

考場和日時是凶方的時候，那麼我們可以事先移居到考場是當地吉方的地方。也就是說，預先作出考試當天的立向盤，檢視哪個方位角對參加考試最好，那麼在考試的前一天您就住到此方位角的考場相反方向上。（例如當日的最吉方位角是東北的話，您在考試的前一天就住到考場的西南方位角上——譯者按）由於這點努力，首先將使您頭腦運轉靈活，所默記的東西如泉湧般的答出來，回答應用問題的時候能夠發揮比平常還高的實力或効果。還有常常擔心自己處理事情總是很輕率的人也會很奇怪不再發生錯誤而使考試合格。考試這種事情，不論您準備得怎麼充分總是還要靠序分的運氣。這遁甲一定授予您如此強有力的運氣。

為了要使考試成功，奇門遁甲特備有下列的吉格。和本書併用可使效果倍增。還有，空欄的地方就是表示該欄什麼符號都可以。

天干	地干	八門	八神	備考
D		休	金	
D				只限於天干D在西方的時候。

☆八門和八神的効果

八門	景門、休門、開門生門	景門和休門用於考試是非常有效果的門，可以大加利用。開門和生門也是好門，尤其用於面試比試更可以發揮效果。
八神		帶有智慧象徵的火神對於考試是最好的了。其次是日神，逐次爲太神、金神、日神、木神。

天干A所造成的效力——考試

☆A—A　在這方位角的考試裏，由於會產生很大的積極性，所以會稍稍件有焦慮，但是一定能發揮實力以上的力量。在有關政府所辦的考試裏將有帶來很好的成績。（吉）

☆A—B　在這方位角的考試裏，考試本身的成績也許沒有如自己所望的理想，但是由人事關係或長輩意外的提拔，將獲得良好結果。（吉）

☆A—C　這是稱做「青龍回首」的大吉格。這方位角的考試一如「因禍得福」的譬喻，不怕有幾次的失敗，而臨考試的時候一定獲得好成績。在私人所辦的考試（例如職業考試）裏可以得到最高的結果。（大吉）

☆A—D　這方位角也是稱爲「青龍回首」的最高吉路。在這方位角上的考試恰如您事先所猜想的題目，使您答題的時候有如行雲流水一般，不管是政府或私人所辦的考試都必能獲致良好

成績。（大吉）

☆A—E　在這方位角的考試裏，您將是孤軍奮鬪的，不管您有多麼的努力，總是無法充分發揮您本身應有的實力而造成遺憾。不論是公私立的考試總是無法達到如期的標準。（小凶）

☆A—F　朝這方位角去參加考試，在試場裏面和鄰座的人會成爲好朋友，將帶給您輕鬆愉快的心情而使您的考試非常順利。不論是入學考試或職業考試當然都可以獲得好的成績。（吉）

☆A—G　朝這方位角去參加考試，以前所學的所記的東西都想不起來。不但無法得到好成績，恐怕而信心也被打擊得崩潰下來。（凶）

☆A—H　朝這方位角去參加考試，說明白一點，沒有及格的希望。家離開考場越遠越不可能及格。（小凶）

☆A—I　這方位角的考試幾乎沒有及格希望。即使及格了，進入公司或學校之後，結果也是糟糕的，最後導致退學或被解聘的命運。（少凶）

☆A—J　在這方位角的試考試裏雖然不能獲得如所期待的優良成績，但是恰好勉勉强强可以進入學校或公司。入學或進入公司後，憑您的努力終將逐漸成功。（吉）

天干B所造成的效力——考試

☆B—A　朝這方位角參加考試，不但不會失敗而且還可得極高的成績而獲及格。以這次的及格爲轉捩點，將有更大的喜慶之事等著您。不管公私立所學辦的考試都可以參加。（大吉）

☆B—B　在這方位角的考試裏，應該可靠的人事關係無法給您助力。結果不但無法獲得好成績，您缺乏實力的弱點暴露無遺。（小凶）

☆B—C　朝這方位角參加考試，由於您抱有極大的自信，考試題目可以對答如流。可是，雖然考試上獲得了好成績，入學或進入公司之後，經常可能由於朋友的事情而苦惱。（吉）

☆B—D　朝這方位角去參加考試可獲得理想成績。解答輕鬆愉快沒有像想像的那麼辛苦。有關公家或私人所舉辦的考試都可獲好結果。（吉）

☆B—E　這方位角的考試，可能會有沒有自信的問題，稍稍會使您慌張，但是利用您天生的推理能力和忍耐力當可一一破解。只要不著急的話，當可獲得好成績。（吉）

☆B—F　這格是叫做「乙奇得使」的大吉格，在這方位角的考試裏您可以發揮應有以上的實力，不但不會失敗不會寫錯，合格的可能性極高。（大吉）

☆B—G　在這方位角的考試裏，常常由於您猶豫於是這樣寫還是那樣寫最後終於寫了錯誤的答案。因此成績將會很低。不管是公私立的考試都不要抱有希望。（凶）

☆B—H　在這方位角的考試裏，您會被簡單得令人意外的問題所絆倒。結果很可能使您成績不理想，必須特別小心。（小凶）

☆B—I　在這方位角的考試，您會非常積極，因此您可能缺乏鎮定，有任情感流露的傾向。只要您十分的小心，還是會有合格的機會。（小吉）

☆B－J　在這方位角的考試裏，很容易使您消極，由於自己內在的疑心病，不知不覺害怕遭受失敗，結果無法得很好的成績。（小凶）

天干C所帶來的效力——考試

☆C－A　這格叫做「飛鳥跌穴」是個最高的吉格，在這方位角的考試裏，一點也不辛苦，回答題目有如泉湧一般。尤其是私人舉辦的考試更是無法而不利。（大吉）

☆C－B　朝這方位角去參加考試，不管是公家或私人所辦的考試都可以有希望得到好成績，但是很討厭的是可能會稍走極端，所以考試的時候儘可能把心情放輕鬆是非常重要的。（吉）

☆C－C　朝這方位角參加考試，確會使您很積極，但是缺乏仔細的思考，不適合參加考試。很容易使您因此對考試失去自信，所以不特別小心是不行的。（小凶）

☆C－D　在這方位角的考試裏，比較上答起問題來很輕鬆愉快。因此當然會使您得到良好成績，但是粗心大意仍然是您的大敵人。公私立的考試均可以參加。（吉）

☆C－E　在這方位角的考試裏，您所猜的題目很可能出現，自己所持有的實力可以充分發揮。但是答題時不可以過份的考慮。（吉）

☆C－F　在這方位角考試裏，每一題都要仔細端詳考慮再作答，經如此慎重處理之後，必可諦造良好成績。尤其適合於私立學校或私人所舉辦的職業考試。（小吉）

☆C－G　這方角位的考試，不能希望有太好的成績。在自己知道的答案還沒寫完的時候，

繳卷的鈴就響了。猶豫不決是絕對禁止的。不管參加公私立的考試這都不是一個好方位角。（凶）

☆C—H　朝這方位角去參加考試並不能希望有太高的成績，但是問題也不算太難，回答起來也不會太辛苦。只是在時間的把握和分配稍微有困難影響了成績。（小吉）

☆C—I　朝這方位角去參加考試，在考場很容易發生令您生氣的事情，不特別小心您的舉動時，甚至還會被別人連累。結果考得大失所望。（小凶）

☆C—J　朝這方位去參加考試，在緊要關頭會遇到障碍，考起來不痛快，成績也不如理想。障碍並不只限於人爲的障碍，也有天然的障碍情況。（小凶）

天干D所造成的效力——考試

☆D—A　這方位角的考試，問題比所擔心還容易解答。不論公私立的考試都能締造好成績，尤其是公立學校的招考或公家機關的職員招考都可以有良好結果。（吉）

☆D—B　朝這方位角參加考試有希望考得相當好的成績。但是要特別注意表達的方法，一定要避免閱卷人會錯了您的答案。結果必有好成績。（吉）

☆D—C　這方位角的考試非常容易，但是問題本身可能有粗心而寫錯的地方，也會導致先敗。考試的時候最好以謹愼而謙虛的心情堅持到底才好。（吉）

☆D—D　在這次的考試裏，很可能會出現您最近所讀的題目。由於不會有從未見過的題目

，所以只要鎮靜的應考，成績絕對不惡。（吉）

☆D—E　在這方位角的考試裏，您以前所準備的功課可以毫無遺漏的發揮出來。只要您毫不猶豫地回答問題，合格的可能性將必大增。（吉）

☆D—F　朝這方位角去參加考試，可能會碰上很多預想不到的事情，尤其很容易發生和異性之間的問題，結果搞得不能參加重要考試，把大好前程都斷送了。（小凶）

☆D—G　朝這方位角參加考試，一切事情完全如意，可以發揮應有以上的實力。考試本身成績將相當理想。只要注意不要丟了東西，一切結果將很理想。（吉）

☆D—H　在這方位角的考試裏，碰上困難的問題時，可能您厭煩了，甚至中途而廢，終無法獲得好成績。題目沒有答完要及格是危險的。（凶）

☆D—I　朝這方位角參加考試，由於長輩對您親切照顧，您得以輕鬆的心情應考。不任由一時情緒，鎮靜地作答的話，必可締造好成績。（吉）

☆D—J　在這方位角的考試裏，一看之下似乎沒有什麼問題，但是由於很容易犯大的錯誤，不十分注意是不行的。不管是公私方面所辦的考試都不要抱太大的希望。（凶）

天干E所帶來的效力——考試

☆E—A　朝這方位角參加考試，對方所問的問題和您所作的答案常會有相當大的距離。還有，如果您不注意而遲到的話，怎麼解釋對方都聽不進去的。（凶）

☆E—B　在這方位角的考試裏，考試題目可能和預想的稍有不同，但是您却可在很快的時間之內解答出來。只是如果粗心大意的話就危險了。（小吉）

☆E—C　在這方位角的考試裏，初看之下似乎題目很困難，但是意外的您能够對答如流。不要灰心，提起精神來，當可達到自己的願望。（吉）

☆E—D　在這方位角的考試裏，可以發揮比應有還要多的實力。無論怎麼困難的題目，只要好好應用以前所作過的題目，當可一切迎刄而解，獲得良好結果。（吉）

☆E—E　朝這方位角參加考試的話，卽使是您以往所熟悉的知識的十分之一也發揮不出來，沒有希望得到好成績。雖然您很努力去作，及格的可能性還是極低。（小凶）

☆E—F　朝這方位角參加考試，卽使是一些特別簡單的題目，由於您把它想錯了經常難以解釋的。不管是公家或私人所辦的考試都不能得到如期的好成績。（小凶）

☆E—G　在這方位角的考試裏，一錯再錯的可能性極大。如果您趾高氣昂的以爲那都是您最拿手的問題則一定遭受挫敗。或您起先以爲很簡單，結果都出了一些令人頭痛的困難問題。（凶）

☆E—H　在這方位角的考試裏，所出的問題幾乎都是些難以理解的問題而把您困入窘境。不但無法得到理想的成績，甚至自己的自信心都沒有了。（凶）

☆E—I　在這方位角的考試裏，您積極地應用了您腦筋，所以一定會有好成績，但是却總

cos A=

有一些各式各樣的小挫折。尤其特別要注意一下身體的情況才好。　（小吉）

☆E—J　在這方位角的考試裏，您總是不夠小心做出一些奇妙的解答。如果您不勤於再接再厲的話，雖然您自己以爲會合格，結果相反的可能性卻很大。　（小凶）

天干F所帶來的效力——考試

☆F—A　在這方位角的考試裏，會出現許多困難的題目。您將被難倒。如果不以相當的忍耐力和相當的鎮靜來答題的，沒有得到良好成績的希望。　（凶）

☆F—B　在這方位角的考試裏，可以發揮自己的實力而獲得合格。考場的氣氛也將會很好才對。自己小心一下不要受周圍影響而分散注意力。　（吉）

☆F—C　在這方位角的考試裏，很難發揮自己的實力。很可能會有猶疑不決的情形。如果過份積極的話，可能反而遭受失敗的命運。　（小凶）

☆F—D　朝這方位角去考試時，起初會覺這種題目如何能答得出來？如何能及格？但是沈著地慢慢思考，最後總有辦法答得出來。雖然稍稍費事，成績將會不惡。　（小吉）

☆F—E　在這方位角的考試裏，題目被您猜中的可能性很高，而且某些答案被靈機一動而突然想出，但是如果當天的身體狀況不佳時卻也可能遭到失敗。　（小吉）

☆F—F　在這方位角的考試裏，您自認爲可以解出的問題，拿起筆來時，都會突然寫不出來。雖然努力卻和及格無緣。　（小凶）

☆F－G　在這方位角的考試裏，您會感覺到爲何自己所猜想的問題都沒有出來，儘是出些自己傷腦筋的問題。不管是公家或私人所辦的考試，得到好成績的希望都非常少。（凶）

☆F－H　在這方位角的考試裏，起初寫起來非常順利，可是到最重要的地方時，却出現了自己最傷腦筋的問題。雖然您已經盡了力，希望却很渺茫。（小凶）

☆F－I　參加了這方位角的考試才知道以前太懶惰太不用功了，想想眞後悔要是那時再用功些就好了。（凶）

☆F－J　在這方位角的考試裏，得到很好成績的希望非常少。您的實力差得很遠，所猜測的問題也都沒有出來。到那時才深切的知道自己沒有這份能力。（凶）

天干G所帶來的效力——考試

☆G－A　向這方位角參加考試，您的身體狀況不會太好，自己的實力無法發揮而造成遺憾。雖然沒有什麼大不了的事情，但要想有好的成績是不太可能的。（凶）

☆G－B　在這方位角的考試裏，會出現幾題和自己的猜題稍稍有出入的題目。只要您不氣餒不灰心，是有及格的可能性的。（小吉）

☆G－C　在這方位角的考試裏，由於態度積極，解答太走極端，好成績的希望極微。有必要把自己約束一下、重整一下。（小凶）

☆G－D　在這方位角的考試裏，雖然所出的題目很簡單，但是却有自己輕易犯錯的傾向。

如果不把考卷再三檢查發現出錯誤來的話，要想及格是很危險的。（凶）

☆G—E　向這方位角參加考試，有自己的實力還沒有發揮殆盡的時候就響鈴交卷的傾向。不管是公家和私人所辦的考試都很難得到滿意的成績。（凶）

☆G—F　向這方位角參加考試有使您自以爲能力超人一等，目空一切而招致失敗的傾向。有自信的話當然一定是好的，但是太過則不可以。（凶）

☆G—G　在這方位角的考試裏，您可以解答得很快很積極，但是總是缺乏深思熟慮，一想到就寫，因此很容易犯錯。不管是公私立方面的考試都不能有太好的成績。（凶）

☆G—H　在這方位角的考試裏，辛苦一點忍耐一點，題目仍可解答出來，但是由於答來太辛苦，倒不能有如願的成績。結果到最後不得不草草了事而影響到成績。（小凶）

☆G—I　朝這方位角的考試，宛如「過猶不及」一般，過份的小心反而取得了壞成績。不管公私立的考試都不能有太大的期望。（凶）

☆G—J　在這方位角的考試裏，不能在平靜的心情底下應考，在思考方面的題目裏有失敗的傾向。尤其是一些應用問題，不好好注意的話就不能及格。（凶）

天干H所帶來的效力——考試

☆H—A　在這方位角的考試裏，您無法發揮您的實力，沒有希望獲得理想的成績。判斷力比平日還要遲鈍，不相當注意的話，是很不可能及格的。（凶）

☆H—B　向這方位角參加考試會有消極而無法作乾脆判斷的傾向，因此回答題目不積極果敢一點的話是非常沒有及格希望的。　（凶）

☆H—C　在這方位角的考試裏，有積極的影響力，但是它會反而造成錯誤的結果，由於意外錯誤的地方很多，有必要再三檢查。　（小凶）

☆H—D　在這方位角的考試，您自己都想不到竟然會答得那麼好。因此，合格是一定有希望的，但是絕對不能得意忘形，反而會在簡單的地方疏忽栽了跟斗。　（吉）

☆H—E　在這方位角的考試裏，胡亂作答是有取滅亡。碰到不懂的問題，不好好想一想是不行的。如果把它想得太容易了，到最後結果當然是完蛋的。　（小凶）

☆H—F　望這方位角參加考試，不但無法發揮您平常努力的成績，而且把以前堆積下來用功的自信都破壞了。不管公私立方面，都沒有希望。　（凶）

☆H—G　朝這方位角參加考試，考試本身當然不能獲致好成績，但是可以注意一下人事關係。尤其是面試或面談的時候，如果不愼重小心一點的話，絕對沒有好結果。　（凶）

☆H—H　在這方位角的考試裏，不太能很如意的回答題目，您自認爲自己一個人就可以勝任愉快，結果很容易犯意外的錯誤，甚至有時會妨碍到別人，千萬要十分注意。　（凶）

☆H—I　在這方位角的考試，您自己確信都寫得很好，等出了考場之後才發現到處都寫錯了。不管是公私立所辦的考試都不會有好成績。　（凶）

☆H—J　在這方位角的考試裏，題目越淺您越想不起來。自己的實力無法發揮，有時還會把題目看錯了。結果沒有錄取的希望。（凶）

天干I所造成的效力——考試

☆I—A　在這方位角的考試裏，如果過於愼重的話，恐怕反而會失敗。最好儘可能以最短的時間內想出來就寫，但也不能得到太好的成績。（小凶）

☆I—B　在這方位角的考試裏，很不好的是會不知不覺作答作得很輕率。有時被周圍的事情分散了注意力，以前會的問題現在無法答出來。不管是公私立的考試，希望都很渺茫。（凶）

☆I—C　在這方位角的考試裏，起先還可以把題目答得很順利，但是這種情形不能繼續很久，漸漸就會碰到困難問題而不知所措。不可能獲得好成績。（凶）

☆I—D　在這方位角的考試裏，出乎意料的，答題非常順利。因此有希望得到好成績。只是不要在問題簡單的地方反而作錯了，這是要注意的。（吉）

☆I—E　在這方位角的考試裏，自己會猜中很多題目，所以會考得好成績。進入公司或學校之後再加上自己努力精進，當可有相當的成果。（吉）

☆I—F　參加了這方位角的考試之後，仔細一回想，才發覺犯了很大的錯誤，如果沒有相當注意作答的話，沒有合格的希望。（凶）

☆I—G　在這方位角的考試裏，如果過份鑽牛角尖的話，反而會招致失敗。但是作答也不

可過份快速，應控制到恰到好處。不管公家或私人所辦的考試都不能有良好成績。（小凶）

☆I—H　在這方位角的考試裏，要堅持自己的見解，不要亂聽別人的意見，則一定可以得到好成績。只要以自己的自信來作答，成績當會相當好的。（吉）

☆I—I　在這方位角的考試裏，考場的氣氛不會很好，應考的情緒當會很壞。自己的實力無法發揮，沒有希望得到優越的成績。（凶）

☆I—J　朝這方位角參加考試，起先自信滿滿，以為可以考得很好，結果一切完全相反，成績恐怕將一場糊塗。而且，這次的試題儘是考些自己最不擅長的地方。（小凶）

天干J所造成的效力——考試

☆J—A　在這方位角的考試裏，遇到困難題目的時候，腦袋當中會突然閃現出從沒有想過的好答案。結果就有了合格的可能性。一些不簡單的題目都可答出。（吉）

☆J—B　在這方位角的考試，努力是夠了，只是越在考試時，越是積極，効果却可能越糟糕。不問是公立私立的考試全無好成績的希望。（凶）

☆J—C　在這方位角的考試，作答可以非常如意順利。考試的成績也會意外的優越才對。遇到困難問題也不可怕，只要有自信心，成績自然就會很好。（吉）

☆J—D　朝這方位角參加考試，不管公立私立的，不能得到好的成績。尤其作一些簡單得不像話的題目總是犯了意想不到的錯誤，遺漏了正確答案。（凶）

☆J—E　在這方位角的考試裏，考試的本身成績自不必說，而且還會得到別人的援助而能有好的結果。只是如果太過放心，却可能發生意外的錯誤。（小吉）

☆J—F　在這方位角的考試裏，心裏總一些千頭萬緒的煩惱，而無法以尋常那種泰然的態度來應考。不論是公立私立的考試都沒有希望。（凶）

☆J—G　在這方位角的考試裏，您總是無法避免偏見。因此，要有好成果是不可能的。如果不好好守著中庸之道是沒有合格的希望的。（小凶）

☆J—H　在這方位角的考試裏，太過於積極的話，很可能招致想不到的惡果。作答時不相當冷靜的話，合格希望是渺茫的。不管公私立的都一樣希望微薄。（凶）

☆J—I　在這方位角的考試裏，您無論如何無法去除想急著作答的焦躁，如此一來，您考試一定招致失敗。解答時一定要經過好好的考慮才行。（小凶）

☆J—J　在這方位角的考試裏，因爲您身體的狀況不佳，頭腦反應遲鈍，所以考試結果一定是不好的。加倍慎重是必須要的。（凶）

生病的時候，如何找到好醫生和適當的治療使健康迅速的恢復

本章特色

本章用於生病時當做去醫院或藥店的指針。

尤其是下列各種症狀時可以無遺地發揮奇門遁甲的奇異效果。

●病情大到必須要動手術的時候。

●不論找哪裏的醫生，病情總是曖昧不明、叛斷錯誤的時候。

●無論是找什麼醫生、吃什麼藥都無法改善的慢性病時。

●想要找有能力、有良心的醫生或藥劑師接受適當治療的時候。

不過使本章的奇門遁甲時必須注意一點；就是看病時使用時盤，住院時使用日盤。

還有，看病時，醫師如果要您兩、三天之後再去給他看時，您就以第二次看病那天的時

盤找尋最好的時辰即可。萬一當日沒有恰當時辰時，就以日盤爲斷即可。假若醫生指定了看病時間，您在時間盤上找不到最恰當時辰時，就請您在當天當中找到比較好的時辰即可。

住院時，用入院的第一天來判斷。

那麼利用這奇門遁甲會有怎麼樣的效果呢？首先，醫生待您的態度會非常親切，然後他會給您最適當的治療。其結果，痛苦也少，健康的恢復也迅速。

爲了解除身體的苦惱與病痛，奇門遁甲特別具備有下列吉格。和本書一起使用，效果當可倍增。還有空欄的地方表示該處什麼符號都可以。

天干	地干	八門	八神	備考
B		休		附有八神中的日神或天干B在西北或在北方效果更大。
B		開		天干B在西北或北方時效果更大。
B		生	金	
C		生	日	
C		休	日	

C		生	金
D		休	日
D		生	金

☆八門與八神的效果

八門	生門、開門	慢性病休門效果大，急病景門的效果大。動手術可使用傷門但是好的天干、地干和八神的太神或日神或月神等必須要齊全。
八神	太神、日神	找遍醫生總是診斷錯誤時，上欄所記的太神、日神效果很大。還有，帶有月神、金神、木神也可以受到好的處理。

天干A所造成的效力——健康

☆A－A　這方位角的醫生非常有良心，又大多有能力，可以安心接受治療。又因爲醫生本身身體狀況良好，所以其診斷又確實又容易理解。（吉）

☆A－B　這方位角很可能使您遇到經驗豐富的熟練醫生，他的話和舉動將給予您和病魔奮鬪的勇氣。但是絕對禁止完全依賴醫生的懦弱。（大吉）

☆A—C　這是所謂「青龍回首」的最高吉格，所遇定是能力高强的醫生。也許大多會是年輕的醫生，但是按年齡的大小都有相當的實力，您可以安心信任該醫生。（大吉）

☆A—D　這也是叫做「青龍回首」的最高吉格，您將接受活力充沛而有才能的醫生診察，診療等待的時間也不必太久，比較上來說一切都很順利。（大吉）

☆A—E　在這方位角上，糟糕是無法把自己的病情向醫生說明得很淸楚。結果醫師不能做確實的處置，最後也沒有接受適當的治療就回家了。（小凶）

☆A—F　在這方位角裏，醫生和護士都非常親切，以致於您可以在愉快的心情底下接受治療。由於您和醫生很談得來，心情輕鬆，醫生的判斷可以更正確。（吉）

☆A—G　這方位角裏，醫生本身的狀況不好，心裏面總擔心著許多事，即使說中了您某些病狀，但是很失望的對方一直沒能把您治好。所以最好還是躲開爲妙。（凶）

☆A—H　在這方位角裏，醫生多多少少給您不安。在治療的當初也許情形還不錯，但是後來恐怕會後悔。要去醫院恐怕還不如在自己家裏靜養等待更好的機會。（小凶）

☆A—I　這方位角，醫生對於病症的處置往往很離譜，即使您只是讓他看看診斷一下，以輕鬆的心情去，但是很可能引起病情的惡化而使您到住院的地步。（小凶）

☆A—J　在這方位角裏，很可能您所看的醫生很喜歡輕鬆的聊天，您可以在輕鬆的心情底下接受治療，結果是不錯的。而且，醫院的氣氛也很明朗舒暢。（吉）

天干B所造成的效力——健康

☆B—A　在這方位角裏，醫院和醫生都很充分實在，不須有怕被診斷錯誤的擔心。您可以聽一些對病體有益的勸告，心情愉快而滿足地接受診斷和治療。（大吉）

☆B—B　在這方位角裏，雖然有老資格的醫生，但是却常常會碰到沒有實力的醫生。對病的處理不能很適當。最好在自己家裏靜養找更好的時機。（小凶）

☆B—C　在這方位角裏，醫生和護士都很有同情心和親切，所以您儘可以老實的表示您所想事情。只是，這裏的醫生是神經過敏者，所以您要注意自己的擧止。（吉）

☆B—D　在這方位角裏，您還沒有詳細說明病情之前，醫生方面很快的就幫您作了適當的處置。稍嚴重的病，經醫生一處理將可明顯的改善而得以恢復。（吉）

☆B—E　在這方位角裏，您可以遇到有實力的醫生，可以安心的接受治療。只要您將自己現在的病情向醫生詳細說明，一定受到適當的治療。（吉）

☆B—F　這是叫做「乙奇得使」的大吉方位角，醫生非常熟練總是對您的病情有很深的認識，起先雖然會稍微感到被冷淡，但是您可以放心信任對方。（大吉）

☆B—G　在這方位角裏，醫生對病人態度不好，甚至不聽病人的說明就遽下判斷。還有也會發生金錢方面的麻煩。（凶）

☆B—H　在這方位角裏，醫生和病人之間無法溝通得很好，醫生也不能給病人適當的處置

。嚴重一點的話，還有誤診的可能，所以暫時不要去看才是聰明的。（凶）

☆B—I　在這方位角裏，也許醫院看起來建築得很有氣派，但是其中醫生方面却會有不妥當的地方。卽使醫生對您的病症作了詳細的說明，但是恐怕不能給予您適當的處理。（小吉）

☆B—J　在這方位角裏，醫生讓您乍見之下似乎一無可取，但是您所遇到的將會是一位非常有實力的醫生。因爲他的處置很適當，您可以安心的信任醫生。（吉）

天干C所造成的效力——健康

☆C—A　這是稱爲「飛鳥跌穴」大吉方位角，醫生和護士都會親身親切的對待病人，在不知不覺中，心情可以十分平靜放鬆而使得醫療得到很大的效果。（大吉）

☆C—B　在這方位角裏，大多會遇到人格高尚的醫生，您可以安心的信任他。其對病症的處置也會很恰當，您可以在很暢快的氣氛下接受診治。（大吉）

☆C—C　在這方位角裏，擔任診治的醫生本身的身體狀況不好，您不能夠接受到適當的診治。而且因爲可能會把重要的東西忘了遺放在醫院，千萬要注意這件事。（小凶）

☆C—D　在這方位角裏，醫生對您的病情有深切的了解，只要您對醫生很有禮貌，他會很愉快的和您交談。如此一下，您可以完全安心地信賴醫生給您的診治。（大吉）

☆C—E　這是特稱爲「丙奇得使」的吉格，由於適當的治療可使病體早日快速恢復。而且如果附有八門的生門或開門的話，稱爲「天遁」，是更大的吉格。（大吉）

☆C—F　在這方位角裏，醫生的性格很爽朗，在無意的言談當中，使您忘了生病的不安。他對病症的處理也很高明，稍微動幾下子，病就很快好了。（吉）

☆C—G　這方位角裏，醫生和護士對病人都很不體貼。醫生對病情的了解也很差，雙方心裏都覺得有點焦急，所以最好要避去這方位角才能保得不出差錯。（凶）

☆C—H　在這方位角裏，病人會受到非常重視的處理，最適合長期的診治或住院。醫院的設備非常齊全而優秀，醫生的手法也很高明，儘可安心去就醫。（小吉）

☆C—I　這方位角裏，一直到診治需要相當的時間。但是從診斷開始之後將非常順利。醫生可能是個不很和藹的人，所以要特別小心您的舉動和說話。（小吉）

☆C—J　在這方位角裏，您不能遇到好醫生，不但不能給您適當的治療，倒霉的話，還可能診斷錯誤，有病情所以前更惡化的危險。（凶）

天干D所造成的效力——健康

☆D—A　在這方位角裏，您的病可以得到適當適當的處置，病情漸漸轉好而恢復健康。醫生對病理知識非常淵博，醫院的氣氛也很好，把您對生病的不安感消除了。（大吉）

☆D—B　在這方位角裏，醫生親自很親切來聽病人的話。其對醫學的態度非常認眞，立即對您的病施以適當的處置，您的病很快就能恢復。（吉）

☆D—C　在這方位角裏，醫生的診斷治療不會有問題，對於病人也很能察顏觀色，所以您

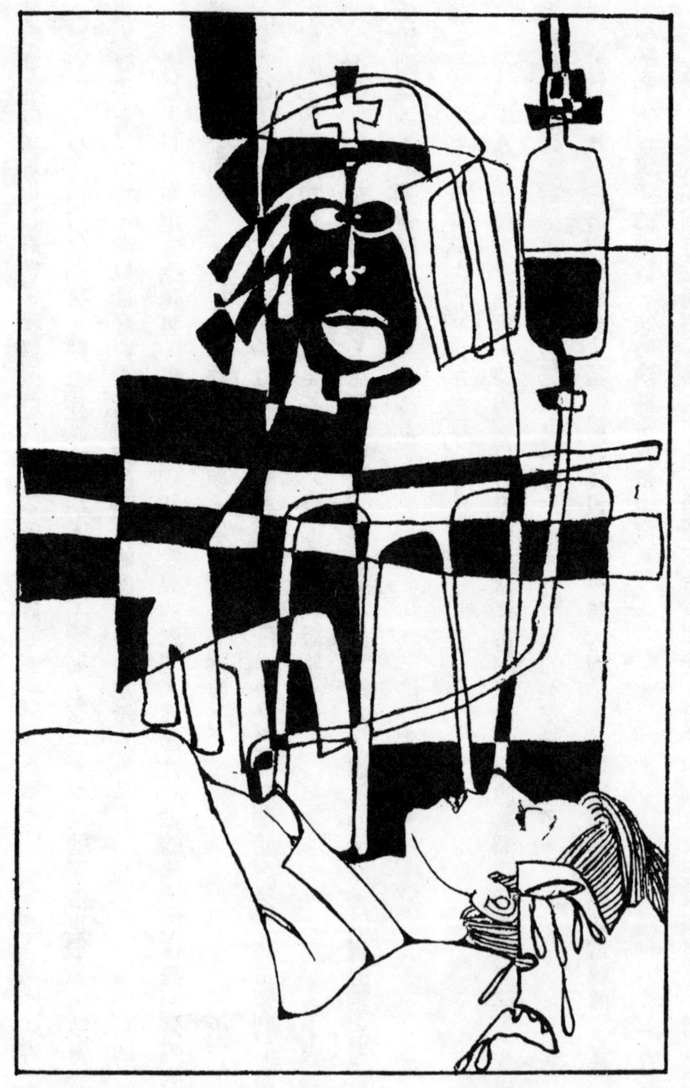

大可以安心的接受診治。只是絕對不可以講一些勉強或得意忘形的話。（吉）

☆D—D　朝這方位角去，您可以遇到您所希望的醫生。因爲您和醫生的思想很能溝通，您大可以毫無顧忌的說出您想講的話，結果將是好的。（吉）

☆D—E　在這方位角裏，醫院的氣氛很好，又清潔又安靜，而能够使您以很暢快的心情接受診治。醫生的手治很正確，病體的恢復將意外的快速。（大吉）

☆D—F　在這方位角裏，醫生對您格外好，但是護士對您却不太好，她對您很冷淡，講話一不小心就會觸怒了他。不能有太理想的結果。（小凶）

☆D—G　在這方位角裏，只有醫生很熱心地努力處理您的病，但是病人忘了告訴醫生重要的情況，恐怕不能治療得十分徹底。（小凶）

☆D—H　在這方位角裏，您看的醫生沒有實力，而且正好遇上醫生身體情況最差的時候，沒有希望有好結果。（凶）

☆D—I　這方位角是叫做「丁奇得使」的吉格，醫生和護士都很有醫德，醫藥設備也都非常充實。只要您把自己的症狀很確實地告訴醫生，儘可放心的接受治療。（吉）

☆D—J　在這方位角的醫院裏，病人與醫生之間無法溝通，您不能傳達您的意思，也不能受到適當的治療。不但如此，還有可能被誤診，病情更加惡劣化的可能。（凶）

天干E所造成的效力——健康

☆E—A　在這方位角的醫院裏，姑且不論設備，您所看的醫生非常頑固，對您的病狀不親自來加以了解。結果無望受到適當治療。（凶）

☆E—B　在這方位角裏，您能夠受到有能力而熟練的醫生的診治，一切都將很好。在這方位角上如果附有八門中的休門和八神中的月神時，那更是大吉格，病情更快恢復。（吉）

☆E—C　在這方位角裏，您將受到非常適當的治療。醫生對您的病情具有一流的高明見解，只要他隨便動動手，病體就很快會恢復。（大吉）

☆E—D　在這方位角的醫院，您將迅速地受到很好的治療。不但醫生的能力可以發揮出來，藥的效果也非常好，短時間內病情將可恢復，所以儘可安心的接受治療。（大吉）

☆E—E　在這方位角的醫院，沒希望受到大適當的處理。醫生對您的病也不熱心，醫院的氣氛不佳，到處陰氣沈沈。最好是找到較好的時機再去。（凶）

☆E—F　在這方位角裏，不能遇到好醫生，醫生對您的病情也不能有正確了解。因此，不能得到如期的好結果，最好重新考慮一下。（凶）

☆E—G　在這方位角裏，不能遇到有實力的醫生，病院的氣氛也是陰森森的。結果也只有令您失望而已，所以請您不要使用此方位角去看病。（凶）

☆E—H　在這方位角裏，醫生本身的身心情況不佳，不能受到適當的治療，藥方面也不太有效果。總而言之，很容易招致不好結果，要特別注意。（小凶）

☆E—I　在這方位角裏，您會遇到醫學方面很博學很有實力的醫生，對您十分有益。卽使很嚴重的手術，只要您信任這位醫生，將能得到很好的結果。（吉）

☆E—J　在這方位角裏，您將等很久才能看到醫生，您和醫生之間也不能溝通得很好。結果只會帶給您不安，不能有任何效果。（凶）

天干F所帶來的效力——健康

☆F—A　在這方位角裏，雖然可以遇到有能力的醫生，但是他不能發揮他的實力。也就是說，醫生和病人之間不能十分溝通。（凶）

☆F—B　在這方位角裏，不僅醫生有實力，護士的照顧也無微不至。您和醫生可以合作得很好，對病體的不安可以完全驅除，而得以使病體早日康復。（吉）

☆F—C　在這方位角的醫生，身體情況很壞，不但對病人的處置不愉快。能够的話，避免用這方位角爲妙。（凶）

☆F—D　在這方位角裏，您會碰到一位其貌不揚到您懷疑他行嗎？的醫生，但是這位醫生令人意外的處理適當，病體可以漸漸好轉。（小吉）

☆F—E　在這方位角裏，您所看到醫生，不管是人生經驗或醫學方面都有很高深的修養和見解，在這種高明的醫生診治下，醫院的氣氛又安靜又乾淨，病體將迅速恢復健康。（吉）

☆F—F　最好不要朝這方位角去找醫生。您將碰上一位旣無實力身體狀況又不好的醫生，

您的病情反而更加惡化。（凶）

☆F—G　在這方位角的醫院裏，不管您對醫生如何說明自己的症狀，他總是無法了解。醫院的設備也多多少少令您感到不安，藥品的效果也是不佳的。（凶）

☆F—H　在這方位角裏，醫生對病情的判斷不確實，即使您一時覺得好了一點，但是長久下來，却有誤斷的可能性。（凶）

☆F—I　在這方位角裏，您所看的醫生乍看之下是一位好醫生，但是其實是一位狡滑的商人。護士也很懶惰，結果不但沒有受到適當的治療，情況更加糟糕。（小凶）

☆F—J　這方位角的醫院，最好能不去就不去。醫生的判斷也不太能夠信任，嚴重的時候，以前沒有什麼病的地方現在都壞了。（凶）

天干G所造成的效力——健康

☆G—A　在這方位角的醫院裏，您完全無法接受到適當的治療。醫生對醫學缺乏眞摯的態度，嚴重的時候還可能危及生命。（凶）

☆G—B　這方位角的醫院，能够的話避免爲妙。只是診斷的話大概還可以，但是接受治療時就有病情更加惡化的可能。（凶）

☆G—C　在這方位角的醫院裏，您所遇的醫生態度冷淡，護士不親切令您哭笑不得。實在不能給您適當的治療，要特别注意才好。（凶）

☆G—D　在這方位角裏，您會遇到很好的醫生和護士，無論如何總可以得到好結果。只要您詳細的說明出您的病情，醫生將完全發揮他的實力。（小吉）

☆G—E　這方位角應該極力避免。您將遇到沒有實力的醫生，他對病理沒有深切的認識。醫生和病人之間無法十分溝通。（凶）

☆G—F　在這方位角的醫院裏，心情總是無法平靜，尤其感到莫名其妙的不愉快。不但醫生的判斷不正確，設備和配藥方面都令人感到不安。（凶）

☆G—G　在這方位角裏，不論任何方面，都會遭遇無法解法的困難。如果勉強在此地接受治療，有反而更加惡化的危險，要特別注意。（凶）

☆G—H　在這方位角裏，設備方面的不齊全，醫生方面的連繫配合不徹底，主治醫師的冷淡態度，都是令您感到不安的地方。結果只有白白浪費時間而已。（凶）

☆G—I　在這方位角裏，醫生和護士對病人都不親切，實在不能說是有能力。藥也無助於您的病症，您的病無法很快就康復。（凶）

☆G—J　在這方位角的醫院裏，醫生方面、護士方面和設備方面都令人感到不安。尤其是孕婦要生產，如果用了這方位角，恐怕母體和胎兒都會有危險。（凶）

天干H所造成的效力——健康

☆H—A　在這方位角裏，醫生突然不順手起來。雖然很有才幹，對醫學的認識也很够，但

是却無法發揮實力，很可能有誤診的危險。（小凶）

☆H—B　在這方位角的醫院裏，沒有治癒的可能，所以應該避免使用這個方位角。若等到誤診，處置不當的時候就晚了，要特別注意。（凶）

☆H—C　在這方位角的醫院裏，您總是碰上醫生情況最壞的時候，他無法給您下適切的判斷。而且在金錢上面也有產生麻煩的可能性。（凶）

☆H—D　在這方位角裏，不管是醫生、護士或其他各種設備方面都令人滿意。醫生也非常有才幹，所以只要您對病情的詳明很詳盡，一定能得到適切的治療。（吉）

☆H—E　在這方位角裏，無法得到適當的治療。更糟糕時，醫生對病人說的話一句也聽不進去，如果醫錯了恐怕哭都來不及。（凶）

☆H—F　在這方位角裏，醫師診察病人的眼光不銳利，所遇到的是一位庸醫。而且，您的說明被曲解，症狀判斷錯誤，非常危險，千萬要注意。（凶）

☆H—G　在這方位角的醫院裏，醫生心情欠平靜，有時候更情緒亢奮，這對病人是很危險的，要得到適當的醫治是不可能的。所以請避免這方位角。（凶）

☆H—H　在這方位角的醫院裏，所遇到醫生絲毫不聽您對病情的說明就遽下判斷，藥方的效果也是很差，對這方位角應該加以避免。（凶）

☆H—I　在這方位角裏，您會遇到風評很好的醫生，但是正好遇上他身體情況不好的時候

，有誤診、誤醫的可能。（凶）

☆H—J　在這方位角裏恐怕會受到誤診。雖然醫師蠻有自信的樣子，但是由於急於醫治，反而造成誤診，當然招致不良的結果。（凶）

天干I所造成的效力——健康

☆I—A　在這方位角裏，醫生的看法很不得要領，結果可能使病情惡化。由於診治的不確實，病情將沒有好結果。（凶）

☆I—B　在這方位角的醫院裏，您可能遇到舉止輕浮說話不負責的醫生。而且護士也令人覺得不乾淨，醫院的氣氛也不很好。（凶）

☆I—C　在這方位角的醫院裏，醫生無法按照他的實力來醫治您。相反的，可能使您病情惡化。不能對症下藥，不能達到效果。（凶）

☆I—D　在這方位角的醫院裏，正好您遇上了熟練的名醫，接受他迅速而正確的診治，加上藥效極佳，不日當可逐漸恢復健康。（吉）

☆I—E　在這方位角的醫院裏，醫生之間的連絡配合很密切，您將得到有效果的診治。只要您將病情向醫生說清楚，安心的接受治療，效果當會很大。（吉）

☆I—F　在這方位角的醫院裏，不但醫生的實力無法發揮身體狀況也不好，無望受到適當的診治。護士也不親切，藥效也極差。（凶）

☆I—G　在這方位角裏，醫院之中沒有安靜的氣息，要安靜地接受診治是不可能的。醫生的情況、藥的效果、設備各方面都將令您感到不安。（凶）

☆I—H　在這方位角的醫院裏，您所遇的醫生態度非常冷淡，護士看來似乎比較親切却沒有處理病人的能力，實在無望使病情好轉。（凶）

☆I—I　在這方位角的醫院裏，恰好遇上醫生身體最不好的時候，他的實力無法發揮，您也不能受到充分適當的治療。您也無法把病情詳細的向醫生傳達。（凶）

☆I—J　在這方位角的醫院裏，雖然非常有實力的醫生很多，倒霉的是偏偏遇上沒有實力的醫生。結果受到了不適當的診治，後悔莫及。（小凶）

天干J所造成的效力——健康

☆J—A　在這方位角的醫院裏，醫生的醫學修養是第一流的，您可以受到很熱心的醫生的診治，他立即能够給您適當的治療，藥效也極好。（大吉）

☆J—B　在這方位角的醫院裏，您可以遇到對病理認識很深而且熟練的醫生，由於您很快的受到適當的診治，健康將逐漸恢復。（大吉）

☆J—C　在這方位角的醫院裏，您可以遇到有才幹的好醫生。他對病人的病痛看得很仔細，可以很快接受適當的治療，病體將能很快康復。（大吉）

☆J—D　在這方位角的醫院裏，很容易碰上優柔寡斷的醫生和護士。由於很可能造成誤診

，所以一定要把病情說明清楚，而且要說得有要領一些。（小凶）

☆J—E　在這方位角的醫院裏，在各方面都能使您很安心的接受診治。只是在恢復健康期間沒有恰當節制的話，可能不會完全根治，所以也要十分注意。（吉）

☆J—F　在這方位角的醫院裏，不能期望有太好的結果。儘管您想詳細的告訴醫生您的病情，可是却表示不清楚，既無法將病情傳達給醫生知道，在診治始終處於不安的狀態。（小凶）

☆J—G　在這方位角的醫院裏，雖然醫生很有實力，偏偏您大多遇上頑固的醫生，恐怕會受到不適當而强迫性的診治。（凶）

☆J—H　在這方位角的病院裏的設備不能像平常一般發揮功能，所以您的治療也無法充分實施。而且，醫生間的連繫不很密切，誤診、誤醫的危險性非常大。（凶）

☆J—I　在這方位角的醫院裏，看您的醫生的醫學認識和經驗都非常膚淺，並且缺乏同情心。另外，藥效也不佳，有重新考慮，再看時機的必要。（凶）

☆J—J　在這方位角的醫院裏，雖然有比較多的高明醫生，但是就在您去的時候，偏偏好醫生都不來。接受治療之後有病情更加惡化的可能。（凶）

附錄

表1　遁甲遁環表〈一九七四～一九八三〉

表2　節氣一覽表〈一九七四～一九八三〉

表3　時間干支一覽表

表4　遁局一覽表

表5　遁甲立向盤

表6　〈日盤例外〉遁甲立向盤

表7　〈時盤例外〉遁甲立向盤

表1　遁甲遁環表1974年　局的中國數字爲陽局、阿拉伯數字爲陰局

月＼日		1日	2日	3日	4日	5日	6日	7日	8日	9日	10日	11日	12日	13日	14日	15日	16日	17日	18日	19日	20日	21日	22日	23日	24日	25日	26日	27日	28日	29日	30日	31日
1月	局	三	四	五	六	七	八	九	一	二	三	四	五	六	七	八	九	一	二	三	四	五	六	七	八	九	一	二	三	四	五	六
	干支	I寅	J卯	A辰	B巳	C午	D未	E申	F酉	G戌	H亥	I子	J丑	A寅	B卯	C辰	D巳	E午	F未	G申	H酉	I戌	J亥	A子	B丑	C寅	D卯	E辰	F巳	G午	H未	I申
2月	局	七	八	九	一	二	三	四	五	六	七	八	九	一	二	三	四	五	六	七	八	九	一	二	三	四	五	六	七			
	干支	J酉	A戌	B亥	C子	D丑	E寅	F卯	G辰	H巳	I午	J未	A申	B酉	C戌	D亥	E子	F丑	G寅	H卯	I辰	J巳	A午	B未	C申	D酉	E戌	F亥	G子			
3月	局	八	九	一	二	三	四	五	六	七	八	九	一	二	三	四	五	六	七	八	九	一	二	三	四	五	六	七	八	九	一	二
	干支	H丑	I寅	J卯	A辰	B巳	C午	D未	E申	F酉	G戌	H亥	I子	J丑	A寅	B卯	C辰	D巳	E午	F未	G申	H酉	I戌	J亥	A子	B丑	C寅	D卯	E辰	F巳	G午	H未
4月	局	三	四	五	六	七	八	九	一	二	三	四	五	六	七	八	九	一	二	三	四	五	六	七	八	九	一	二	三	四	五	
	干支	I申	J酉	A戌	B亥	C子	D丑	E寅	F卯	G辰	H巳	I午	J未	A申	B酉	C戌	D亥	E子	F丑	G寅	H卯	I辰	J巳	A午	B未	C申	D酉	E戌	F亥	G子	H丑	
5月	局	六	七	八	九	一	二	三	四	五	六	七	八	九	一	二	三	四	五	六	七	八	九	一	二	三	四	五	六	七	八	九
	干支	I寅	J卯	A辰	B巳	C午	D未	E申	F酉	G戌	H亥	I子	J丑	A寅	B卯	C辰	D巳	E午	F未	G申	H酉	I戌	J亥	A子	B丑	C寅	D卯	E辰	F巳	G午	H未	I申
6月	局	一	二	三	四	五	六	七	八	九	一	二	三	四	五	六	七	八	九	一	二	三	四 3	2	1	9	8	7	6	5	4	
	干支	J酉	A戌	B亥	C子	D丑	E寅	F卯	G辰	H巳	I午	J未	A申	B酉	C戌	D亥	E子	F丑	G寅	H卯	I辰	J巳	A午	B未	C申	D酉	E戌	F亥	G子	H丑	I寅	
7月	局	3	2	1	9	8	7	6	5	4	3	2	1	9	8	7	6	5	4	3	2	1	9	8	7	6	5	4	3	2	1	9
	干支	J卯	A辰	B巳	C午	D未	E申	F酉	G戌	H亥	I子	J丑	A寅	B卯	C辰	D巳	E午	F未	G申	H酉	I戌	J亥	A子	B丑	C寅	D卯	E辰	F巳	G午	H未	I申	J酉
8月	局	8	7	6	5	4	3	2	1	9	8	7	6	5	4	3	2	1	9	8	7	6	5	4	3	2	1	9	8	7	6	5
	干支	A戌	B亥	C子	D丑	E寅	F卯	G辰	H巳	I午	J未	A申	B酉	C戌	D亥	E子	F丑	G寅	H卯	I辰	J巳	A午	B未	C申	D酉	E戌	F亥	G子	H丑	I寅	J卯	A辰
9月	局	4	3	2	1	9	8	7	6	5	4	3	2	1	9	8	7	6	5	4	3	2	1	9	8	7	6	5	4	3	2	
	干支	B巳	C午	D未	E申	F酉	G戌	H亥	I子	J丑	A寅	B卯	C辰	D巳	E午	F未	G申	H酉	I戌	J亥	A子	B丑	C寅	D卯	E辰	F巳	G午	H未	I申	J酉	A戌	
10月	局	1	9	8	7	6	5	4	3	2	1	9	8	7	6	5	4	3	2	1	9	8	7	6	5	4	3	2	1	9	8	7
	干支	B亥	C子	D丑	E寅	F卯	G辰	H巳	I午	J未	A申	B酉	C戌	D亥	E子	F丑	G寅	H卯	I辰	J巳	A午	B未	C申	D酉	E戌	F亥	G子	H丑	I寅	J卯	A辰	B巳
11月	局	6	5	4	3	2	1	9	8	7	6	5	4	3	2	1	9	8	7	6	5	4	3	2	1	9	8	7	6	5	4	
	干支	C午	D未	E申	F酉	G戌	H亥	I子	J丑	A寅	B卯	C辰	D巳	E午	F未	G申	H酉	I戌	J亥	A子	B丑	C寅	D卯	E辰	F巳	G午	H未	I申	J酉	A戌	B亥	
12月	局	3	2	1	9	8	7	6	5	4	3	2	1	9	8	7	6	5	4	3	2	1	9	二	三	四	五	六	七	八	九	一
	干支	C子	D丑	E寅	F卯	G辰	H巳	I午	J未	A申	B酉	C戌	D亥	E子	F丑	G寅	H卯	I辰	J巳	A午	B未	C申	D酉	E戌	F亥	G子	H丑	I寅	J卯	A辰	B巳	C午

表1 遁甲循環表 1975年 局的中國數字爲陽局、阿拉伯數字爲陰局

月＼日		1日	2日	3日	4日	5日	6日	7日	8日	9日	10日	11日	12日	13日	14日	15日	16日	17日	18日	19日	20日	21日	22日	23日	24日	25日	26日	27日	28日	29日	30日	31日
1月	局	二	三	四	五	六	七	八	九	一	二	三	四	五	六	七	八	九	一	二	三	四	五	六	七	八	九	一	二	三	四	五
	干支	D未	E申	F酉	G戌	H亥	I子	J丑	A寅	B卯	C辰	D巳	E午	F未	G申	H酉	I戌	J亥	A子	B丑	C寅	D卯	E辰	F巳	G午	H未	I申	J酉	A戌	B亥	C子	D丑
2月	局	六	七	八	九	一	二	三	四	五	六	七	八	九	一	二	三	四	五	六	七	八	九	一	二	三	四	五	六			
	干支	E寅	F卯	G辰	H巳	I午	J未	A申	B酉	C戌	D亥	E子	F丑	G寅	H卯	I辰	J巳	A午	B未	C申	D酉	E戌	F亥	G子	H丑	I寅	J卯	A辰	B巳			
3月	局	七	八	九	一	二	三	四	五	六	七	八	九	一	二	三	四	五	六	七	八	九	一	二	三	四	五	六	七	八	九	一
	干支	C午	D未	E申	F酉	G戌	H亥	I子	J丑	A寅	B卯	C辰	D巳	E午	F未	G申	H酉	I戌	J亥	A子	B丑	C寅	D卯	E辰	F巳	G午	H未	I申	J酉	A戌	B亥	C子
4月	局	二	三	四	五	六	七	八	九	一	二	三	四	五	六	七	八	九	一	二	三	四	五	六	七	八	九	一	二	三	四	
	干支	D丑	E寅	F卯	G辰	H巳	I午	J未	A申	B酉	C戌	D亥	E子	F丑	G寅	H卯	I辰	J巳	A午	B未	C申	D酉	E戌	F亥	G子	H丑	I寅	J卯	A辰	B巳	C午	
5月	局	五	六	七	八	九	一	二	三	四	五	六	七	八	九	一	二	三	四	五	六	七	八	九	一	二	三	四	五	六	七	八
	干支	D未	E申	F酉	G戌	H亥	I子	J丑	A寅	B卯	C辰	D巳	E午	F未	G申	H酉	I戌	J亥	A子	B丑	C寅	D卯	E辰	F巳	G午	H未	I申	J酉	A戌	B亥	C子	D丑
6月	局	九	一	二	三	四	五	六	七	八	九	一	二	三	四	五	六	七	八	九	一	二	7	6	5	4	3	2	1	9	8	
	干支	E寅	F卯	G辰	H巳	I午	J未	A申	B酉	C戌	D亥	E子	F丑	G寅	H卯	I辰	J巳	A午	B未	C申	D酉	E戌	F亥	G子	H丑	I寅	J卯	A辰	B巳	C午	D未	
7月	局	7	6	5	4	3	2	1	9	8	7	6	5	4	3	2	1	9	8	7	6	5	4	3	2	1	9	8	7	6	5	4
	干支	E申	F酉	G戌	H亥	I子	J丑	A寅	B卯	C辰	D巳	E午	F未	G申	H酉	I戌	J亥	A子	B丑	C寅	D卯	E辰	F巳	G午	H未	I申	J酉	A戌	B亥	C子	D丑	E寅
8月	局	3	2	1	9	8	7	6	5	4	3	2	1	9	8	7	6	5	4	3	2	1	9	8	7	6	5	4	3	2	1	9
	干支	F卯	G辰	H巳	I午	J未	A申	B酉	C戌	D亥	E子	F丑	G寅	H卯	I辰	J巳	A午	B未	C申	D酉	E戌	F亥	G子	H丑	I寅	J卯	A辰	B巳	C午	D未	E申	F酉
9月	局	8	7	6	5	4	3	2	1	9	8	7	6	5	4	3	2	1	9	8	7	6	5	4	3	2	1	9	8	7	6	
	干支	G戌	H亥	I子	J丑	A寅	B卯	C辰	D巳	E午	F未	G申	H酉	I戌	J亥	A子	B丑	C寅	D卯	E辰	F巳	G午	H未	I申	J酉	A戌	B亥	C子	D丑	E寅	F卯	
10月	局	5	4	3	2	1	9	8	7	6	5	4	3	2	1	9	8	7	6	5	4	3	2	1	9	8	7	6	5	4	3	2
	干支	G辰	H巳	I午	J未	A申	B酉	C戌	D亥	E子	F丑	G寅	H卯	I辰	J巳	A午	B未	C申	D酉	E戌	F亥	G子	H丑	I寅	J卯	A辰	B巳	C午	D未	E申	F酉	G戌
11月	局	1	9	8	7	6	5	4	3	2	1	9	8	7	6	5	4	3	2	1	9	8	7	6	5	4	3	2	1	9	8	
	干支	H亥	I子	J丑	A寅	B卯	C辰	D巳	E午	F未	G申	H酉	I戌	J亥	A子	B丑	C寅	D卯	E辰	F巳	G午	H未	I申	J酉	A戌	B亥	C子	D丑	E寅	F卯	G辰	
12月	局	7	6	5	4	3	2	1	9	8	7	6	5	4	3	2	1	9	8	7	6	5	4 六	七	八	九	一	二	三	四	五	六
	干支	H巳	I午	J未	A申	B酉	C戌	D亥	E子	F丑	G寅	H卯	I辰	J巳	A午	B未	C申	D酉	E戌	F亥	G子	H丑	I寅	J卯	A辰	B巳	C午	D未	E申	F酉	G戌	H亥

表1 遁甲循環表1976年　　局的中國數字爲陽局、阿拉伯數字爲陰局

月/月		1日	2日	3日	4日	5日	6日	7日	8日	9日	10日	11日	12日	13日	14日	15日	16日	17日	18日	19日	20日	21日	22日	23日	24日	25日	26日	27日	28日	29日	30日	31日
1月	局	七	八	九	一	二	三	四	五	六	七	八	九	一	二	三	四	五	六	七	八	九	一	二	三	四	五	六	七	八	九	一
	干支	I子	J丑	A寅	B卯	C辰	D巳	E午	F未	G申	H酉	I戌	J亥	A子	B丑	C寅	D卯	E辰	F巳	G午	H未	I申	J酉	A戌	B亥	C子	D丑	E寅	F卯	G辰	H巳	I午
2月	局	二	三	四	五	六	七	八	九	一	二	三	四	五	六	七	八	九	一	二	三	四	五	六	七	八	九	一	二	三		
	干支	J未	A申	B酉	C戌	D亥	E子	F丑	G寅	H卯	I辰	J巳	A午	B未	C申	D酉	E戌	F亥	G子	H丑	I寅	J卯	A辰	B巳	C午	D未	E申	F酉	G戌	H亥		
3月	局	四	五	六	七	八	九	一	二	三	四	五	六	七	八	九	一	二	三	四	五	六	七	八	九	一	二	三	四	五	六	七
	干支	I子	J丑	A寅	B卯	C辰	D巳	E午	F未	G申	H酉	I戌	J亥	A子	B丑	C寅	D卯	E辰	F巳	G午	H未	I申	J酉	A戌	B亥	C子	D丑	E寅	F卯	G辰	H巳	I午
4月	局	八	九	一	二	三	四	五	六	七	八	九	一	二	三	四	五	六	七	八	九	一	二	三	四	五	六	七	八	九	一	
	干支	J未	A申	B酉	C戌	D亥	E子	F丑	G寅	H卯	I辰	J巳	A午	B未	C申	D酉	E戌	F亥	G子	H丑	I寅	J卯	A辰	B巳	C午	D未	E申	F酉	G戌	H亥	I子	
5月	局	二	三	四	五	六	七	八	九	一	二	三	四	五	六	七	八	九	一	二	三	四	五	六	七	八	九	一	二	三	四	五
	干支	J丑	A寅	B卯	C辰	D巳	E午	F未	G申	H酉	I戌	J亥	A子	B丑	C寅	D卯	E辰	F巳	G午	H未	I申	J酉	A戌	B亥	C子	D丑	E寅	F卯	G辰	H巳	I午	J未
6月	局	六	七	八	九	一	二	三	四	五	六	七	八	九	一	二	三	四	五	六	七	八 2	1	9	8	7	6	5	4	3	2	
	干支	A申	B酉	C戌	D亥	E子	F丑	G寅	H卯	I辰	J巳	A午	B未	C申	D酉	E戌	F亥	G子	H丑	I寅	J卯	A辰	B巳	C午	D未	E申	F酉	G戌	H亥	I子	J丑	
7月	局	1	9	8	7	6	5	4	3	2	1	9	8	7	6	5	4	3	2	1	9	8	7	6	5	4	3	2	1	9	8	7
	干支	A寅	B卯	C辰	D巳	E午	F未	G申	H酉	I戌	J亥	A子	B丑	C寅	D卯	E辰	F巳	G午	H未	I申	J酉	A戌	B亥	C子	D丑	E寅	F卯	G辰	H巳	I午	J未	A申
8月	局	6	5	4	3	2	1	9	8	7	6	5	4	3	2	1	9	8	7	6	5	4	3	2	1	9	8	7	6	5	4	3
	干支	B酉	C戌	D亥	E子	F丑	G寅	H卯	I辰	J巳	A午	B未	C申	D酉	E戌	F亥	G子	H丑	I寅	J卯	A辰	B巳	C午	D未	E申	F酉	G戌	H亥	I子	J丑	A寅	B卯
9月	局	2	1	9	8	7	6	5	4	3	2	1	9	8	7	6	5	4	3	2	1	9	8	7	6	5	4	3	2	1	9	
	干支	C辰	D巳	E午	F未	G申	H酉	I戌	J亥	A子	B丑	C寅	D卯	E辰	F巳	G午	H未	I申	J酉	A戌	B亥	C子	D丑	E寅	F卯	G辰	H巳	I午	J未	A申	B酉	
10月	局	8	7	6	5	4	3	2	1	9	8	7	6	5	4	3	2	1	9	8	7	6	5	4	3	2	1	9	8	7	6	5
	干支	C戌	D亥	E子	F丑	G寅	H卯	I辰	J巳	A午	B未	C申	D酉	E戌	F亥	G子	H丑	I寅	J卯	A辰	B巳	C午	D未	E申	F酉	G戌	H亥	I子	J丑	A寅	B卯	C辰
11月	局	4	3	2	1	9	8	7	6	5	4	3	2	1	9	8	7	6	5	4	3	2	1	9	8	7	6	5	4	3	2	
	干支	D巳	E午	F未	G申	H酉	I戌	J亥	A子	B丑	C寅	D卯	E辰	F巳	G午	H未	I申	J酉	A戌	B亥	C子	D丑	E寅	F卯	G辰	H巳	I午	J未	A申	B酉	C戌	
12月	局	1	9	8	7	6	5	4	3	2	1	9	8	7	6	5	4	3	2	1	9	8	7 三	四	五	六	七	八	九	一	二	三
	干支	D亥	E子	F丑	G寅	H卯	I辰	J巳	A午	B未	C申	D酉	E戌	F亥	G子	H丑	I寅	J卯	A辰	B巳	C午	D未	E申	F酉	G戌	H亥	I子	J丑	A寅	B卯	C辰	D巳

表1 遁甲循環表1977年　局的中國數字爲陽局、阿拉伯數字爲陰局

月＼日		1日	2日	3日	4日	5日	6日	7日	8日	9日	10日	11日	12日	13日	14日	15日	16日	17日	18日	19日	20日	21日	22日	23日	24日	25日	26日	27日	28日	29日	30日	31日
1月	局	四	五	六	七	八	九	一	二	三	四	五	六	七	八	九	一	二	三	四	五	六	七	八	九	一	二	三	四	五	六	七
	干支	E午	F未	G申	H酉	I戌	J亥	A子	B丑	C寅	D卯	E辰	F巳	G午	H未	I申	J酉	A戌	B亥	C子	D丑	E寅	F卯	G辰	H巳	I午	J未	A申	B酉	C戌	D亥	E子
2月	局	八	九	一	二	三	四	五	六	七	八	九	一	二	三	四	五	六	七	八	九	一	二	三	四	五	六	七	八			
	干支	F丑	G寅	H卯	I辰	J巳	A午	B未	C申	D酉	E戌	F亥	G子	H丑	I寅	J卯	A辰	B巳	C午	D未	E申	F酉	G戌	H亥	I子	J丑	A寅	B卯	C辰			
3月	局	九	一	二	三	四	五	六	七	八	九	一	二	三	四	五	六	七	八	九	一	二	三	四	五	六	七	八	九	一	二	三
	干支	D巳	E午	F未	G申	H酉	I戌	J亥	A子	B丑	C寅	D卯	E辰	F巳	G午	H未	I申	J酉	A戌	B亥	C子	D丑	E寅	F卯	G辰	H巳	I午	J未	A申	B酉	C戌	D亥
4月	局	四	五	六	七	八	九	一	二	三	四	五	六	七	八	九	一	二	三	四	五	六	七	八	九	一	二	三	四	五	六	
	干支	E子	F丑	G寅	H卯	I辰	J巳	A午	B未	C申	D酉	E戌	F亥	G子	H丑	I寅	J卯	A辰	B巳	C午	D未	E申	F酉	G戌	H亥	I子	J丑	A寅	B卯	C辰	D巳	
5月	局	七	八	九	一	二	三	四	五	六	七	八	九	一	二	三	四	五	六	七	八	九	一	二	三	四	五	六	七	八	九	一
	干支	E午	F未	G申	H酉	I戌	J亥	A子	B丑	C寅	D卯	E辰	F巳	G午	H未	I申	J酉	A戌	B亥	C子	D丑	E寅	F卯	G辰	H巳	I午	J未	A申	B酉	C戌	D亥	E子
6月	局	二	三	四	五	六	七	八	九	一	二	三	四	五	六	七	八	九	一	二	三	四 6	5	4	3	2	1	9	8	7	6	
	干支	F丑	G寅	H卯	I辰	J巳	A午	B未	C申	D酉	E戌	F亥	G子	H丑	I寅	J卯	A辰	B巳	C午	D未	E申	F酉	G戌	H亥	I子	J丑	A寅	B卯	C辰	D巳	E午	
7月	局	5	4	3	2	1	9	8	7	6	5	4	3	2	1	9	8	7	6	5	4	3	2	1	9	8	7	6	5	4	3	2
	干支	F未	G申	H酉	I戌	J亥	A子	B丑	C寅	D卯	E辰	F巳	G午	H未	I申	J酉	A戌	B亥	C子	D丑	E寅	F卯	G辰	H巳	I午	J未	A申	B酉	C戌	D亥	E子	F丑
8月	局	1	9	8	7	6	5	4	3	2	1	9	8	7	6	5	4	3	2	1	9	8	7	6	5	4	3	2	1	9	8	7
	干支	G寅	H卯	I辰	J巳	A午	B未	C申	D酉	E戌	F亥	G子	H丑	I寅	J卯	A辰	B巳	C午	D未	E申	F酉	G戌	H亥	I子	J丑	A寅	B卯	C辰	D巳	E午	F未	G申
9月	局	6	5	4	3	2	1	9	8	7	6	5	4	3	2	1	9	8	7	6	5	4	3	2	1	9	8	7	6	5	4	
	干支	H酉	I戌	J亥	A子	B丑	C寅	D卯	E辰	F巳	G午	H未	I申	J酉	A戌	B亥	C子	D丑	E寅	F卯	G辰	H巳	I午	J未	A申	B酉	C戌	D亥	E子	F丑	G寅	
10月	局	3	2	1	9	8	7	6	5	4	3	2	1	9	8	7	6	5	4	3	2	1	9	8	7	6	5	4	3	2	1	9
	干支	H卯	I辰	J巳	A午	B未	C申	D酉	E戌	F亥	G子	H丑	I寅	J卯	A辰	B巳	C午	D未	E申	F酉	G戌	H亥	I子	J丑	A寅	B卯	C辰	D巳	E午	F未	G申	H酉
11月	局	8	7	6	5	4	3	2	1	9	8	7	6	5	4	3	2	1	9	8	7	6	5	4	3	2	1	9	8	7	6	
	干支	I戌	J亥	A子	B丑	C寅	D卯	E辰	F巳	G午	H未	I申	J酉	A戌	B亥	C子	D丑	E寅	F卯	G辰	H巳	I午	J未	A申	B酉	C戌	D亥	E子	F丑	G寅	H卯	
12月	局	5	4	3	2	1	9	8	7	6	5	4	3	2	1	9	8	7	6	5	4	3	2 八	九	一	二	三	四	五	六	七	八
	干支	I辰	J巳	A午	B未	C申	D酉	E戌	F亥	G子	H丑	I寅	J卯	A辰	B巳	C午	D未	E申	F酉	G戌	H亥	I子	J丑	A寅	B卯	C辰	D巳	E午	F未	G申	H酉	I戌

表 1　遁甲循環表 1978年　局的中國數字爲陽局、阿拉伯數字爲陰局

月＼日		1日	2日	3日	4日	5日	6日	7日	8日	9日	10日	11日	12日	13日	14日	15日	16日	17日	18日	19日	20日	21日	22日	23日	24日	25日	26日	27日	28日	29日	30日	31日
1月	局	九	一	二	三	四	五	六	七	八	九	一	二	三	四	五	六	七	八	九	一	二	三	四	五	六	七	八	九	一	二	三
	干支	J 亥	A 子	B 丑	C 寅	D 卯	E 辰	F 巳	G 午	H 未	I 申	J 酉	A 戌	B 亥	C 子	D 丑	E 寅	F 卯	G 辰	H 巳	I 午	J 未	A 申	B 酉	C 戌	D 亥	E 子	F 丑	G 寅	H 卯	I 辰	J 巳
2月	局	四	五	六	七	八	九	一	二	三	四	五	六	七	八	九	一	二	三	四	五	六	七	八	九	一	二	三	四			
	干支	A 午	B 未	C 申	D 酉	E 戌	F 亥	G 子	H 丑	I 寅	J 卯	A 辰	B 巳	C 午	D 未	E 申	F 酉	G 戌	H 亥	I 子	J 丑	A 寅	B 卯	C 辰	D 巳	E 午	F 未	G 申	H 酉			
3月	局	五	六	七	八	九	一	二	三	四	五	六	七	八	九	一	二	三	四	五	六	七	八	九	一	二	三	四	五	六	七	八
	干支	I 戌	J 亥	A 子	B 丑	C 寅	D 卯	E 辰	F 巳	G 午	H 未	I 申	J 酉	A 戌	B 亥	C 子	D 丑	E 寅	F 卯	G 辰	H 巳	I 午	J 未	A 申	B 酉	C 戌	D 亥	E 子	F 丑	G 寅	H 卯	I 辰
4月	局	九	一	二	三	四	五	六	七	八	九	一	二	三	四	五	六	七	八	九	一	二	三	四	五	六	七	八	九	一	二	
	干支	J 巳	A 午	B 未	C 申	D 酉	E 戌	F 亥	G 子	H 丑	I 寅	J 卯	A 辰	B 巳	C 午	D 未	E 申	F 酉	G 戌	H 亥	I 子	J 丑	A 寅	B 卯	C 辰	D 巳	E 午	F 未	G 申	H 酉	I 戌	
5月	局	三	四	五	六	七	八	九	一	二	三	四	五	六	七	八	九	一	二	三	四	五	六	七	八	九	一	二	三	四	五	六
	干支	J 亥	A 子	B 丑	C 寅	D 卯	E 辰	F 巳	G 午	H 未	I 申	J 酉	A 戌	B 亥	C 子	D 丑	E 寅	F 卯	G 辰	H 巳	I 午	J 未	A 申	B 酉	C 戌	D 亥	E 子	F 丑	G 寅	H 卯	I 辰	J 巳
6月	局	七	八	九	一	二	三	四	五	六	七	八	九	一	二	三	四	五	六	七	八	九	9	8	7	6	5	4	3	2	1	
	干支	A 午	B 未	C 申	D 酉	E 戌	F 亥	G 子	H 丑	I 寅	J 卯	A 辰	B 巳	C 午	D 未	E 申	F 酉	G 戌	H 亥	I 子	J 丑	A 寅	B 卯	C 辰	D 巳	E 午	F 未	G 申	H 酉	I 戌	J 亥	
7月	局	9	8	7	6	5	4	3	2	1	9	8	7	6	5	4	3	2	1	9	8	7	6	5	4	3	2	1	9	8	7	6
	干支	A 子	B 丑	C 寅	D 卯	E 辰	F 巳	G 午	H 未	I 申	J 酉	A 戌	B 亥	C 子	D 丑	E 寅	F 卯	G 辰	H 巳	I 午	J 未	A 申	B 酉	C 戌	D 亥	E 子	F 丑	G 寅	H 卯	I 辰	J 巳	A 午
8月	局	5	4	3	2	1	9	8	7	6	5	4	3	2	1	9	8	7	6	5	4	3	2	1	9	8	7	6	5	4	3	2
	干支	B 未	C 申	D 酉	E 戌	F 亥	G 子	H 丑	I 寅	J 卯	A 辰	B 巳	C 午	D 未	E 申	F 酉	G 戌	H 亥	I 子	J 丑	A 寅	B 卯	C 辰	D 巳	E 午	F 未	G 申	H 酉	I 戌	J 亥	A 子	B 丑
9月	局	1	9	8	7	6	5	4	3	2	1	9	8	7	6	5	4	3	2	1	9	8	7	6	5	4	3	2	1	9	8	
	干支	C 寅	D 卯	E 辰	F 巳	G 午	H 未	I 申	J 酉	A 戌	B 亥	C 子	D 丑	E 寅	F 卯	G 辰	H 巳	I 午	J 未	A 申	B 酉	C 戌	D 亥	E 子	F 丑	G 寅	H 卯	I 辰	J 巳	A 午	B 未	
10月	局	7	6	5	4	3	2	1	9	8	7	6	5	4	3	2	1	9	8	7	6	5	4	3	2	1	9	8	7	6	5	4
	干支	C 申	D 酉	E 戌	F 亥	G 子	H 丑	I 寅	J 卯	A 辰	B 巳	C 午	D 未	E 申	F 酉	G 戌	H 亥	I 子	J 丑	A 寅	B 卯	C 辰	D 巳	E 午	F 未	G 申	H 酉	I 戌	J 亥	A 子	B 丑	C 寅
11月	局	3	2	1	9	8	7	6	5	4	3	2	1	9	8	7	6	5	4	3	2	1	9	8	7	6	5	4	3	2	1	
	干支	D 卯	E 辰	F 巳	G 午	H 未	I 申	J 酉	A 戌	B 亥	C 子	D 丑	E 寅	F 卯	G 辰	H 巳	I 午	J 未	A 申	B 酉	C 戌	D 亥	E 子	F 丑	G 寅	H 卯	I 辰	J 巳	A 午	B 未	C 申	
12月	局	9	8	7	6	5	4	3	2	1	9	8	7	6	5	4	3	2	1	9	8	7	6 四	五	六	七	八	九	一	二	三	四
	干支	D 酉	E 戌	F 亥	G 子	H 丑	I 寅	J 卯	A 辰	B 巳	C 午	D 未	E 申	F 酉	G 戌	H 亥	I 子	J 丑	A 寅	B 卯	C 辰	D 巳	E 午	F 未	G 申	H 酉	I 戌	J 亥	A 子	B 丑	C 寅	D 卯

表1 遁甲循環表1979年　局的中國數字爲陽局、阿拉伯數字爲陰局

月＼日		1日	2日	3日	4日	5日	6日	7日	8日	9日	10日	11日	12日	13日	14日	15日	16日	17日	18日	19日	20日	21日	22日	23日	24日	25日	26日	27日	28日	29日	30日	31日
1月	局	五	六	七	八	九	一	二	三	四	五	六	七	八	九	一	二	三	四	五	六	七	八	九	一	二	三	四	五	六	七	八
	干支	E辰	F巳	G午	H未	I申	J酉	A戌	B亥	C子	D丑	E寅	F卯	G辰	H巳	I午	J未	A申	B酉	C戌	D亥	E子	F丑	G寅	H卯	I辰	J巳	A午	B未	C申	D酉	E戌
2月	局	九	一	二	三	四	五	六	七	八	九	一	二	三	四	五	六	七	八	九	一	二	三	四	五	六	七	八	九			
	干支	F亥	G子	H丑	I寅	J卯	A辰	B巳	C午	D未	E申	F酉	G戌	H亥	I子	J丑	A寅	B卯	C辰	D巳	E午	F未	G申	H酉	I戌	J亥	A子	B丑	C寅			
3月	局	一	二	三	四	五	六	七	八	九	一	二	三	四	五	六	七	八	九	一	二	三	四	五	六	七	八	九	一	二	三	四
	干支	D卯	E辰	F巳	G午	H未	I申	J酉	A戌	B亥	C子	D丑	E寅	F卯	G辰	H巳	I午	J未	A申	B酉	C戌	D亥	E子	F丑	G寅	H卯	I辰	J巳	A午	B未	C申	D酉
4月	局	五	六	七	八	九	一	二	三	四	五	六	七	八	九	一	二	三	四	五	六	七	八	九	一	二	三	四	五	六	七	
	干支	E戌	F亥	G子	H丑	I寅	J卯	A辰	B巳	C午	D未	E申	F酉	G戌	H亥	I子	J丑	A寅	B卯	C辰	D巳	E午	F未	G申	H酉	I戌	J亥	A子	B丑	C寅	D卯	
5月	局	八	九	一	二	三	四	五	六	七	八	九	一	二	三	四	五	六	七	八	九	一	二	三	四	五	六	七	八	九	一	二
	干支	E辰	F巳	G午	H未	I申	J酉	A戌	B亥	C子	D丑	E寅	F卯	G辰	H巳	I午	J未	A申	B酉	C戌	D亥	E子	F丑	G寅	H卯	I辰	J巳	A午	B未	C申	D酉	E戌
6月	局	三	四	五	六	七	八	九	一	二	三	四	五	六	七	八	九	一	二	三	四	五	六 4	3	2	1	9	8	7	6	5	
	干支	F亥	G子	H丑	I寅	J卯	A辰	B巳	C午	D未	E申	F酉	G戌	H亥	I子	J丑	A寅	B卯	C辰	D巳	E午	F未	G申	H酉	I戌	J亥	A子	B丑	C寅	D卯	E辰	
7月	局	4	3	2	1	9	8	7	6	5	4	3	2	1	9	8	7	6	5	4	3	2	1	9	8	7	6	5	4	3	2	1
	干支	F巳	G午	H未	I申	J酉	A戌	B亥	C子	D丑	E寅	F卯	G辰	H巳	I午	J未	A申	B酉	C戌	D亥	E子	F丑	G寅	H卯	I辰	J巳	A午	B未	C申	D酉	E戌	F亥
8月	局	9	8	7	6	5	4	3	2	1	9	8	7	6	5	4	3	2	1	9	8	7	6	5	4	3	2	1	9	8	7	6
	干支	G子	H丑	I寅	J卯	A辰	B巳	C午	D未	E申	F酉	G戌	H亥	I子	J丑	A寅	B卯	C辰	D巳	E午	F未	G申	H酉	I戌	J亥	A子	B丑	C寅	D卯	E辰	F巳	G午
9月	局	5	4	3	2	1	9	8	7	6	5	4	3	2	1	9	8	7	6	5	4	3	2	1	9	8	7	6	5	4	3	
	干支	H未	I申	J酉	A戌	B亥	C子	D丑	E寅	F卯	G辰	H巳	I午	J未	A申	B酉	C戌	D亥	E子	F丑	G寅	H卯	I辰	J巳	A午	B未	C申	D酉	E戌	F亥	G子	
10月	局	2	1	9	8	7	6	5	4	3	2	1	9	8	7	6	5	4	3	2	1	9	8	7	6	5	4	3	2	1	9	8
	干支	H丑	I寅	J卯	A辰	B巳	C午	D未	E申	F酉	G戌	H亥	I子	J丑	A寅	B卯	C辰	D巳	E午	F未	G申	H酉	I戌	J亥	A子	B丑	C寅	D卯	E辰	F巳	G午	H未
11月	局	7	6	5	4	3	2	1	9	8	7	6	5	4	3	2	1	9	8	7	6	5	4	3	2	1	9	8	7	6	5	
	干支	I申	J酉	A戌	B亥	C子	D丑	E寅	F卯	G辰	H巳	I午	J未	A申	B酉	C戌	D亥	E子	F丑	G寅	H卯	I辰	J巳	A午	B未	C申	D酉	E戌	F亥	G子	H丑	
12月	局	4	3	2	1	9	8	7	6	5	4	3	2	1	9	8	7	6	5	4	3	2	1 九	一	二	三	四	五	六	七	八	九
	干支	I寅	J卯	A辰	B巳	C午	D未	E申	F酉	G戌	H亥	I子	J丑	A寅	B卯	C辰	D巳	E午	F未	G申	H酉	I戌	J亥	A子	B丑	C寅	D卯	E辰	F巳	G午	H未	I申

表 1　遁甲循環表 1980年　局的中國數字為陽局、阿拉伯數字為陰局

月＼日		1日	2日	3日	4日	5日	6日	7日	8日	9日	10日	11日	12日	13日	14日	15日	16日	17日	18日	19日	29日	21日	22日	23日	24日	25日	26日	27日	28日	29日	30日	31日
1月	局	一	二	三	四	五	六	七	八	九	一	二	三	四	五	六	七	八	九	一	二	三	四	五	六	七	八	九	一	二	三	四
	干支	J酉	A戌	B亥	C子	D丑	E寅	F卯	G辰	H巳	I午	J未	A申	B酉	C戌	D亥	E子	F丑	G寅	H卯	I辰	J巳	A午	B未	C申	D酉	E戌	F亥	G子	H丑	I寅	J卯
2月	局	五	六	七	八	九	一	二	三	四	五	六	七	八	九	一	二	三	四	五	六	七	八	九	一	二	三	四	五	六		
	干支	A辰	B巳	C午	D未	E申	F酉	G戌	H亥	I子	J丑	A寅	B卯	C辰	D巳	E午	F未	G申	H酉	I戌	J亥	A子	B丑	C寅	D卯	E辰	F巳	G午	H未	I申		
3月	局	七	八	九	一	二	三	四	五	六	七	八	九	一	二	三	四	五	六	七	八	九	一	二	三	四	五	六	七	八	九	一
	干支	J酉	A戌	B亥	C子	D丑	E寅	F卯	G辰	H巳	I午	J未	A申	B酉	C戌	D亥	E子	F丑	G寅	H卯	I辰	J巳	A午	B未	C申	D酉	E戌	F亥	G子	H丑	I寅	J卯
4月	局	二	三	四	五	六	七	八	九	一	二	三	四	五	六	七	八	九	一	二	三	四	五	六	七	八	九	一	二	三	四	
	干支	A辰	B巳	C午	D未	E申	F酉	G戌	H亥	I子	J丑	A寅	B卯	C辰	D巳	E午	F未	G申	H酉	I戌	J亥	A子	B丑	C寅	D卯	E辰	F巳	G午	H未	I申	J酉	
5月	局	五	六	七	八	九	一	二	三	四	五	六	七	八	九	一	二	三	四	五	六	七	八	九	一	二	三	四	五	六	七	八
	干支	A戌	B亥	C子	D丑	E寅	F卯	G辰	H巳	I午	J未	A申	B酉	C戌	D亥	E子	F丑	G寅	H卯	I辰	J巳	A午	B未	C申	D酉	E戌	F亥	G子	H丑	I寅	J卯	A辰
6月	局	九	一	二	三	四	五	六	七	八	九	一	二	三	四	五	六	七	八	九	一	二 8	7	6	5	4	3	2	1	9	8	
	干支	B巳	C午	D未	E申	F酉	G戌	H亥	I子	J丑	A寅	B卯	C辰	D巳	E午	F未	G申	H酉	I戌	J亥	A子	B丑	C寅	D卯	E辰	F巳	G午	H未	I申	J酉	A戌	
7月	局	7	6	5	4	3	2	1	9	8	7	6	5	4	3	2	1	9	8	7	6	5	4	3	2	1	9	8	7	6	5	4
	干支	B亥	C子	D丑	E寅	F卯	G辰	H巳	I午	J未	A申	B酉	C戌	D亥	E子	F丑	G寅	H卯	I辰	J巳	A午	B未	C申	D酉	E戌	F亥	G子	H丑	I寅	J卯	A辰	B巳
8月	局	3	2	1	9	8	7	6	5	4	3	2	1	9	8	7	6	5	4	3	2	1	9	8	7	6	5	4	3	2	1	9
	干支	C午	D未	E申	F酉	G戌	H亥	I子	J丑	A寅	B卯	C辰	D巳	E午	F未	G申	H酉	I戌	J亥	A子	B丑	C寅	D卯	E辰	F巳	G午	H未	I申	J酉	A戌	B亥	C子
9月	局	8	7	6	5	4	3	2	1	9	8	7	6	5	4	3	2	1	9	8	7	6	5	4	3	2	1	9	8	7	6	
	干支	D丑	E寅	F卯	G辰	H巳	I午	J未	A申	B酉	C戌	D亥	E子	F丑	G寅	H卯	I辰	J巳	A午	B未	C申	D酉	E戌	F亥	G子	H丑	I寅	J卯	A辰	B巳	C午	
10月	局	5	4	3	2	1	9	8	7	6	5	4	3	2	1	9	8	7	6	5	4	3	2	1	9	8	7	6	5	4	3	2
	干支	D未	E申	F酉	G戌	H亥	I子	J丑	A寅	B卯	C辰	D巳	E午	F未	G申	H酉	I戌	J亥	A子	B丑	C寅	D卯	E辰	F巳	G午	H未	I申	J酉	A戌	B亥	C子	D丑
11月	局	1	9	8	7	6	5	4	3	2	1	9	8	7	6	5	4	3	2	1	9	8	7	6	5	4	3	2	1	9	8	
	干支	E寅	F卯	G辰	H巳	I午	J未	A申	B酉	C戌	D亥	E子	F丑	G寅	H卯	I辰	J巳	A午	B未	C申	D酉	E戌	F亥	G子	H丑	I寅	J卯	A辰	B巳	C午	D未	
12月	局	7	6	5	4	3	2	1	9	8	7	6	5	4	3	2	1	9	8	7	6	5	4 六	七	八	九	一	二	三	四	五	六
	干支	E申	F酉	G戌	H亥	I子	J丑	A寅	B卯	C辰	D巳	E午	F未	G申	H酉	I戌	J亥	A子	B丑	C寅	D卯	E辰	F巳	G午	H未	I申	J酉	A戌	B亥	C子	D丑	E寅

表 1 遁甲循環表 1981年 局的中國數字爲陽局、阿拉伯數字爲陰局

月＼日		1日	2日	3日	4日	5日	6日	7日	8日	9日	10日	11日	12日	13日	14日	15日	16日	17日	18日	19日	20日	21日	22日	23日	24日	25日	26日	27日	28日	29日	30日	31日
1月	局	七	八	九	一	二	三	四	五	六	七	八	九	一	二	三	四	五	六	七	八	九	一	二	三	四	五	六	七	八	九	一
	干支	F卯	G辰	H巳	I午	J未	A申	B酉	C戌	D亥	E子	F丑	G寅	H卯	I辰	J巳	A午	B未	C申	D酉	E戌	F亥	G子	H丑	I寅	J卯	A辰	B巳	C午	D未	E申	F酉
2月	局	二	三	四	五	六	七	八	九	一	二	三	四	五	六	七	八	九	一	二	三	四	五	六	七	八	九	一	二			
	干支	G戌	H亥	I子	J丑	A寅	B卯	C辰	D巳	E午	F未	G申	H酉	I戌	J亥	A子	B丑	C寅	D卯	E辰	F巳	G午	H未	I申	J酉	A戌	B亥	C子	D丑			
3月	局	三	四	五	六	七	八	九	一	二	三	四	五	六	七	八	九	一	二	三	四	五	六	七	八	九	一	二	三	四	五	六
	干支	E寅	F卯	G辰	H巳	I午	J未	A申	B酉	C戌	D亥	E子	F丑	G寅	H卯	I辰	J巳	A午	B未	C申	D酉	E戌	F亥	G子	H丑	I寅	J卯	A辰	B巳	C午	D未	E申
4月	局	七	八	九	一	二	三	四	五	六	七	八	九	一	二	三	四	五	六	七	八	九	一	二	三	四	五	六	七	八	九	
	干支	F酉	G戌	H亥	I子	J丑	A寅	B卯	C辰	D巳	E午	F未	G申	H酉	I戌	J亥	A子	B丑	C寅	D卯	E辰	F巳	G午	H未	I申	J酉	A戌	B亥	C子	D丑	E寅	
5月	局	一	二	三	四	五	六	七	八	九	一	二	三	四	五	六	七	八	九	一	二	三	四	五	六	七	八	九	一	二	三	四
	干支	F卯	G辰	H巳	I午	J未	A申	B酉	C戌	D亥	E子	F丑	G寅	H卯	I辰	J巳	A午	B未	C申	D酉	E戌	F亥	G子	H丑	I寅	J卯	A辰	B巳	C午	D未	E申	F酉
6月	局	五	六	七	八	九	一	二	三	四	五	六	七	八	九	一	二	三	四	五	六	七/3	2	1	9	8	7	6	5	4	3	
	干支	G戌	H亥	I子	J丑	A寅	B卯	C辰	D巳	E午	F未	G申	H酉	I戌	J亥	A子	B丑	C寅	D卯	E辰	F巳	G午	H未	I申	J酉	A戌	B亥	C子	D丑	E寅	F卯	
7月	局	2	1	9	8	7	6	5	4	3	2	1	9	8	7	6	5	4	3	2	1	9	8	7	6	5	4	3	2	1	9	8
	干支	G辰	H巳	I午	J未	A申	B酉	C戌	D亥	E子	F丑	G寅	H卯	I辰	J巳	A午	B未	C申	D酉	E戌	F亥	G子	H丑	I寅	J卯	A辰	B巳	C午	D未	E申	F酉	G戌
8月	局	7	6	5	4	3	2	1	9	8	7	6	5	4	3	2	1	9	8	7	6	5	4	3	2	1	9	8	7	6	5	4
	干支	H亥	I子	J丑	A寅	B卯	C辰	D巳	E午	F未	G申	H酉	I戌	J亥	A子	B丑	C寅	D卯	E辰	F巳	G午	H未	I申	J酉	A戌	B亥	C子	D丑	E寅	F卯	G辰	H巳
9月	局	3	2	1	9	8	7	6	5	4	3	2	1	9	8	7	6	5	4	3	2	1	9	8	7	6	5	4	3	2	1	
	干支	I午	J未	A申	B酉	C戌	D亥	E子	F丑	G寅	H卯	I辰	J巳	A午	B未	C申	D酉	E戌	F亥	G子	H丑	I寅	J卯	A辰	B巳	C午	D未	E申	F酉	G戌	H亥	
10月	局	9	8	7	6	5	4	3	2	1	9	8	7	6	5	4	3	2	1	9	8	7	6	5	4	3	2	1	9	8	7	6
	干支	I子	J丑	A寅	B卯	C辰	D巳	E午	F未	G申	H酉	I戌	J亥	A子	B丑	C寅	D卯	E辰	F巳	G午	H未	I申	J酉	A戌	B亥	C子	D丑	E寅	F卯	G辰	H巳	I午
11月	局	5	4	3	2	1	9	8	7	6	5	4	3	2	1	9	8	7	6	5	4	3	2	1	9	8	7	6	5	4	3	
	干支	J未	A申	B酉	C戌	D亥	E子	F丑	G寅	H卯	I辰	J巳	A午	B未	C申	D酉	E戌	F亥	G子	H丑	I寅	J卯	A辰	B巳	C午	D未	E申	F酉	G戌	H亥	I子	
12月	局	2	1	9	8	7	6	5	4	3	2	1	9	8	7	6	5	4	3	2	1	9	8/二	三	四	五	六	七	八	九	一	二
	干支	J丑	A寅	B卯	C辰	D巳	E午	F未	G申	H酉	I戌	J亥	A子	B丑	C寅	D卯	E辰	F巳	G午	H未	I申	J酉	A戌	B亥	C子	D丑	E寅	F卯	G辰	H巳	I午	J未

陰陽以夏至冬至來分.

表1　遁甲循環表1982年　局的中國數字爲陽局、阿拉伯數字爲陰局

月＼日		1日	2日	3日	4日	5日	6日	7日	8日	9日	10日	11日	12日	13日	14日	15日	16日	17日	18日	19日	20日	21日	22日	23日	24日	25日	26日	27日	28日	29日	30日	31日
1月	局	三	四	五	六	七	八	九	一	二	三	四	五	六	七	八	九	一	二	三	四	五	六	七	八	九	一	二	三	四	五	六
	干支	A申	B酉	C戌	D亥	E子	F丑	G寅	H卯	I辰	J巳	A午	B未	C申	D酉	E戌	F亥	G子	H丑	I寅	J卯	A辰	B巳	C午	D未	E申	F酉	G戌	H亥	I子	J丑	A寅
2月	局	七	八	九	一	二	三	四	五	六	七	八	九	一	二	三	四	五	六	七	八	九	一	二	三	四	五	六	七			
	干支	B卯	C辰	D巳	E午	F未	G申	H酉	I戌	J亥	A子	B丑	C寅	D卯	E辰	F巳	G午	H未	I申	J酉	A戌	B亥	C子	D丑	E寅	F卯	G辰	H巳	I午			
3月	局	八	九	一	二	三	四	五	六	七	八	九	一	二	三	四	五	六	七	八	九	一	二	三	四	五	六	七	八	九	一	二
	干支	J未	A申	B酉	C戌	D亥	E子	F丑	G寅	H卯	I辰	J巳	A午	B未	C申	D酉	E戌	F亥	G子	H丑	I寅	J卯	A辰	B巳	C午	D未	E申	F酉	G戌	H亥	I子	J丑
4月	局	三	四	五	六	七	八	九	一	二	三	四	五	六	七	八	九	一	二	三	四	五	六	七	八	九	一	二	三	四	五	
	干支	A寅	B卯	C辰	D巳	E午	F未	G申	H酉	I戌	J亥	A子	B丑	C寅	D卯	E辰	F巳	G午	H未	I申	J酉	A戌	B亥	C子	D丑	E寅	F卯	G辰	H巳	I午	J未	
5月	局	六	七	八	九	一	二	三	四	五	六	七	八	九	一	二	三	四	五	六	七	八	九	一	二	三	四	五	六	七	八	九
	干支	A申	B酉	C戌	D亥	E子	F丑	G寅	H卯	I辰	J巳	A午	B未	C申	D酉	E戌	F亥	G子	H丑	I寅	J卯	A辰	B巳	C午	D未	E申	F酉	G戌	H亥	I子	J丑	A寅
6月	局	一	二	三	四	五	六	七	八	九	一	二	三	四	五	六	七	八	九	一	二	三	四 6	5	4	3	2	1	9	8	7	
	干支	B卯	C辰	D巳	E午	F未	G申	H酉	I戌	J亥	A子	B丑	C寅	D卯	E辰	F巳	G午	H未	I申	J酉	A戌	B亥	C子	D丑	E寅	F卯	G辰	H巳	I午	J未	A申	
7月	局	6	5	4	3	2	1	9	8	7	6	5	4	3	2	1	9	8	7	6	5	4	3	2	1	9	8	7	6	5	4	3
	干支	B酉	C戌	D亥	E子	F丑	G寅	H卯	I辰	J巳	A午	B未	C申	D酉	E戌	F亥	G子	H丑	I寅	J卯	A辰	B巳	C午	D未	E申	F酉	G戌	H亥	I子	J丑	A寅	B卯
8月	局	2	1	9	8	7	6	5	4	3	2	1	9	8	7	6	5	4	3	2	1	9	8	7	6	5	4	3	2	1	9	8
	干支	C辰	D巳	E午	F未	G申	H酉	I戌	J亥	A子	B丑	C寅	D卯	E辰	F巳	G午	H未	I申	J酉	A戌	B亥	C子	D丑	E寅	F卯	G辰	H巳	I午	J未	A申	B酉	C戌
9月	局	7	6	5	4	3	2	1	9	8	7	6	5	4	3	2	1	9	8	7	6	5	4	3	2	1	9	8	7	6	5	
	干支	D亥	E子	F丑	G寅	H卯	I辰	J巳	A午	B未	C申	D酉	E戌	F亥	G子	H丑	I寅	J卯	A辰	B巳	C午	D未	E申	F酉	G戌	H亥	I子	J丑	A寅	B卯	C辰	
10月	局	4	3	2	1	9	8	7	6	5	4	3	2	1	9	8	7	6	5	4	3	2	1	9	8	7	6	5	4	3	2	1
	干支	D巳	E午	F未	G申	H酉	I戌	J亥	A子	B丑	C寅	D卯	E辰	F巳	G午	H未	I申	J酉	A戌	B亥	C子	D丑	E寅	F卯	G辰	H巳	I午	J未	A申	B酉	C戌	D亥
11月	局	9	8	7	6	5	4	3	2	1	9	8	7	6	5	4	3	2	1	9	8	7	6	5	4	3	2	1	9	8	7	
	干支	E子	F丑	G寅	H卯	I辰	J巳	A午	B未	C申	D酉	E戌	F亥	G子	H丑	I寅	J卯	A辰	B巳	C午	D未	E申	F酉	G戌	H亥	I子	J丑	A寅	B卯	C辰	D巳	
12月	局	6	5	4	3	2	1	9	8	7	6	5	4	3	2	1	9	8	7	6	5	4	3 七	八	九	一	二	三	四	五	六	七
	干支	E午	F未	G申	H酉	I戌	J亥	A子	B丑	C寅	D卯	E辰	F巳	G午	H未	I申	J酉	A戌	B亥	C子	D丑	E寅	F卯	G辰	H巳	I午	J未	A申	B酉	C戌	D亥	E子

表 1　遁甲循環表 1983年　局的中國數字為陽局、阿拉伯數字為陰局

月＼日		1日	2日	3日	4日	5日	6日	7日	8日	9日	10日	11日	12日	13日	14日	15日	16日	17日	18日	19日	20日	21日	22日	23日	24日	25日	26日	27日	28日	29日	30日	31日
1月	局	八	九	一	二	三	四	五	六	七	八	九	一	二	三	四	五	六	七	八	九	一	二	三	四	五	六	七	八	九	一	二
	干支	F丑	G寅	H卯	I辰	J巳	A午	B未	C申	D酉	E戌	F亥	G子	H丑	I寅	J卯	A辰	B巳	C午	D未	E申	F酉	G戌	H亥	I子	J丑	A寅	B卯	C辰	D巳	E午	F未
2月	局	三	四	五	六	七	八	九	一	二	三	四	五	六	七	八	九	一	二	三	四	五	六	七	八	九	一	二	三			
	干支	G申	H酉	I戌	J亥	A子	B丑	C寅	D卯	E辰	F巳	G午	H未	I申	J酉	A戌	B亥	C子	D丑	E寅	F卯	G辰	H巳	I午	J未	A申	B酉	C戌	D亥			
3月	局	四	五	六	七	八	九	一	二	三	四	五	六	七	八	九	一	二	三	四	五	六	七	八	九	一	二	三	四	五	六	七
	干支	E子	F丑	G寅	H卯	I辰	J巳	A午	B未	C申	D酉	E戌	F亥	G子	H丑	I寅	J卯	A辰	B巳	C午	D未	E申	F酉	G戌	H亥	I子	J丑	A寅	B卯	C辰	D巳	E午
4月	局	八	九	一	二	三	四	五	六	七	八	九	一	二	三	四	五	六	七	八	九	一	二	三	四	五	六	七	八	九	一	
	干支	F未	G申	H酉	I戌	J亥	A子	B丑	C寅	D卯	E辰	F巳	G午	H未	I申	J酉	A戌	B亥	C子	D丑	E寅	F卯	G辰	H巳	I午	J未	A申	B酉	C戌	D亥	E子	
5月	局	二	三	四	五	六	七	八	九	一	二	三	四	五	六	七	八	九	一	二	三	四	五	六	七	八	九	一	二	三	四	五
	干支	F丑	G寅	H卯	I辰	J巳	A午	B未	C申	D酉	E戌	F亥	G子	H丑	I寅	J卯	A辰	B巳	C午	D未	E申	F酉	G戌	H亥	I子	J丑	A寅	B卯	C辰	D巳	E午	F未
6月	局	六	七	八	九	一	二	三	四	五	六	七	八	九	一	二	三	四	五	六	七	八	九 1	9	8	7	6	5	4	3	2	
	干支	G申	H酉	I戌	J亥	A子	B丑	C寅	D卯	E辰	F巳	G午	H未	I申	J酉	A戌	B亥	C子	D丑	E寅	F卯	G辰	H巳	I午	J未	A申	B酉	C戌	D亥	E子	F丑	
7月	局	1	9	8	7	6	5	4	3	2	1	9	8	7	6	5	4	3	2	1	9	8	7	6	5	4	3	2	1	9	8	7
	干支	G寅	H卯	I辰	J巳	A午	B未	C申	D酉	E戌	F亥	G子	H丑	I寅	J卯	A辰	B巳	C午	D未	E申	F酉	G戌	H亥	I子	J丑	A寅	B卯	C辰	D巳	E午	F未	G申
8月	局	6	5	4	3	2	1	9	8	7	6	5	4	3	2	1	9	8	7	6	5	4	3	2	1	9	8	7	6	5	4	3
	干支	H酉	I戌	J亥	A子	B丑	C寅	D卯	E辰	F巳	G午	H未	I申	J酉	A戌	B亥	C子	D丑	E寅	F卯	G辰	H巳	I午	J未	A申	B酉	C戌	D亥	E子	F丑	G寅	H卯
9月	局	2	1	9	8	7	6	5	4	3	2	1	9	8	7	6	5	4	3	2	1	9	8	7	6	5	4	3	2	1	9	
	干支	I辰	J巳	A午	B未	C申	D酉	E戌	F亥	G子	H丑	I寅	J卯	A辰	B巳	C午	D未	E申	F酉	G戌	H亥	I子	J丑	A寅	B卯	C辰	D巳	E午	F未	G申	H酉	
10月	局	8	7	6	5	4	3	2	1	9	8	7	6	5	4	3	2	1	9	8	7	6	5	4	3	2	1	9	8	7	6	5
	干支	I戌	J亥	A子	B丑	C寅	D卯	E辰	F巳	G午	H未	I申	J酉	A戌	B亥	C子	D丑	E寅	F卯	G辰	H巳	I午	J未	A申	B酉	C戌	D亥	E子	F丑	G寅	H卯	I辰
11月	局	4	3	2	1	9	8	7	6	5	4	3	2	1	9	8	7	6	5	4	3	2	1	9	8	7	6	5	4	3	2	
	干支	J巳	A午	B未	C申	D酉	E戌	F亥	G子	H丑	I寅	J卯	A辰	B巳	C午	D未	E申	F酉	G戌	H亥	I子	J丑	A寅	B卯	C辰	D巳	E午	F未	G申	H酉	I戌	
12月	局	1	9	8	7	6	5	4	3	2	1	9	8	7	6	5	4	3	2	1	9	8	7	四	五	六	七	八	九	一	二	三
	干支	J亥	A子	B丑	C寅	D卯	E辰	F巳	G午	H未	I申	J酉	A戌	B亥	C子	D丑	E寅	F卯	G辰	H巳	I午	J未	A申	B酉	C戌	D亥	E子	F丑	G寅	H卯	I辰	J巳

表2　節氣一覽表（1974～1975）

一九七四年節氣一覽表

月＼日	1日	2日	3日	4日	5日	6日	7日	8日	9日	10日	11日	12日	13日	14日	15日	16日	17日	18日	19日	20日	21日	22日	23日	24日	25日	26日	27日	28日	29日	30日	31日
1月	冬至中	〃	冬至下	〃	〃	〃	〃	小寒上	〃	〃	〃	〃	小寒中	〃	〃	〃	〃	小寒下	〃	〃	〃	〃	大寒上	〃	〃	〃	〃	大寒中	〃	〃	〃
2月	大寒中	大寒下	〃	〃	〃	〃	立春上	〃	〃	〃	〃	立春中	〃	〃	〃	〃	立春下	〃	〃	〃	〃	雨水上	〃	〃	〃	〃	雨水中	〃			
3月	雨水中	〃	〃	雨水下	〃	〃	〃	〃	啓蟄上	〃	〃	〃	〃	啓蟄中	〃	〃	〃	〃	啓蟄下	〃	〃	〃	〃	春分上	〃	〃	〃	〃	春分中	〃	〃
4月	春分中	〃	春分下	〃	〃	〃	〃	清明上	〃	〃	〃	〃	清明中	〃	〃	〃	〃	清明下	〃	〃	〃	〃	穀雨上	〃	〃	〃	〃	穀雨中	〃	〃	
5月	穀雨中	〃	穀雨下	〃	〃	〃	〃	立夏上	〃	〃	〃	〃	立夏中	〃	〃	〃	〃	立夏下	〃	〃	〃	〃	小満上	〃	〃	〃	〃	小満中	〃	〃	〃
6月	小満中	小満下	〃	〃	〃	〃	芒種上	〃	〃	〃	〃	芒種中	〃	〃	〃	〃	芒種下	〃	〃	〃	〃	夏至上	〃	〃	〃	〃	夏至中	〃	〃	〃	
7月	夏至中	夏至下	〃	〃	〃	〃	小暑上	〃	〃	〃	〃	小暑中	〃	〃	〃	〃	小暑下	〃	〃	〃	〃	大暑上	〃	〃	〃	〃	大暑中	〃	〃	〃	〃
8月	大暑下	〃	〃	〃	〃	立秋上	〃	〃	〃	〃	立秋中	〃	〃	〃	〃	立秋下	〃	〃	〃	〃	処暑上	〃	〃	〃	〃	処暑中	〃	〃	〃	〃	処暑下
9月	処暑下	〃	〃	〃	白露上	〃	〃	〃	〃	白露中	〃	〃	〃	〃	白露下	〃	〃	〃	〃	秋分上	〃	〃	〃	〃	秋分中	〃	〃	〃	〃	秋分下	
10月	秋分下	〃	〃	〃	寒露上	〃	〃	〃	〃	寒露中	〃	〃	〃	〃	寒露下	〃	〃	〃	〃	霜降上	〃	〃	〃	〃	霜降中	〃	〃	〃	〃	霜降下	〃
11月	霜降下	〃	〃	立冬上	〃	〃	〃	〃	立冬中	〃	〃	〃	〃	立冬下	〃	〃	〃	〃	小雪上	〃	〃	〃	〃	小雪中	〃	〃	〃	〃	小雪下	〃	
12月	小雪下	〃	〃	大雪上	〃	〃	〃	〃	大雪中	〃	〃	〃	〃	大雪下	〃	〃	〃	〃	大雪上	〃	〃	〃	〃	冬至上	〃	〃	〃	〃	冬至中	〃	〃

一九七五年節氣一覽表

月＼日	1日	2日	3日	4日	5日	6日	7日	8日	9日	10日	11日	12日	13日	14日	15日	16日	17日	18日	19日	20日	21日	22日	23日	24日	25日	26日	27日	28日	29日	30日	31日
1月	冬至中	〃	冬至下	〃	〃	〃	〃	小寒上	〃	〃	〃	〃	小寒中	〃	〃	〃	〃	小寒下	〃	〃	〃	〃	大寒上	〃	〃	〃	〃	大寒中	〃	〃	〃
2月	大寒中	大寒下	〃	〃	〃	〃	立春上	〃	〃	〃	〃	立春中	〃	〃	〃	〃	立春下	〃	〃	〃	〃	雨水上	〃	〃	〃	〃	雨水中	〃			
3月	雨水中	〃	〃	雨水下	〃	〃	〃	〃	啓蟄上	〃	〃	〃	〃	啓蟄中	〃	〃	〃	〃	啓蟄下	〃	〃	〃	〃	春分上	〃	〃	〃	〃	春分中	〃	〃
4月	春分中	〃	春分下	〃	〃	〃	〃	清明上	〃	〃	〃	〃	清明中	〃	〃	〃	〃	清明下	〃	〃	〃	〃	穀雨上	〃	〃	〃	〃	穀雨中	〃	〃	
5月	穀雨中	〃	穀雨下	〃	〃	〃	〃	立夏上	〃	〃	〃	〃	立夏中	〃	〃	〃	〃	立夏下	〃	〃	〃	〃	小満上	〃	〃	〃	〃	小満中	〃	〃	〃
6月	小満中	小満下	〃	〃	〃	〃	芒種上	〃	〃	〃	〃	芒種中	〃	〃	〃	〃	芒種下	〃	〃	〃	〃	夏至上	〃	〃	〃	〃	夏至中	〃	〃	〃	
7月	夏至中	夏至下	〃	〃	〃	〃	小暑上	〃	〃	〃	〃	小暑中	〃	〃	〃	〃	小暑下	〃	〃	〃	〃	大暑上	〃	〃	〃	〃	大暑中	〃	〃	〃	〃
8月	大暑下	〃	〃	〃	〃	立秋上	〃	〃	〃	〃	立秋中	〃	〃	〃	〃	立秋下	〃	〃	〃	〃	処暑上	〃	〃	〃	〃	処暑中	〃	〃	〃	〃	処暑下
9月	処暑下	〃	〃	〃	白露上	〃	〃	〃	〃	白露中	〃	〃	〃	〃	白露下	〃	〃	〃	〃	秋分上	〃	〃	〃	〃	秋分中	〃	〃	〃	〃	秋分下	
10月	秋分下	〃	〃	〃	寒露上	〃	〃	〃	〃	寒露中	〃	〃	〃	〃	寒露下	〃	〃	〃	〃	霜降上	〃	〃	〃	〃	霜降中	〃	〃	〃	〃	霜降下	〃
11月	霜降下	〃	〃	立冬上	〃	〃	〃	〃	立冬中	〃	〃	〃	〃	立冬下	〃	〃	〃	〃	小雪上	〃	〃	〃	〃	小雪中	〃	〃	〃	〃	小雪下	〃	
12月	小雪下	〃	〃	大雪上	〃	〃	〃	〃	大雪中	〃	〃	〃	〃	大雪下	〃	〃	〃	〃	大雪上	〃	〃	〃	〃	冬至上	〃	〃	〃	〃	冬至中	〃	〃

表2　節氣一覽表（1976～1977）

	月＼日	1日	2日	3日	4日	5日	6日	7日	8日	9日	10日	11日	12日	13日	14日	15日	16日	17日	18日	19日	20日	21日	22日	23日	24日	25日	26日	27日	28日	29日	30日	31日
一九七六年節氣一覧表	1月	冬至中	〃	冬至下	〃	〃	〃	〃	小寒上	〃	〃	〃	〃	小寒中	〃	〃	〃	〃	小寒下	〃	〃	〃	〃	大寒上	〃	〃	〃	〃	大寒中	〃	〃	〃
	2月	大寒中	大寒下	〃	〃	〃	〃	立春上	〃	〃	〃	〃	立春中	〃	〃	〃	〃	立春下	〃	〃	〃	〃	雨水上	〃	〃	〃	〃	雨水中	〃	〃		
	3月	雨水中	〃	雨水下	〃	〃	〃	〃	啓蟄上	〃	〃	〃	〃	啓蟄中	〃	〃	〃	〃	啓蟄下	〃	〃	〃	〃	春分上	〃	〃	〃	〃	春分中	〃	〃	〃
	4月	春分中	春分下	〃	〃	〃	〃	清明上	〃	〃	〃	〃	清明中	〃	〃	〃	〃	清明下	〃	〃	〃	〃	穀雨上	〃	〃	〃	〃	穀雨中	〃	〃	〃	
	5月	穀雨中	穀雨下	〃	〃	〃	〃	立夏上	〃	〃	〃	〃	立夏中	〃	〃	〃	〃	立夏下	〃	〃	〃	〃	小満上	〃	〃	〃	〃	小満中	〃	〃	〃	〃
	6月	小満下	〃	〃	〃	〃	芒種上	〃	〃	〃	〃	芒種中	〃	〃	〃	〃	芒種下	〃	〃	〃	〃	夏至上	〃	〃	〃	〃	夏至中	〃	〃	〃	〃	
	7月	夏至下	〃	〃	〃	〃	小暑上	〃	〃	〃	〃	小暑中	〃	〃	〃	〃	小暑下	〃	〃	〃	〃	大暑上	〃	〃	〃	〃	大暑中	〃	〃	〃	〃	大暑下
	8月	大暑下	〃	〃	〃	立秋上	〃	〃	〃	〃	立秋中	〃	〃	〃	〃	立秋下	〃	〃	〃	〃	処暑上	〃	〃	〃	〃	処暑中	〃	〃	〃	〃	処暑下	〃
	9月	処暑下	〃	〃	白露上	〃	〃	〃	〃	白露中	〃	〃	〃	〃	白露下	〃	〃	〃	〃	秋分上	〃	〃	〃	〃	秋分中	〃	〃	〃	〃	秋分下	〃	
	10月	秋分下	〃	〃	寒露上	〃	〃	〃	〃	寒露中	〃	〃	〃	〃	寒露下	〃	〃	〃	〃	霜降上	〃	〃	〃	〃	霜降中	〃	〃	〃	〃	霜降下	〃	〃
	11月	霜降下	〃	立冬上	〃	〃	〃	〃	立冬中	〃	〃	〃	〃	立冬下	〃	〃	〃	〃	小雪上	〃	〃	〃	〃	小雪中	〃	〃	〃	〃	小雪下	〃	〃	
	12月	小雪下	〃	大雪上	〃	〃	〃	〃	大雪中	〃	〃	〃	〃	大雪下	〃	〃	〃	〃	大雪上	〃	〃	〃	〃	冬至上	〃	〃	〃	〃	冬至中	〃	〃	〃
	月＼日	1日	2日	3日	4日	5日	6日	7日	8日	9日	10日	11日	12日	13日	14日	15日	16日	17日	18日	19日	20日	21日	22日	23日	24日	25日	26日	27日	28日	29日	30日	31日
一九七七年節氣一覧表	1月	冬至中	冬至下	〃	〃	〃	〃	小寒上	〃	〃	〃	〃	小寒中	〃	〃	〃	〃	小寒下	〃	〃	〃	〃	大寒上	〃	〃	〃	〃	大寒中	〃	〃	〃	〃
	2月	大寒下	〃	〃	〃	〃	立春上	〃	〃	〃	〃	立春中	〃	〃	〃	〃	立春下	〃	〃	〃	〃	雨水上	〃	〃	〃	〃	雨水中	〃	〃			
	3月	雨水中	〃	雨水下	〃	〃	〃	〃	啓蟄上	〃	〃	〃	〃	啓蟄中	〃	〃	〃	〃	啓蟄下	〃	〃	〃	〃	春分上	〃	〃	〃	〃	春分中	〃	〃	〃
	4月	春分中	春分下	〃	〃	〃	〃	清明上	〃	〃	〃	〃	清明中	〃	〃	〃	〃	清明下	〃	〃	〃	〃	穀雨上	〃	〃	〃	〃	穀雨中	〃	〃	〃	
	5月	穀雨中	穀雨下	〃	〃	〃	〃	立夏上	〃	〃	〃	〃	立夏中	〃	〃	〃	〃	立夏下	〃	〃	〃	〃	小満上	〃	〃	〃	〃	小満中	〃	〃	〃	〃
	6月	小満下	〃	〃	〃	〃	芒種上	〃	〃	〃	〃	芒種中	〃	〃	〃	〃	芒種下	〃	〃	〃	〃	夏至上	〃	〃	〃	〃	夏至中	〃	〃	〃	〃	
	7月	夏至下	〃	〃	〃	〃	小暑上	〃	〃	〃	〃	小暑中	〃	〃	〃	〃	小暑下	〃	〃	〃	〃	大暑上	〃	〃	〃	〃	大暑中	〃	〃	〃	〃	大暑下
	8月	大暑下	〃	〃	〃	立秋上	〃	〃	〃	〃	立秋中	〃	〃	〃	〃	立秋下	〃	〃	〃	〃	処暑上	〃	〃	〃	〃	処暑中	〃	〃	〃	〃	処暑下	〃
	9月	処暑下	〃	〃	白露上	〃	〃	〃	〃	白露中	〃	〃	〃	〃	白露下	〃	〃	〃	〃	秋分上	〃	〃	〃	〃	秋分中	〃	〃	〃	〃	秋分下	〃	
	10月	秋分下	〃	〃	寒露上	〃	〃	〃	〃	寒露中	〃	〃	〃	〃	寒露下	〃	〃	〃	〃	霜降上	〃	〃	〃	〃	霜降中	〃	〃	〃	〃	霜降下	〃	〃
	11月	霜降下	〃	立冬上	〃	〃	〃	〃	立冬中	〃	〃	〃	〃	立冬下	〃	〃	〃	〃	小雪上	〃	〃	〃	〃	小雪中	〃	〃	〃	〃	小雪下	〃	〃	
	12月	小雪下	〃	大雪上	〃	〃	〃	〃	大雪中	〃	〃	〃	〃	大雪下	〃	〃	〃	〃	大雪上	〃	〃	〃	〃	冬至上	〃	〃	〃	〃	冬至中	〃	〃	〃

表2 節氣一覽表（1978～1979）

一九七八年節氣一覽表

月＼日	1日	2日	3日	4日	5日	6日	7日	8日	9日	10日	11日	12日	13日	14日	15日	16日	17日	18日	19日	20日	21日	22日	23日	24日	25日	26日	27日	28日	29日	30日	31日
1月	冬至中	冬至下	〃	〃	〃	〃	小寒上	〃	〃	〃	〃	小寒中	〃	〃	〃	〃	小寒下	〃	〃	〃	〃	大寒上	〃	〃	〃	〃	大寒中	〃	〃	〃	〃
2月	大寒下	〃	〃	〃	〃	立春上	〃	〃	〃	〃	立春中	〃	〃	〃	〃	立春下	〃	〃	〃	〃	雨水上	〃	〃	〃	〃	雨水中	〃	〃			
3月	雨水中	〃	雨水下	〃	〃	〃	〃	啓蟄上	〃	〃	〃	〃	啓蟄中	〃	〃	〃	〃	啓蟄下	〃	〃	〃	〃	春分上	〃	〃	〃	〃	春分中	〃	〃	〃
4月	春分中	春分下	〃	〃	〃	〃	清明上	〃	〃	〃	〃	清明中	〃	〃	〃	〃	清明下	〃	〃	〃	〃	穀雨上	〃	〃	〃	〃	穀雨中	〃	〃	〃	
5月	穀雨中	穀雨下	〃	〃	〃	〃	立夏上	〃	〃	〃	〃	立夏中	〃	〃	〃	〃	立夏下	〃	〃	〃	〃	小満上	〃	〃	〃	〃	小満中	〃	〃	〃	〃
6月	小満下	〃	〃	〃	〃	芒種上	〃	〃	〃	〃	芒種中	〃	〃	〃	〃	芒種下	〃	〃	〃	〃	夏至上	〃	〃	〃	〃	夏至中	〃	〃	〃	〃	
7月	夏至下	〃	〃	〃	〃	小暑上	〃	〃	〃	〃	小暑中	〃	〃	〃	〃	小暑下	〃	〃	〃	〃	大暑上	〃	〃	〃	〃	大暑中	〃	〃	〃	〃	大暑下
8月	大暑下	〃	〃	〃	立秋上	〃	〃	〃	〃	立秋中	〃	〃	〃	〃	立秋下	〃	〃	〃	〃	処暑上	〃	〃	〃	〃	処暑中	〃	〃	〃	〃	処暑下	〃
9月	処暑下	〃	〃	白露上	〃	〃	〃	〃	白露中	〃	〃	〃	〃	白露下	〃	〃	〃	〃	秋分上	〃	〃	〃	〃	秋分中	〃	〃	〃	〃	秋分下	〃	
10月	秋分下	〃	〃	寒露上	〃	〃	〃	〃	寒露中	〃	〃	〃	〃	寒露下	〃	〃	〃	〃	霜降上	〃	〃	〃	〃	霜降中	〃	〃	〃	〃	霜降下	〃	〃
11月	霜降下	〃	立冬上	〃	〃	〃	〃	立冬中	〃	〃	〃	〃	立冬下	〃	〃	〃	〃	小雪上	〃	〃	〃	〃	小雪中	〃	〃	〃	〃	小雪下	〃	〃	
12月	小雪下	〃	大雪上	〃	〃	〃	〃	大雪中	〃	〃	〃	〃	大雪下	〃	〃	〃	〃	大雪上	〃	〃	〃	〃	冬至上	〃	〃	〃	〃	冬至中	〃	〃	〃

一九七九年節氣一覽表

月＼日	1日	2日	3日	4日	5日	6日	7日	8日	9日	10日	11日	12日	13日	14日	15日	16日	17日	18日	19日	20日	21日	22日	23日	24日	25日	26日	27日	28日	29日	30日	31日
1月	冬至中	冬至下	〃	〃	〃	〃	小寒上	〃	〃	〃	〃	小寒中	〃	〃	〃	〃	小寒下	〃	〃	〃	〃	大寒上	〃	〃	〃	〃	大寒中	〃	〃	〃	〃
2月	大寒下	〃	〃	〃	〃	立春上	〃	〃	〃	〃	立春中	〃	〃	〃	〃	立春下	〃	〃	〃	〃	雨水上	〃	〃	〃	〃	雨水中	〃	〃			
3月	雨水中	〃	雨水下	〃	〃	〃	〃	啓蟄上	〃	〃	〃	〃	啓蟄中	〃	〃	〃	〃	啓蟄下	〃	〃	〃	〃	春分上	〃	〃	〃	〃	春分中	〃	〃	〃
4月	春分中	春分下	〃	〃	〃	〃	清明上	〃	〃	〃	〃	清明中	〃	〃	〃	〃	清明下	〃	〃	〃	〃	穀雨上	〃	〃	〃	〃	穀雨中	〃	〃	〃	
5月	穀雨中	穀雨下	〃	〃	〃	〃	立夏上	〃	〃	〃	〃	立夏中	〃	〃	〃	〃	立夏下	〃	〃	〃	〃	小満上	〃	〃	〃	〃	小満中	〃	〃	〃	〃
6月	小満下	〃	〃	〃	〃	芒種上	〃	〃	〃	〃	芒種中	〃	〃	〃	〃	芒種下	〃	〃	〃	〃	夏至上	〃	〃	〃	〃	夏至中	〃	〃	〃	〃	
7月	夏至下	〃	〃	〃	〃	小暑上	〃	〃	〃	〃	小暑中	〃	〃	〃	〃	小暑下	〃	〃	〃	〃	大暑上	〃	〃	〃	〃	大暑中	〃	〃	〃	〃	大暑下
8月	大暑下	〃	〃	〃	立秋上	〃	〃	〃	〃	立秋中	〃	〃	〃	〃	立秋下	〃	〃	〃	〃	処暑上	〃	〃	〃	〃	処暑中	〃	〃	〃	〃	処暑下	〃
9月	処暑下	〃	〃	白露上	〃	〃	〃	〃	白露中	〃	〃	〃	〃	白露下	〃	〃	〃	〃	秋分上	〃	〃	〃	〃	秋分中	〃	〃	〃	〃	秋分下	〃	
10月	秋分下	〃	〃	寒露上	〃	〃	〃	〃	寒露中	〃	〃	〃	〃	寒露下	〃	〃	〃	〃	霜降上	〃	〃	〃	〃	霜降中	〃	〃	〃	〃	霜降下	〃	〃
11月	霜降下	〃	立冬上	〃	〃	〃	〃	立冬中	〃	〃	〃	〃	立冬下	〃	〃	〃	〃	小雪上	〃	〃	〃	〃	小雪中	〃	〃	〃	〃	小雪下	〃	〃	
12月	小雪下	〃	大雪上	〃	〃	〃	〃	大雪中	〃	〃	〃	〃	大雪下	〃	〃	〃	〃	大雪上	〃	〃	〃	〃	冬至上	〃	〃	〃	〃	冬至中	〃	〃	〃

表2　節氣一覽表（1980～1981）

一九八〇年節氣一覽表

月＼日	1日	2日	3日	4日	5日	6日	7日	8日	9日	10日	11日	12日	13日	14日	15日	16日	17日	18日	19日	20日	21日	22日	23日	24日	25日	26日	27日	28日	29日	30日	31日
1月	冬至中	冬至下	〃	〃	〃	〃	小寒上	〃	〃	〃	〃	小寒中	〃	〃	〃	〃	小寒下	〃	〃	〃	〃	大寒上	〃	〃	〃	〃	大寒中	〃	〃	〃	〃
2月	大寒下	〃	〃	〃	〃	立春上	〃	〃	〃	〃	立春中	〃	〃	〃	〃	立春下	〃	〃	〃	〃	雨水上	〃	〃	〃	〃	雨水中	〃	〃	〃		
3月	雨水中	雨水下	〃	〃	〃	〃	啓蟄上	〃	〃	〃	〃	啓蟄中	〃	〃	〃	〃	啓蟄下	〃	〃	〃	〃	春分上	〃	〃	〃	〃	春分中	〃	〃	〃	〃
4月	春分下	〃	〃	〃	〃	清明上	〃	〃	〃	〃	清明中	〃	〃	〃	〃	清明下	〃	〃	〃	〃	穀雨上	〃	〃	〃	〃	穀雨中	〃	〃	〃	〃	
5月	穀雨下	〃	〃	〃	〃	立夏上	〃	〃	〃	〃	立夏中	〃	〃	〃	〃	立夏下	〃	〃	〃	〃	小満上	〃	〃	〃	〃	小満中	〃	〃	〃	〃	小満下
6月	小満下	〃	〃	〃	芒種上	〃	〃	〃	〃	芒種中	〃	〃	〃	〃	芒種下	〃	〃	〃	〃	夏至上	〃	〃	〃	〃	夏至中	〃	〃	〃	〃	夏至下	
7月	夏至下	〃	〃	〃	小暑上	〃	〃	〃	〃	小暑中	〃	〃	〃	〃	小暑下	〃	〃	〃	〃	大暑上	〃	〃	〃	〃	大暑中	〃	〃	〃	〃	大暑下	〃
8月	大暑下	〃	〃	立秋上	〃	〃	〃	〃	立秋中	〃	〃	〃	〃	立秋下	〃	〃	〃	〃	処暑上	〃	〃	〃	〃	処暑中	〃	〃	〃	〃	処暑下	〃	〃
9月	処暑下	〃	白露上	〃	〃	〃	〃	白露中	〃	〃	〃	〃	白露下	〃	〃	〃	〃	秋分上	〃	〃	〃	〃	秋分中	〃	〃	〃	〃	秋分下	〃	〃	
10月	秋分下	〃	寒露上	〃	〃	〃	〃	寒露中	〃	〃	〃	〃	寒露下	〃	〃	〃	〃	霜降上	〃	〃	〃	〃	霜降中	〃	〃	〃	〃	霜降下	〃	〃	〃
11月	霜降下	立冬上	〃	〃	〃	〃	立冬中	〃	〃	〃	〃	立冬下	〃	〃	〃	〃	小雪上	〃	〃	〃	〃	小雪中	〃	〃	〃	〃	小雪下	〃	〃	〃	
12月	小雪下	大雪上	〃	〃	〃	〃	大雪中	〃	〃	〃	〃	大雪下	〃	〃	〃	〃	大雪上	〃	〃	〃	〃	冬至上	〃	〃	〃	〃	冬至中	〃	〃	〃	〃

一九八一年節氣一覽表

月＼日	1日	2日	3日	4日	5日	6日	7日	8日	9日	10日	11日	12日	13日	14日	15日	16日	17日	18日	19日	20日	21日	22日	23日	24日	25日	26日	27日	28日	29日	30日	31日
1月	冬至下	〃	〃	〃	〃	小寒上	〃	〃	〃	〃	小寒中	〃	〃	〃	〃	小寒下	〃	〃	〃	〃	大寒上	〃	〃	〃	〃	大寒中	〃	〃	〃	〃	大寒下
2月	大寒下	〃	〃	〃	立春上	〃	〃	〃	〃	立春中	〃	〃	〃	〃	立春下	〃	〃	〃	〃	雨水上	〃	〃	〃	〃	雨水中	〃	〃	〃			
3月	雨水中	雨水下	〃	〃	〃	〃	啓蟄上	〃	〃	〃	〃	啓蟄中	〃	〃	〃	〃	啓蟄下	〃	〃	〃	〃	春分上	〃	〃	〃	〃	春分中	〃	〃	〃	〃
4月	春分下	〃	〃	〃	〃	清明上	〃	〃	〃	〃	清明中	〃	〃	〃	〃	清明下	〃	〃	〃	〃	穀雨上	〃	〃	〃	〃	穀雨中	〃	〃	〃	〃	
5月	穀雨下	〃	〃	〃	〃	立夏上	〃	〃	〃	〃	立夏中	〃	〃	〃	〃	立夏下	〃	〃	〃	〃	小満上	〃	〃	〃	〃	小満中	〃	〃	〃	〃	小満下
6月	小満下	〃	〃	〃	芒種上	〃	〃	〃	〃	芒種中	〃	〃	〃	〃	芒種下	〃	〃	〃	〃	夏至上	〃	〃	〃	〃	夏至中	〃	〃	〃	〃	夏至下	
7月	夏至下	〃	〃	〃	小暑上	〃	〃	〃	〃	小暑中	〃	〃	〃	〃	小暑下	〃	〃	〃	〃	大暑上	〃	〃	〃	〃	大暑中	〃	〃	〃	〃	大暑下	〃
8月	大暑下	〃	〃	立秋上	〃	〃	〃	〃	立秋中	〃	〃	〃	〃	立秋下	〃	〃	〃	〃	処暑上	〃	〃	〃	〃	処暑中	〃	〃	〃	〃	処暑下	〃	〃
9月	処暑下	〃	白露上	〃	〃	〃	〃	白露中	〃	〃	〃	〃	白露下	〃	〃	〃	〃	秋分上	〃	〃	〃	〃	秋分中	〃	〃	〃	〃	秋分下	〃	〃	
10月	秋分下	〃	寒露上	〃	〃	〃	〃	寒露中	〃	〃	〃	〃	寒露下	〃	〃	〃	〃	霜降上	〃	〃	〃	〃	霜降中	〃	〃	〃	〃	霜降下	〃	〃	〃
11月	霜降下	立冬上	〃	〃	〃	〃	立冬中	〃	〃	〃	〃	立冬中	〃	〃	〃	〃	小雪上	〃	〃	〃	〃	小雪中	〃	〃	〃	〃	小雪下	〃	〃	〃	
12月	小雪下	大雪上	〃	〃	〃	〃	大雪中	〃	〃	〃	〃	大雪下	〃	〃	〃	〃	大雪上	〃	〃	〃	〃	冬至上	〃	〃	〃	〃	冬至中	〃	〃	〃	〃

表2　節氣一覽表（1982～1983）

一九八二年節氣一覽表

月＼日	1日	2日	3日	4日	5日	6日	7日	8日	9日	10日	11日	12日	13日	14日	15日	16日	17日	18日	19日	20日	21日	22日	23日	24日	25日	26日	27日	28日	29日	30日	31日
1月	冬至下	〃	〃	〃	〃	小寒上	〃	〃	〃	〃	小寒中	〃	〃	〃	〃	小寒下	〃	〃	〃	〃	大寒上	〃	〃	〃	〃	大寒中	〃	〃	〃	〃	大寒下
2月	大寒下	〃	〃	〃	立春上	〃	〃	〃	〃	立春中	〃	〃	〃	〃	立春下	〃	〃	〃	〃	雨水上	〃	〃	〃	〃	雨水中	〃	〃	〃			
3月	雨水中	雨水下	〃	〃	〃	〃	啓蟄上	〃	〃	〃	〃	啓蟄中	〃	〃	〃	〃	啓蟄下	〃	〃	〃	〃	春分上	〃	〃	〃	〃	春分中	〃	〃	〃	〃
4月	春分下	〃	〃	〃	〃	清明上	〃	〃	〃	〃	清明中	〃	〃	〃	〃	清明下	〃	〃	〃	〃	穀雨上	〃	〃	〃	〃	穀雨中	〃	〃	〃	〃	
5月	穀雨下	〃	〃	〃	〃	立夏上	〃	〃	〃	〃	立夏中	〃	〃	〃	〃	立夏下	〃	〃	〃	〃	小満上	〃	〃	〃	〃	小満中	〃	〃	〃	〃	小満下
6月	小満下	〃	〃	〃	芒種上	〃	〃	〃	〃	芒種中	〃	〃	〃	〃	芒種下	〃	〃	〃	〃	夏至上	〃	〃	〃	〃	夏至中	〃	〃	〃	〃	夏至下	
7月	夏至下	〃	〃	〃	小暑上	〃	〃	〃	〃	小暑中	〃	〃	〃	〃	小暑下	〃	〃	〃	〃	大暑上	〃	〃	〃	〃	大暑中	〃	〃	〃	〃	大暑下	〃
8月	大暑下	〃	〃	立秋上	〃	〃	〃	〃	立秋中	〃	〃	〃	〃	立秋下	〃	〃	〃	〃	処暑上	〃	〃	〃	〃	処暑中	〃	〃	〃	〃	処暑下	〃	〃
9月	処暑下	〃	白露上	〃	〃	〃	〃	白露中	〃	〃	〃	〃	白露下	〃	〃	〃	〃	秋分上	〃	〃	〃	〃	秋分中	〃	〃	〃	〃	秋分下	〃	〃	
10月	秋分下	〃	寒露上	〃	〃	〃	〃	寒露中	〃	〃	〃	〃	寒露下	〃	〃	〃	〃	霜降上	〃	〃	〃	〃	霜降中	〃	〃	〃	〃	霜降下	〃	〃	〃
11月	霜降下	立冬上	〃	〃	〃	〃	立冬中	〃	〃	〃	〃	立冬下	〃	〃	〃	〃	小雪上	〃	〃	〃	〃	小雪中	〃	〃	〃	〃	小雪下	〃	〃	〃	
12月	小雪下	大雪上	〃	〃	〃	〃	大雪中	〃	〃	〃	〃	大雪下	〃	〃	〃	〃	大雪上	〃	〃	〃	〃	冬至上	〃	〃	〃	〃	冬至中	〃	〃	〃	〃

一九八三年節氣一覽表

月＼日	1日	2日	3日	4日	5日	6日	7日	8日	9日	10日	11日	12日	13日	14日	15日	16日	17日	18日	19日	20日	21日	22日	23日	24日	25日	26日	27日	28日	29日	30日	31日
1月	冬至下	〃	〃	〃	〃	小寒上	〃	〃	〃	〃	小寒中	〃	〃	〃	〃	小寒下	〃	〃	〃	〃	大寒上	〃	〃	〃	〃	大寒中	〃	〃	〃	〃	大寒下
2月	大寒下	〃	〃	〃	立春上	〃	〃	〃	〃	立春中	〃	〃	〃	〃	立春下	〃	〃	〃	〃	雨水上	〃	〃	〃	〃	雨水中	〃	〃	〃			
3月	雨水中	雨水下	〃	〃	〃	〃	啓蟄上	〃	〃	〃	〃	啓蟄中	〃	〃	〃	〃	啓蟄下	〃	〃	〃	〃	春分上	〃	〃	〃	〃	春分中	〃	〃	〃	〃
4月	春分下	〃	〃	〃	〃	清明上	〃	〃	〃	〃	清明中	〃	〃	〃	〃	清明下	〃	〃	〃	〃	穀雨上	〃	〃	〃	〃	穀雨中	〃	〃	〃	〃	
5月	穀雨下	〃	〃	〃	〃	立夏上	〃	〃	〃	〃	立夏中	〃	〃	〃	〃	立夏下	〃	〃	〃	〃	小満上	〃	〃	〃	〃	小満中	〃	〃	〃	〃	小満下
6月	小満下	〃	〃	〃	芒種上	〃	〃	〃	〃	芒種中	〃	〃	〃	〃	芒種下	〃	〃	〃	〃	夏至上	〃	〃	〃	〃	夏至中	〃	〃	〃	〃	夏至下	
7月	夏至下	〃	〃	〃	小暑上	〃	〃	〃	〃	小暑中	〃	〃	〃	〃	小暑下	〃	〃	〃	〃	大暑上	〃	〃	〃	〃	大暑中	〃	〃	〃	〃	大暑下	〃
8月	大暑下	〃	〃	立秋上	〃	〃	〃	〃	立秋中	〃	〃	〃	〃	立秋下	〃	〃	〃	〃	処暑上	〃	〃	〃	〃	処暑中	〃	〃	〃	〃	処暑下	〃	〃
9月	処暑下	〃	白露上	〃	〃	〃	〃	白露中	〃	〃	〃	〃	白露下	〃	〃	〃	〃	秋分上	〃	〃	〃	〃	秋分中	〃	〃	〃	〃	秋分下	〃	〃	
10月	秋分下	〃	寒露上	〃	〃	〃	〃	寒露中	〃	〃	〃	〃	寒露下	〃	〃	〃	〃	霜降上	〃	〃	〃	〃	霜降中	〃	〃	〃	〃	霜降下	〃	〃	〃
11月	霜降下	立冬上	〃	〃	〃	〃	立冬中	〃	〃	〃	〃	立冬下	〃	〃	〃	〃	小雪上	〃	〃	〃	〃	小雪中	〃	〃	〃	〃	小雪下	〃	〃	〃	
12月	小雪下	大雪上	〃	〃	〃	〃	大雪中	〃	〃	〃	〃	大雪下	〃	〃	〃	〃	大雪上	〃	〃	〃	〃	冬至上	〃	〃	〃	〃	冬至中	〃	〃	〃	〃

表 3　時間干支一覧表

J　E 之日	I　D 之日	H　C 之日	G　B 之日	F　A 之日	日干／時間
I 子	G 子	E 子	C 子	A 子	午前 0 時 ～午前 1 時
J 丑	H 丑	F 丑	D 丑	B 丑	午前 1 時 ～午前 3 時
A 寅	I 寅	G 寅	E 寅	C 寅	午前 3 時 ～午前 5 時
B 卯	J 卯	H 卯	F 卯	D 卯	午前 5 時 ～午前 7 時
C 辰	A 辰	I 辰	G 辰	E 辰	午前 7 時 ～午前 9 時
D 巳	B 巳	J 巳	H 巳	F 巳	午前 9 時 ～午前11時
E 午	C 午	A 午	I 午	G 午	午前11時 ～午後 1 時
F 未	D 未	B 未	J 未	H 未	午後 1 時 ～午後 3 時
G 申	E 申	C 申	A 申	I 申	午後 3 時 ～午後 5 時
H 酉	F 酉	D 酉	B 酉	J 酉	午後 5 時 ～午後 7 時
I 戌	G 戌	E 戌	C 戌	A 戌	午後 7 時 ～午後 9 時
J 亥	H 亥	F 亥	D 亥	B 亥	午後 9 時 ～午後11時
A 子	I 子	G 子	E 子	C 子	午後11時 ～午前 0 時

陰局												陽局												局
夏至	小暑	大暑	立秋	処暑	白露	秋分	寒露	霜降	立冬	小雪	大雪	冬至	小寒	大寒	立春	雨水	啓蟄	春分	清明	穀雨	立夏	小満	芒種	節気
9	8	7	2	1	9	7	6	5	6	5	4	一	二	三	八	九	一	三	四	五	四	五	六	上元
8	7	6	1	9	8	6	5	4	5	4	3	二	三	四	九	一	二	四	五	六	五	六	七	
7	6	5	9	8	7	5	4	3	4	3	2	三	四	五	一	二	三	五	六	七	六	七	八	
6	5	4	8	7	6	4	3	2	3	2	1	四	五	六	二	三	四	六	七	八	七	八	九	
5	4	3	7	6	5	3	2	1	2	1	9	五	六	七	三	四	五	七	八	九	八	九	一	
4	3	2	6	5	4	2	1	9	1	9	8	六	七	八	四	五	六	八	九	一	九	一	二	
3	2	1	5	4	3	1	9	8	9	8	7	七	八	九	五	六	七	九	一	二	一	二	三	中元
2	1	9	4	3	2	9	8	7	8	7	6	八	九	一	六	七	八	一	二	三	二	三	四	
1	9	8	3	2	1	8	7	6	7	6	5	九	一	二	七	八	九	二	三	四	三	四	五	
9	8	7	2	1	9	7	6	5	6	5	4	一	二	三	八	九	一	三	四	五	四	五	六	
8	7	6	1	9	8	6	5	4	5	4	3	二	三	四	九	一	二	四	五	六	五	六	七	
7	6	5	9	8	7	5	4	3	4	3	2	三	四	五	一	二	三	五	六	七	六	七	八	
6	5	4	8	7	6	4	3	2	3	2	1	四	五	六	二	三	四	六	七	八	七	八	九	下元
5	4	3	7	6	5	3	2	1	2	1	9	五	六	七	三	四	五	七	八	九	八	九	一	
4	3	2	6	5	4	2	1	9	1	9	8	六	七	八	四	五	六	八	九	一	九	一	二	
3	2	1	5	4	3	1	9	8	9	8	7	七	八	九	五	六	七	九	一	二	一	二	三	
2	1	9	4	3	2	9	8	7	8	7	6	八	九	一	六	七	八	一	二	三	二	三	四	
1	9	8	3	2	1	8	7	6	7	6	5	九	一	二	七	八	九	二	三	四	三	四	五	

表4　遁局一覽表

時的干支										
	A子	B丑	C寅	D卯	E辰	F巳	G午	H未	I申	J酉
	A戌	B亥	C子	D丑	E寅	F卯	G辰	H巳	I午	J未
	A申	B酉	C戌	D亥	E子	F丑	G寅	H卯	I辰	J巳
	A午	B未	C申	D酉	E戌	F亥	G子	H丑	I寅	J卯
	A辰	B巳	C午	D未	E申	F酉	G戌	H亥	I子	J丑
	A寅	B卯	C辰	D巳	E午	F未	G申	H酉	I戌	J亥
	A子	B丑	C寅	D卯	E辰	F巳	G午	H未	I申	J酉
	A戌	B亥	C子	D丑	E寅	F卯	G辰	H巳	I午	J未
	A申	B酉	C戌	D亥	E子	F丑	G寅	H卯	I辰	J巳
	A午	B未	C申	D酉	E戌	F亥	G子	H丑	I寅	J卯
	A辰	B巳	C午	D未	E申	F酉	G戌	H亥	I子	J丑
	A寅	B卯	C辰	D巳	E午	F未	G申	H酉	I戌	J亥
	A子	B丑	C寅	D卯	E辰	F巳	G午	H未	I申	J酉
	A戌	B亥	C子	D丑	E寅	F卯	G辰	H巳	I午	J未
	A申	B酉	C戌	D亥	E子	F丑	G寅	H卯	I辰	J巳
	A午	B未	C申	D酉	E戌	F亥	G子	H丑	I寅	J卯
	A辰	B巳	C午	D未	E申	F酉	G戌	H亥	I子	J丑
	A寅	B卯	C辰	D巳	E午	F未	G申	H酉	I戌	J亥

表5 遁甲立向盤 〈A子・A戌・A申・A午〉

A子	南	南西	西	北西	北	北東	東	南東
陰1局	FF景水	BB死木	HH驚金	II開土	AA(休)神	GG生日	CC傷月	DD杜火
陰2局	GG景土	AA(死)神	II驚日	JJ開月	FF休火	HH生水	BB傷木	CC杜金
陰3局	HH景月	FF死火	JJ驚水	DD開木	GG休金	II生土	AA(傷)神	BB杜日
陰4局	II景日	GG死月	DD驚火	CC開水	HH休木	JJ生金	FF傷土	AA(杜)神
陰5局	〈例外〉	日盤無		時盤	小暑■1	立秋■2	霜降■3	小雪■4
陰6局	DD景木	II死金	BB驚土	AA(開)神	JJ休日	CC生月	HH傷火	GG杜水
陰7局	CC景金	JJ死土	AA(驚)神	FF開日	DD休月	BB生火	II傷水	HH杜木
陰8局	BB景火	DD死水	FF驚木	GG開金	CC休土	AA(生)神	JJ傷日	II杜月
陰9局	AA(景)神	CC死日	GG驚月	HH開火	BB休水	FF生木	DD傷金	JJ杜土
A子	南	南西	西	北西	北	北東	東	南東
陽一局	BB景水	FF死火	DD驚月	JJ開日	AA(休)神	CC生土	GG傷金	HH杜木
陽二局	CC景日	AA(死)神	JJ驚土	II開金	BB休木	DD生水	FF傷火	GG杜月
陽三局	DD景金	BB死木	II驚水	HH開火	CC休月	JJ生日	AA(傷)神	FF杜土
陽四局	JJ景土	CC死金	HH驚木	GG開水	DD休火	II生月	BB傷日	AA(杜)神
陽五局	〈例外〉	日盤無		時盤	小寒■5	立春■6	穀雨■7	小満■8
陽六局	HH景火	JJ死月	FF驚日	AA(開)神	!I休土	GG生金	DD傷木	CC杜水
陽七局	GG景月	II死日	AA(驚)神	BB開土	HH休金	FF生木	JJ傷水	DD杜火
陽八局	FF景木	HH死水	BB驚火	CC開月	GG休日	AA(生)神	II傷土	JJ杜金
陽九局	AA(景)神	GG死土	CC驚金	DD開木	FF休水	BB生火	HH傷月	II杜日

A戌	南	南西	西	北西	北	北東	東	南東
陰1局	AA(景)神	BB死日	HH驚月	II開火	EE休水	GG生木	CC傷金	DD杜土
陰2局	GG景水	EE死木	II驚金	JJ開土	AA(休)神	HH生日	BB傷月	CC杜火
陰3局	HH景土	AA(死)神	JJ驚日	DD開月	GG休火	II生水	EE傷木	BB杜金
陰4局	II景月	GG死火	DD驚水	CC開木	HH休金	JJ生土	AA(傷)神	EE杜日
陰5局	JJ景日	HH死月	CC驚火	BB開水	II休木	DD生金	GG傷土	AA(杜)神
陰6局	〈例外〉	日盤無		時盤	大暑■9	処暑■10	秋分■11	大雪■12
陰7局	CC景木	JJ死金	EE驚土	AA(開)神	DD休日	BB生月	II傷火	HH杜水
陰8局	BB景金	DD死土	AA(驚)神	GG開日	CC休月	EE生火	JJ傷水	II杜木
陰9局	EE景火	CC死水	GG驚木	HH開金	BB休土	AA(生)神	DD傷日	JJ杜月
A戌	南	南西	西	北西	北	北東	東	南東
陽一局	BB景日	AA(死)神	DD驚土	JJ開金	EE休木	CC生水	GG傷火	HH杜月
陽二局	CC景金	EE死木	JJ驚水	II開火	BB休月	DD生日	AA(傷)神	GG杜土
陽三局	DD景土	BB死金	II驚木	HH開水	CC休火	JJ生月	EE傷日	AA(杜)神
陽四局	〈例外〉	日盤無		時盤	大寒■13	雨水■14	春分■15	芒種■16
陽五局	II景火	DD死月	GG驚日	AA(開)神	JJ休土	HH生金	CC傷木	BB杜水
陽六局	HH景月	JJ死日	AA(驚)神	EE開土	II休金	GG生木	DD傷水	CC杜火
陽七局	GG景木	II死水	EE驚火	BB開月	HH休日	AA(生)神	JJ傷土	DD杜金
陽八局	AA(景)神	HH死土	BB驚金	CC開木	GG休水	EE生火	II傷月	JJ杜日
陽九局	EE景水	GG死火	CC驚月	DD開日	AA(休)神	BB生土	HH傷金	II杜木

A申	南	南西	西	北西	北	北東	東	南東
陰1局	FF景火	BB死水	HH驚木	II開金	EE休土	AA(生)神	CC傷日	DD杜月
陰2局	AA(景)神	EE死日	II驚月	JJ開火	FF休水	HH生木	BB傷金	CC杜土
陰3局	HH景水	FF死木	JJ驚金	DD開土	AA(休)神	II生日	EE傷月	BB杜火
陰4局	II景土	AA(死)神	DD驚日	CC開月	HH休火	JJ生水	FF傷木	EE杜金
陰5局	JJ景月	HH死火	CC驚水	BB開木	II休金	DD生土	AA(傷)神	FF杜日
陰6局	DD景日	II死月	BB驚火	EE開水	JJ休木	CC生金	HH傷土	AA(杜)神
陰7局	例外	日盤■1		時盤	夏至■17	白露■18	寒露■19	立冬■20
陰8局	BB景木	DD死金	FF驚土	AA(開)神	CC休日	EE生月	JJ傷火	II杜水
陰9局	EE景金	CC死土	AA(驚)神	HH開日	BB休月	FF生火	DD傷水	JJ杜木
A申	南	南西	西	北西	北	北東	東	南東
陽一局	BB景金	FF死木	DD驚水	JJ開火	EE休月	CC生日	AA(傷)神	HH杜土
陽二局	CC景土	EE死金	JJ驚木	II開水	BB休火	DD生月	FF傷日	AA(杜)神
陽三局	例外	日盤■2		時盤	冬至■21	啓蟄■22	清明■23	立夏■24
陽四局	JJ景火	CC死月	HH驚日	AA(開)神	DD休土	II生金	BB傷木	EE杜水
陽五局	II景月	DD死日	AA(驚)神	FF開土	JJ休金	HH生木	CC傷水	BB杜火
陽六局	HH景木	JJ死水	FF驚火	EE開月	II休日	AA(生)神	DD傷土	CC杜金
陽七局	AA(景)神	II死土	EE驚金	BB開木	HH休水	FF生火	JJ傷月	DD杜日
陽八局	FF景水	HH死火	BB驚月	CC開日	AA(休)神	EE生土	II傷金	JJ杜木
陽九局	EE景日	AA(死)神	CC驚土	DD開金	FF休木	BB生水	HH傷火	II杜月

A午	南	南西	西	北西	北	北東	東	南東
陰1局	FF景金	BB死土	AA(驚)神	II開日	EE休月	GG生火	CC傷水	DD杜木
陰2局	GG景火	EE死水	II驚木	JJ開金	FF休土	AA(生)神	BB傷日	CC杜月
陰3局	AA(景)神	FF死日	JJ驚月	DD開火	GG休水	II生木	EE傷金	BB杜土
陰4局	II景水	GG死木	DD驚金	CC開土	AA(休)神	JJ生日	FF傷月	EE杜火
陰5局	JJ景土	AA(死)神	CC驚日	BB開月	II休火	DD生水	GG傷木	FF杜金
陰6局	DD景月	II死火	BB驚水	EE開木	JJ休金	CC生土	AA(傷)神	GG杜日
陰7局	CC景日	JJ死月	EE驚火	FF開水	DD休木	BB生金	II傷土	AA(杜)神
陰8局	例外	日盤無		時盤	小暑■25	立秋■26	霜降■27	小雪■28
陰9局	EE景木	CC死金	GG驚土	AA(開)神	BB休日	FF生月	DD傷火	JJ杜水
A午	南	南西	西	北西	北	北東	東	南東
陽一局	BB景土	FF死金	DD驚木	JJ開水	EE休火	CC生月	GG傷日	AA(杜)神
陽二局	例外	日盤無		時盤	小寒■29	立春■30	穀雨■31	小満■32
陽三局	DD景火	BB死月	II驚日	AA(開)神	CC休土	JJ生金	EE傷木	FF杜水
陽四局	JJ景月	CC死日	AA(驚)神	GG開土	DD休金	II生木	BB傷水	EE杜火
陽五局	II景木	DD死水	GG驚火	FF開月	JJ休日	AA(生)神	CC傷土	BB杜金
陽六局	AA(景)神	JJ死土	FF驚金	EE開木	II休水	GG生火	DD傷月	CC杜日
陽七局	GG景水	II死火	EE驚月	BB開日	AA(休)神	FF生土	JJ傷金	DD杜木
陽八局	FF景日	AA(死)神	BB驚土	CC開金	GG休木	EE生水	II傷火	JJ杜月
陽九局	EE景金	GG死木	CC驚水	DD開火	FF休月	BB生日	AA(傷)神	II杜土

表5 遁甲立向盤 〈A辰・A寅・B丑・B亥〉

A辰	南	南西	西	北西	北	北東	東	南東	A寅	南	南西	西	北西	北	北東	東	南東	B丑	南	南西	西	北西	北	北東	東	南東	B亥	南	南西	西	北西	北	北東	東	南東
陰1局	FF景木	BB死金	HH驚土	AA(開)神	EE休日	GG生月	CC傷火	DD杜水	陰1局	〈例外〉	日盤[illegible]3		時盤	夏至[illegible]41	白露[illegible]42	寒露[illegible]43	立冬[illegible]44	陰1局	IF(休)土	AB生神	GH傷日	CI杜月	DA景火	FG死水	BC驚木	HD開金	陰1局	DA開土	AB休神	BH生日	HI傷月	IE杜火	EG(景)水	GC死木	CD驚金
陰2局	GG景金	EE死土	AA(驚)神	JJ開日	FF休月	HH生火	BB傷水	CC杜木	陰2局	GG景木	EE死金	II驚土	AA(開)神	FF休日	HH生月	BB傷火	CC杜水	陰2局	JG生月	FA傷火	HI杜水	BJ景木	CF(死)金	GH驚土	AB開神	IC休日	陰2局	BG(休)月	CE生火	GI傷水	EJ杜木	IA景金	JH死土	AB驚神	HC開日
陰3局	HH景火	FF死水	JJ驚木	DD開金	GG休土	AA(生)神	EE傷日	BB杜月	陰3局	HH景金	FF死土	AA(驚)神	DD開日	GG休月	II生火	EE傷水	BB杜木	陰3局	BH生日	HF(傷)月	FJ杜火	JD景水	DG死木	GI驚金	IA開土	AB休神	陰3局	JH生日	DA傷月	GJ杜火	ID景水	EG(死)木	BI驚金	HE開土	AB休神
陰4局	AA(景)神	GG死日	DD驚月	CC開火	HH休水	JJ生木	FF傷金	EE杜土	陰4局	II景火	GG死水	DD驚木	CC開金	HH休土	AA(生)神	FF傷日	EE杜月	陰4局	〈例外〉	日盤無		時盤	大暑[illegible]49	処暑[illegible]50	秋分[illegible]51	大雪[illegible]52	陰4局	〈例外〉	日盤[illegible]7		時盤	小暑[illegible]73	立秋[illegible]74	霜降[illegible]75	小雪[illegible]76
陰5局	JJ景水	HH死木	CC驚金	BB開土	AA(休)神	DD生日	GG傷月	FF杜火	陰5局	AA(景)神	HH死日	CC驚月	BB開火	II休水	DD生木	GG傷金	FF杜土	陰5局	〈例外〉	日盤[illegible]5		時盤	小暑[illegible]57	立秋[illegible]58	霜降[illegible]59	小雪[illegible]60	陰5局	IJ死木	DH驚金	GC開土	AB休神	JI生日	HD傷月	CG(杜)火	BA景水
陰6局	DD景土	AA(死)神	BB驚日	EE開月	JJ休火	CC生水	HH傷木	GG杜金	陰6局	DD景水	II死木	BB驚金	EE開土	AA(休)神	CC生日	HH傷月	GG杜火	陰6局	〈例外〉	日盤無		時盤	夏至は65	白露は66	寒露は67	立冬は68	陰6局	〈例外〉	日盤無		時盤	大暑[illegible]81	処暑[illegible]82	秋分[illegible]83	大雪[illegible]84
陰7局	CC景月	JJ死火	EE驚水	FF開木	DD休金	BB生土	AA(傷)神	HH杜日	陰7局	CC景土	AA(死)神	EE驚日	FF開月	DD休火	BB生水	II傷木	HH杜金	陰7局	BC杜火	IJ景水	HA死木	CF(驚)金	JD開土	AB休神	FI生日	DH傷月	陰7局	〈例外〉	日盤[illegible]8		時盤	小暑[illegible]89	立秋[illegible]90	霜降[illegible]91	小雪[illegible]92
陰8局	BB景日	DD死月	FF驚火	GG開水	CC休木	EE生金	JJ傷土	AA(杜)神	陰8局	BB景月	DD死火	FF驚水	GG開木	CC休金	EE生土	AA(傷)神	II杜日	陰8局	AB開神	JD休日	IF(生)月	BG傷火	DC杜水	FA景木	GJ死金	CI驚土	陰8局	AB杜神	GD景日	CA死月	EG(驚)火	JC開水	IE休木	BJ生金	DI傷土
陰9局	〈例外〉	日盤無		時盤	大暑[illegible]33	処暑[illegible]34	秋分[illegible]35	大雪[illegible]36	陰9局	EE景日	CC死月	GG驚火	HH開水	BB休木	FF生金	DD傷土	AA(杜)神	陰9局	BA開水	FC休木	DG生金	JH傷土	AB杜神	CF(景)日	GD死月	HJ驚火	陰9局	CE開水	GC休木	HG(生)金	BH傷土	AB杜神	DA景日	JD死月	EJ驚火
A辰	南	南西	西	北西	北	北東	東	南東	A寅	南	南西	西	北西	北	北東	東	南東	B丑	南	南西	西	北西	北	北東	東	南東	B亥	南	南西	西	北西	北	北東	東	南東
陽一局	〈例外〉	日盤無		時盤	大寒[illegible]37	雨水[illegible]38	春分[illegible]39	芒種[illegible]40	陽一局	BB景火	FF死月	DD驚日	AA(開)神	EE休土	CC生金	GG傷木	HH杜水	陽一局	AB開神	CF(休)土	GD生金	HJ傷木	BA杜水	FC景火	DG死月	JH驚日	陽一局	AB開神	DA休土	JD生金	EJ傷木	CE杜水	GC景火	HG(死)月	BH驚日
陽二局	CC景火	EE死月	JJ驚日	AA(開)神	BB休土	DD生金	FF傷木	GG杜水	陽二局	CC景月	EE死日	AA(驚)神	II開土	BB休金	DD生木	FF傷水	GG杜火	陽二局	DC開水	FA休火	GJ生月	CI傷日	AB杜神	JD景土	IF(死)金	BG驚木	陽二局	JC杜水	IE景火	BJ死月	DI驚日	AB開神	GD休土	CA生金	EG(傷)木
陽三局	DD景月	BB死日	AA(驚)神	HH開土	CC休金	JJ生木	EE傷水	FF杜火	陽三局	DD景木	BB死水	II驚火	HH開月	CC休日	AA(生)神	EE傷土	FF杜金	陽三局	JD杜日	AB景神	FI死土	DH驚金	BC開木	IJ休水	HA生火	CF(傷)月	陽三局	〈例外〉	日盤[illegible]9		時盤	小寒[illegible]77	立春[illegible]78	穀雨[illegible]79	小満[illegible]80
陽四局	JJ景木	CC死水	HH驚火	GG開月	DD休日	AA(生)神	BB傷土	EE杜金	陽四局	AA(景)神	CC死土	HH驚金	GG開木	DD休水	II生火	BB傷月	EE杜日	陽四局	〈例外〉	日盤無		時盤	冬至[illegible]53	啓蟄[illegible]54	清明[illegible]55	立夏[illegible]56	陽四局	〈例外〉	日盤無		時盤	大寒[illegible]85	雨水[illegible]86	春分[illegible]87	芒種[illegible]88
陽五局	AA(景)神	DD死土	GG驚金	FF開木	JJ休水	HH生火	CC傷月	BB杜日	陽五局	II景水	DD死火	GG驚月	FF開日	AA(休)神	HH生土	CC傷金	BB杜木	陽五局	〈例外〉	日盤[illegible]6		時盤	小寒[illegible]61	立春[illegible]62	穀雨[illegible]63	小満[illegible]64	陽五局	JI死土	HD驚金	CG(開)木	BA休水	IJ生火	DH傷月	GC杜日	AB景神
陽六局	HH景水	JJ死火	FF驚月	EE開日	AA(休)神	GG生土	DD傷金	CC杜木	陽六局	HH景日	AA(死)神	FF驚土	EE開金	II休木	GG生水	DD傷火	CC杜月	陽六局	〈例外〉	日盤無		時盤	大寒[illegible]69	雨水[illegible]70	春分[illegible]71	芒種[illegible]72	陽六局	〈例外〉	日盤[illegible]10		時盤	小寒[illegible]93	立春[illegible]94	穀雨[illegible]95	小満[illegible]96
陽七局	GG景日	AA(死)神	EE驚土	BB開金	HH休木	FF生水	JJ傷火	DD杜月	陽七局	GG景金	II死木	EE驚水	BB開火	HH休月	FF生日	AA(傷)神	DD杜土	陽七局	DG生火	GI傷月	IA杜日	AB景神	BH死土	HF(驚)金	FJ開木	JD休水	陽七局	EG(生)火	BI傷月	HE杜日	AB景神	JH死土	DA驚金	GJ開木	ID休水
陽八局	FF景金	HH死木	BB驚水	CC開火	GG休月	EE生日	AA(傷)神	JJ杜土	陽八局	FF景土	HH死金	BB驚木	CC開水	GG休火	EE生月	II傷日	AA(杜)神	陽八局	CF(生)月	GH傷日	AB杜神	IC景土	JG死金	FA驚木	HI開水	BJ休火	陽八局	IA休月	JH生日	AB傷神	HC杜土	BG(景)金	CE死木	GI驚水	EJ開火
陽九局	EE景土	GG死金	CC驚木	DD開水	FF休火	BB生月	HH傷日	AA(杜)神	陽九局	〈例外〉	日盤[illegible]4		時盤	冬至[illegible]45	啓蟄[illegible]46	清明[illegible]47	立夏[illegible]48	陽九局	DA休木	FG生水	BC傷火	HD杜月	IF(景)日	AB死神	GH驚土	CI開金	陽九局	IE開木	EG(休)水	GC生火	CD傷月	DA杜日	AB景神	BH死土	HI驚金

表5 遁甲立向盤〈B酉・B未・B巳・B卯〉

B酉	南	南西	西	北西	北	北東	東	南東
陰1局	EF開土	AB休神	CH(生)日	DI傷月	FE杜火	BA景水	HC死木	ID驚金
陰2局	IA開月	JE休火	FI生水	HJ傷木	BF杜金	CH(景)土	AB死神	EC驚日
陰3局	IH(休)日	EF生月	BJ傷火	HD杜水	FA景木	JI死金	DE驚土	AB開神
陰4局	〈例外〉	日盤		時盤	夏至●97	白露●98	寒露●99	立冬●100
陰5局	BJ生木	IH(傷)金	DC杜土	AB景神	FI死日	JD驚月	HA開火	CF休水
陰6局	CD死金	HI驚土	AB開神	DE休日	IJ生月	BC傷火	EH(杜)水	JA景木
陰7局	〈例外〉	日盤		時盤	夏至●105	白露●106	寒露●107	立冬●108
陰8局	〈例外〉	日盤		時盤	大暑●113	処暑●114	秋分●115	大雪●116
陰9局	DE杜水	JC景木	EA死金	CH(驚)土	AB開神	HF休日	BD生月	FJ傷火
B酉	南	南西	西	北西	北	北東	東	南東
陽一局	AB杜神	HF景土	BD死金	FJ驚木	DE開水	JC休火	EA生月	CH(傷)日
陽二局	〈例外〉	日盤		時盤	大寒●101	雨水●102	春分●103	芒種●104
陽三局	〈例外〉	日盤		時盤	冬至●109	啓蟄●110	清明●111	立夏●112
陽四局	IJ死金	BC驚木	EH(開)水	JA休火	CD生月	HI傷日	AB杜神	DE景土
陽五局	FI生土	JD傷金	HA杜木	CF景水	BJ死火	IH(驚)月	DC開日	AB休神
陽六局	〈例外〉	日盤		時盤	冬至●117	啓蟄●118	清明●119	立夏●120
陽七局	EA休火	JI生月	DE傷日	AB杜神	IH(景)土	EF死金	BJ驚木	HD開水
陽八局	BF開月	CH(休)日	AB生神	EC傷土	IA杜金	JE景木	FI死水	HJ驚火
陽九局	FE開木	BA休水	HC生火	ID傷月	EF杜日	AB景神	CH(死)土	DI驚金

B未	南	南西	西	北西	北	北東	東	南東
陰1局	BF杜土	AB景神	IA死日	EI(驚)月	GE開火	CG休水	DC生木	FD傷金
陰2局	CG開月	GE休火	EI(生)水	IJ傷木	JF杜金	FA景土	AB死神	BC驚日
陰3局	FA開日	JF休月	DJ生火	GD傷水	IG杜木	EI(景)金	BE死土	AB驚神
陰4局	〈例外〉	日盤		時盤	大暑●121	処暑●122	秋分●123	大雪●124
陰5局	GJ生木	FA傷金	JC杜土	AB景神	CI(死)日	BD驚月	IG開火	DF休水
陰6局	JD生金	CI(傷)土	AB杜神	GE景日	DJ死月	IC驚火	BA開水	EG休木
陰7局	EC死火	FJ驚水	DE開木	BF休金	ID生土	AB傷神	CI(杜)日	JA景月
陰8局	〈例外〉	日盤●11		時盤	小暑●129	立秋●130	霜降●131	小雪●132
陰9局	〈例外〉	日盤		時盤	夏至●137	白露●138	寒露●139	立冬●140
B未	南	南西	西	北西	北	北東	東	南東
陽一局	〈例外〉	日盤		時盤	冬至●125	啓蟄●126	清明●127	立夏●128
陽二局	〈例外〉	日盤は12		時盤	小寒●133	立春●134	穀雨●135	小満●136
陽三局	ID死日	AB驚神	CI(開)土	JA休金	EC生木	FJ傷水	DE杜火	BF景月
陽四局	DJ生金	IC傷木	BA杜水	EG景火	JD死月	CI(驚)日	AB開神	GE休土
陽五局	CI(生)土	BD傷金	IG杜木	DF景水	GJ死火	FA驚月	JC開日	AB休神
陽六局	〈例外〉	日盤		時盤	大寒●141	雨水●142	春分●143	芒種●144
陽七局	IG開火	EI(休)月	BE生日	AB傷神	FA杜土	JF景金	DJ死木	GD驚水
陽八局	JF開月	FA休日	AB生神	BC傷土	CG杜金	GE景木	EI(死)水	IJ驚火
陽九局	GE杜木	CG景水	DC死火	FD驚月	BF開日	AB休神	IA生土	EI(傷)金

B巳	南	南西	西	北西	北	北東	東	南東
陰1局	〈例外〉	日盤●13		時盤	小暑●145	立秋●146	霜降●147	小雪●148
陰2局	FG杜月	HE景火	BA死水	CJ(驚)木	GF開金	EH休土	AB生神	JC傷日
陰3局	EH開日	BF休月	HJ(生)火	FD傷水	JG杜木	DA景金	GE死土	AB驚神
陰4局	〈例外〉	日盤●14		時盤	小暑●153	立秋●154	霜降●155	小雪●156
陰5局	HJ(休)木	CH生金	BC傷土	AB杜神	DA景日	GD死月	FG驚火	JF開水
陰6局	GD生金	DA傷土	AB杜神	BE景日	EJ(死)月	JC驚火	CH開水	HG休木
陰7局	JC生火	EJ(傷)水	FE杜木	[illegible]F景金	BD死土	AB驚神	HA開日	CH休月
陰8局	AB死神	BD驚日	DF開月	FG休火	GC生水	CE傷木	EJ(杜)金	JA景土
陰9局	〈例外〉	日盤		時盤	大暑●161	処暑●162	秋分●163	大雪●164
B巳	南	南西	西	北西	北	北東	東	南東
陽一局	〈例外〉	日盤		時盤	大寒●149	雨水●150	春分●151	芒種●152
陽二局	GC死水	CE驚火	EJ(開)月	JA休日	AB生神	BD傷土	DF杜金	FG景木
陽三局	BD生日	AB傷神	HA杜土	CH景金	JC死木	EJ(驚)水	FE開火	DF休月
陽四局	EJ(生)金	JC傷木	CH杜水	HG景火	GD死月	DA驚日	AB開神	BE休土
陽五局	DA休土	GD生金	FG傷木	JF杜水	HJ(景)火	CH死月	BC驚日	AB開神
陽六局	〈例外〉	日盤●15		時盤	小寒●157	立春●158	穀雨●159	小満●160
陽七局	JG開火	DA休月	GE生日	AB傷神	EH杜土	BF景金	HJ(死)木	FD驚水
陽八局	GF杜月	EH景日	AB死神	JC驚土	FG開金	HE休木	BA生水	CJ(傷)火
陽九局	〈例外〉	日盤●16		時盤	小寒●165	立春●166	穀雨●167	小満●168

B卯	南	南西	西	北西	北	北東	東	南東
陰1局	〈例外〉	日盤		時盤	夏至●169	白露●170	寒露●171	立冬●172
陰2局	〈例外〉	日盤		時盤	大暑●177	処暑●178	秋分●179	大雪●180
陰3局	DH杜日	GF景月	IA死火	ED(驚)水	BG開木	HI休金	FE生土	AB傷神
陰4局	〈例外〉	日盤		時盤	夏至●185	白露●186	寒露●187	立冬●188
陰5局	DA開木	GH休金	FC生土	AB傷神	HI杜日	CD(景)月	BG死火	IF驚水
陰6局	BD(休)金	EI生土	AB傷神	CE杜日	HA景月	GC死火	DH驚水	IG開木
陰7局	DC生火	BA傷水	IE杜木	HF景金	CD(死)土	AB驚神	EI開日	FH休月
陰8局	AB生神	ID(傷)日	BF杜月	DG景火	FC死水	GE驚木	CA開金	EI休土
陰9局	HE死水	BC驚木	FG開金	DH休土	AB生神	EF(傷)日	CD(杜)月	GA景火
B卯	南	南西	西	北西	北	北東	東	南東
陽一局	AB死神	EF驚土	CD(開)[illegible]	GA休木	HE生水	BC傷火	FG杜月	DH景日
陽二局	FC生水	GE傷火	CA杜月	EI景日	AB死神	ID(驚)土	BF開金	DG休木
陽三局	CD(生)日	AB傷神	EI杜土	FH景金	DC死木	BA驚水	IE開火	HF休月
陽四局	HA休金	GC生木	DH傷水	IG杜火	BD(景)月	EI死日	AB驚神	CE開土
陽五局	HI開土	CD(休)金	BG生木	IF傷水	DA杜火	GH景月	FC死日	AB驚神
陽六局	〈例外〉	日盤		時盤	冬至●173	啓蟄●174	清明●175	立夏●176
陽七局	BG杜火	HI景月	FE死日	AB驚神	DH開土	GF休金	IA生木	ED(傷)水
陽八局	〈例外〉	日盤		時盤	大寒●181	雨水●182	春分●183	芒種●184
陽九局	〈例外〉	日盤		時盤	冬至●189	啓蟄●190	清明●191	立夏●192

表5 遁甲立向盤〈C寅・C子・C戌・C申〉

C寅	南	南西	西	北西	北	北東	東	南東
陰1局	CF杜月	DB景火	FH死水	BI驚木	HA開金	IG(休)土	AC生神	GD傷日
陰2局	IG(死)日	JA驚月	FI開火	HJ休水	BF生木	CH傷金	GB杜土	AC景神
陰3局	(例外)	日盤		時盤	夏至●193	白露●194	寒露●195	立冬●196
陰4局	HI傷木	JG(杜)金	FD景土	AC死神	IH驚日	GJ開月	DF休火	CA生水
陰5局	(例外)	日盤		時盤	小暑●201	立秋●202	霜降●203	小雪●204
陰6局	HD休火	GI生水	DB傷木	IA杜金	BJ景土	AC死神	JH驚日	CG(開)月
陰7局	(例外)	日盤●17		時盤	大暑●209	処暑●210	秋分●211	大雪●212
陰8局	DB驚水	FD開木	GF休金	CG(生)土	AC傷神	JA杜日	IJ景月	BI死火
陰9局	JA傷土	AC杜神	CG(景)日	GH死月	HB驚火	BF開水	FD休木	DJ生金
C寅	**南**	**南西**	**西**	**北西**	**北**	**北東**	**東**	**南東**
陽一局	HB傷木	BF杜水	FD景火	DJ死月	JA驚日	AC開神	CG(休)土	GH生金
陽二局	AC驚神	JA開土	IJ休金	BI生木	DB傷水	FD杜火	GF景月	CG(死)日
陽三局	(例外)	日盤●18		時盤	大寒●197	雨水●198	春分●199	芒種●200
陽四局	BJ休日	AC生神	JH傷土	CG(杜)金	HD景木	GI死水	DB驚火	IA開月
陽五局	(例外)	日盤		時盤	小寒●205	立春●206	穀雨●207	小満●208
陽六局	IH傷土	GJ杜金	DF景木	CA死水	HI驚火	JG(開)月	FD休日	AC生神
陽七局	(例外)	日盤		時盤	冬至●213	啓蟄●214	清明●215	立夏●216
陽八局	BF死火	CH驚月	GB開日	AC休神	IG(生)土	JA傷金	FI杜木	HJ景水
陽九局	HA杜月	IG(景)日	AC死神	GD驚土	CF開金	DB休木	FH生水	BI傷火

C子	南	南西	西	北西	北	北東	東	南東
陰1局	HA傷月	IB杜火	EH(景)水	GI死木	CE驚金	DG開土	AC休神	BD生日
陰2局	HG杜日	BE景月	CI死火	GJ驚水	EA開木	IH(休)金	JB生土	AC傷神
陰3局	(例外)	日盤●19		時盤	大暑●217	処暑●218	秋分●219	大雪●220
陰4局	CI驚木	HG開金	JD休土	AC生神	EH(傷)日	IJ杜月	GA景火	DE死水
陰5局	DJ傷金	GH(杜)土	AC景神	JB死日	HI驚月	CD開火	BG休水	IA生木
陰6局	(例外)	日盤●20		時盤	大暑●225	処暑●226	秋分●227	大雪●228
陰7局	AC休神	DJ生日	BE傷月	IA杜火	HD景水	CB死木	JI驚金	EH(開)土
陰8局	(例外)	日盤		時盤	夏至●233	白露●234	寒露●235	立冬●236
陰9局	BE驚土	AC開神	DG休日	JH(生)月	EB傷火	CA杜水	GD景木	HJ死金
C子	**南**	**南西**	**西**	**北西**	**北**	**北東**	**東**	**南東**
陽一局	EB驚木	CA開水	GD休火	HJ生月	BE傷日	AC杜神	DG景土	JH(死)金
陽二局	(例外)	日盤		時盤	冬至●221	啓蟄●222	清明●223	立夏●224
陽三局	HD休水	CB生火	JI傷月	EH(杜)日	AC景神	DJ死土	BE驚金	IA開木
陽四局	(例外)	日盤●21		時盤	大寒●229	雨水●230	春分●231	芒種●232
陽五局	HI傷金	CD杜木	BG景水	IA死火	DJ驚月	GH(開)日	AC休神	JB生土
陽六局	EH(驚)土	IJ開金	GA休木	DE生水	CI傷火	HG杜月	JD景日	AC死神
陽七局	(例外)	日盤●22		時盤	大寒●237	雨水●238	春分●239	芒種●240
陽八局	EA杜火	IH(景)月	JB死日	AC驚神	HG開土	BE休金	CI生木	GJ傷水
陽九局	CE傷月	DG杜日	AC景神	BD死土	HA驚金	IB開木	EH(休)水	GI生火

C戌	南	南西	西	北西	北	北東	東	南東
陰1局	DF驚月	FB開火	BH休水	HI(生)木	IE傷金	EA杜土	AC景神	CD死日
陰2局	EA傷日	IE杜月	JI(景)火	FJ死水	HF驚木	BH開金	CB休土	AC生神
陰3局	(例外)	日盤		時盤	小暑●241	立秋●242	霜降●243	小雪●244
陰4局	FI(死)木	EA驚金	ID開土	AC休神	DH生日	CJ傷月	HF杜火	JE景水
陰5局	IJ驚金	DH開土	AC休神	FB生日	JI(傷)月	HD杜火	CA景水	BF死木
陰6局	BD傷火	EI(杜)水	JB景木	CE死金	HJ驚土	AC開神	DH休日	IA生月
陰7局	(例外)	日盤		時盤	夏至●249	白露●250	寒露●251	立冬●252
陰8局	IB休木	BD生水	DF傷金	FA杜土	AC景神	CE死日	EJ驚月	JI(開)火
陰9局	(例外)	日盤		時盤	小暑●257	立秋●258	霜降●259	小雪●260
C戌	**南**	**南西**	**西**	**北西**	**北**	**北東**	**東**	**南東**
陽一局	(例外)	日盤		時盤	小寒●245	立春●246	穀雨●247	小満●248
陽二局	AC休神	CE生土	EJ傷金	JI(杜)木	IB景水	BD死火	DF驚月	FA開日
陽三局	(例外)	日盤		時盤	冬至●253	啓蟄●254	清明●255	立夏●256
陽四局	HJ傷日	AC杜神	DH景土	IA死金	BD驚木	EI(開)水	JB休火	CE生月
陽五局	JI(驚)金	HD開木	CA休水	BF生火	IJ傷月	DH杜日	AC景神	FB死土
陽六局	DH死土	CJ驚金	HF開木	JE休水	FI(生)火	EA傷月	ID杜日	AC景神
陽七局	(例外)	日盤		時盤	小寒●261	立春●262	穀雨●263	小満●264
陽八局	HF傷火	BH杜月	CB景日	AC死神	EA驚土	IE開金	JI(休)木	FJ生水
陽九局	IE驚月	EA開日	AC休神	CD生土	DF傷金	FB杜木	BH景水	HI(死)火

C申	南	南西	西	北西	北	北東	東	南東
陰1局	(例外)	日盤●23		時盤	大暑●265	処暑●266	秋分●267	大雪●268
陰2局	BG驚日	CE開月	GI休火	EJ(生)水	IF傷木	JA杜金	FB景土	AC死神
陰3局	(例外)	日盤		時盤	夏至●273	白露●274	寒露●275	立冬●276
陰4局	GI杜木	DG景金	CD死土	AC驚神	JA開日	FJ(休)月	EF生火	IE傷水
陰5局	FJ(死)金	JA驚土	AC開神	CB休日	BI生月	ID傷火	DG杜水	GF景木
陰6局	ID驚火	BI開水	EB休木	JE生金	CJ(傷)土	AC杜神	GA景日	DG死月
陰7局	AC傷神	CJ(杜)日	JE景月	EF死火	FD驚水	DB開木	BI休金	IA生土
陰8局	(例外)	日盤		時盤	小暑●281	立秋●282	霜降●283	小雪●284
陰9局	GE休土	AC生神	BG傷日	FA杜月	DB景火	JF死水	ED驚木	CJ(開)金
C申	**南**	**南西**	**西**	**北西**	**北**	**北東**	**東**	**南東**
陽一局	DB休木	JF生水	ED傷火	CJ(杜)月	GE景日	AC死神	BG驚土	FA開金
陽二局	(例外)	日盤		時盤	小寒●245	立春●246	穀雨●247	小満●248
陽三局	FD傷水	DB杜火	BI景月	IA死日	AC驚神	CJ(開)土	JE休金	EF生木
陽四局	CJ(驚)日	AC開神	GA休土	DG生金	ID傷木	BI杜水	EB景火	JE死月
陽五局	BI死金	ID驚木	DG開水	GF休火	FJ(生)月	JA傷日	AC杜神	CB景土
陽六局	JA杜土	FJ(景)金	EF死木	IE驚水	GI開火	DG休月	CD生日	AC傷神
陽七局	(例外)	日盤		時盤	冬至●277	啓蟄●278	清明●279	立夏●280
陽八局	IF驚火	JA開月	FB休日	AC生神	BG傷土	CE杜金	GI景木	EJ死水
陽九局	(例外)	日盤●24		時盤	大寒●285	雨水●286	春分●287	芒種●288

表5 遁甲立向盤〈C午·C辰·D卯·D丑〉

C午	南	南西	西	北西	北	北東	東	南東
陰1局	GF休月	CB生火	DH傷水	FA杜木	BE景金	HG死土	AC驚神	ED開日
陰2局	例外	日盤		時盤	夏至●289	白露●290	寒露●291	立冬●292
陰3局	例外	日盤●25		時盤	大暑●297	処暑●298	秋分●299	大雪●300
陰4局	JA傷火	FG杜金	ED(景)土	AC死神	GH驚日	DJ開月	CF休火	HE生水
陰5局	CJ杜金	BH景土	AC死神	DB驚日	GA開月	FD(休)火	JG生水	HF傷木
陰6局	JD(死)火	CA驚水	HB開木	GE休金	DJ生土	AC傷神	BH杜日	EG景月
陰7局	AC驚神	HJ開日	CE休月	JF生火	ED(傷)水	FB杜木	DA景金	BH死土
陰8局	GB傷水	CD(杜)木	EF景金	JG死土	AC驚神	BE開日	DJ休月	FA生火
陰9局	例外	日盤●26		時盤	大暑●305	処暑●306	秋分●307	大雪●308
C午	南	南西	西	北西	北	北東	東	南東
陽一局	例外	日盤●27		時盤	大寒●293	雨水●294	春分●295	芒種●296
陽二局	AC傷神	BE杜土	DJ景金	FA死木	GB驚水	CD(開)火	EF休月	JG生日
陽三局	ED(驚)水	FB開火	DA休月	BH生日	AC傷神	HJ杜土	CE景金	JF死木
陽四局	DJ死日	AC驚神	BH開土	EG休金	JD(生)木	CA傷水	HB杜火	GE景月
陽五局	GA杜金	FD(景)木	JG死水	HF驚火	CJ開月	BH休日	AC生神	DB傷土
陽六局	GH傷土	DJ杜金	CF景木	HE死水	JA驚火	FG開月	ED(休)日	AC生神
陽七局	例外	日盤●28		時盤	大寒●301	雨水●302	春分●303	芒種●304
陽八局	例外	日盤		時盤	冬至●309	啓蟄●310	清明●311	立夏●312
陽九局	BE休月	HG生日	AC傷神	ED(杜)土	GF景金	CB死木	DH驚水	FA開火

C辰	南	南西	西	北西	北	北東	東	南東
陰1局	例外	日盤		時盤	夏至●313	白露●314	寒露●315	立冬●316
陰2局	FG休日	HE生月	BI傷火	CA杜水	GF景木	EH死金	IB驚土	AC(開)神
陰3局	例外	日盤		時盤	小暑●321	立秋●322	霜降●323	小雪●324
陰4局	DI驚木	CG開金	HD休土	AC(生)神	FH傷日	EA杜月	IF景火	GE死水
陰5局	GA傷金	FH杜土	AC(景)神	HB死日	CI驚月	BD開火	IG休水	DF生木
陰6局	GD杜火	DI景水	IB死木	BE驚金	EA開土	AC(休)神	CH生日	HG傷月
陰7局	AC(死)神	EA驚日	FE開月	DF休火	BD生水	IB傷木	HI杜金	CH景土
陰8局	FB驚水	GD開木	CF休金	EG生土	AC(傷)神	IE杜日	BA景月	DI死火
陰9局	DE傷日	AC(杜)神	EG景月	CH死火	GB驚水	HF開木	BD休金	FA生金
C辰	南	南西	西	北西	北	北東	東	南東
陽一局	GB傷水	HF杜木	BD景火	FA死月	DE驚日	AC(開)神	EG休土	CH生金
陽二局	AC驚神	IE開日	BA休金	DI生木	FB傷水	GD杜火	CF景月	EG死日
陽三局	BD死水	IB(驚)火	HI開月	CH休日	AC(生)神	EA傷土	FE杜金	DF景木
陽四局	EA杜日	AC(景)神	CH死土	HG驚金	GD開木	DI休水	IB生火	BE傷月
陽五局	CI傷金	BD杜木	IG景水	DF死火	GA驚月	FH開日	AC(休)神	HB生土
陽六局	FH驚土	EA開金	IF休木	GE生水	DI傷火	CG杜月	HD景日	AC(死)神
陽七局	例外	日盤		時盤	小寒●317	立春●318	穀雨●319	小満●320
陽八局	GF休火	EH生月	IB傷日	AC(杜)神	FG景土	HE死金	BI驚木	CA開水
陽九局	例外	日盤		時盤	冬至●325	啓蟄●326	清明●327	立夏●328

D卯	南	南西	西	北西	北	北東	東	南東
陰1局	GF驚日	CB開月	DH(休)火	FI生水	BA傷木	HG杜金	IC景土	AD死神
陰2局	例外	日盤		時盤	小暑●329	立秋●330	霜降●331	小雪●332
陰3局	DH(傷)木	GF杜金	IJ景土	AD死神	BG驚日	HI開月	FA休火	JB生水
陰4局	JI開金	FG休土	AD生神	IC傷日	GH(杜)月	DJ景火	CF死水	HA驚木
陰5局	例外	日盤		時盤	小暑●337	立秋●338	霜降●339	小雪●340
陰6局	AD生神	JI傷日	CB杜月	HA景火	GJ死水	DC驚木	IH(開)金	BG休土
陰7局	IC開水	HJ休木	CA生金	JF傷土	AD杜神	FB景日	DI死月	BH(驚)火
陰8局	例外	日盤		時盤	小暑●345	立秋●346	霜降●347	小雪●348
陰9局	GA生月	HC傷火	BG杜水	FH景木	DB死金	JF驚土	AD開神	CJ休日
D卯	南	南西	西	北西	北	北東	東	南東
陽一局	DB生月	JF傷日	AD杜神	CJ景土	GA死金	HC驚木	BG開水	FH休火
陽二局	例外	日盤		時盤	小寒●333	立春●334	穀雨●335	小満●336
陽三局	AD開神	FB休土	DI生金	BH(傷)木	IC杜水	HJ景火	CA死月	JF驚日
陽四局	GJ生水	DC傷火	IH(杜)月	BG景日	AD死神	JI驚土	CB開金	HA休木
陽五局	例外	日盤		時盤	小寒●341	立春●342	穀雨●343	小満●344
陽六局	GH(開)金	DJ休木	CF生水	HA傷火	JI杜月	FG景日	AD死神	IC驚土
陽七局	BG傷土	HI杜金	FA景木	JB死水	DH(驚)火	GF開月	IJ休日	AD生神
陽八局	例外	日盤		時盤	小寒●349	立春●350	穀雨●351	小満●352
陽九局	BA驚火	HG開月	IC休日	AD生神	GF傷土	CB杜金	DH(景)木	FI死水

D丑	南	南西	西	北西	北	北東	東	南東
陰1局	BA生日	HB傷月	IH杜火	EI景水	GE死木	CG驚金	DC開土	AD休神
陰2局	例外	日盤●29		時盤	夏至●353	白露●354	寒露●355	立冬●356
陰3局	EH休木	BA生金	HJ傷土	AD杜神	JG景日	DI(死)月	GE驚火	IB開水
陰4局	HI(傷)金	JG杜土	AD景神	EC死日	IH驚月	GJ開火	DA休水	CE生木
陰5局	CJ開火	BH休水	IC生木	DB傷金	GI(杜)土	AD景神	JG死日	HA驚月
陰6局	例外	日盤		時盤	大暑●361	処暑●362	秋分●363	大雪●364
陰7局	HC生水	CJ傷木	JE杜金	EA景土	AD死神	DB驚日	BI(開)月	IH休火
陰8局	DB開土	AD休神	GA生日	CG傷月	EC杜火	JE景水	IJ死木	BI驚金
陰9局	例外	日盤		時盤	大暑●369	処暑●370	秋分●371	大雪●372
D丑	南	南西	西	北西	北	北東	東	南東
陽一局	例外	日盤		時盤	大寒●357	雨水●358	春分●359	芒種●360
陽二局	EC開木	JE休水	IJ生火	BI傷月	DB杜日	AD景神	GA死土	CG驚金
陽三局	AD生神	DB傷土	BI杜金	IH景木	HG死水	CJ驚火	JE開月	EA休日
陽四局	例外	日盤		時盤	大寒●365	雨水●366	春分●367	芒種●368
陽五局	GI(開)日	AD休神	JG生土	HA傷金	CJ杜木	BH景水	IC死火	DB驚月
陽六局	IH傷金	GJ杜木	DA景水	CE死火	HI(驚)月	JG開日	AD休神	EC生土
陽七局	JG休土	DI(生)金	GE傷木	IB杜水	EH景火	BA死月	HJ驚日	AD開神
陽八局	例外	日盤●30		時盤	冬至●373	啓蟄●374	清明●375	立夏●376
陽九局	GE生火	CG傷月	DC杜日	AD景神	BA死土	HB驚金	IH開木	EI(休)水

表5 遁甲立向盤〈D亥・D酉・D未・D巳〉

D亥	南	南西	西	北西	北	北東	東	南東
陰1局	〈例外〉	日盤●31		時盤	夏至●377	寒露●378	白露●379	立冬●380
陰2局	〈例外〉	日盤		時盤	大暑●385	処暑●386	秋分●387	大雪●388
陰3局	FH驚木	JF開金	DJ(休)土	AD生神	IA傷日	EI杜月	BE景火	HB死水
陰4局	EI休金	IA生土	AD傷神	DC杜日	CH景月	HJ(死)火	JF驚水	FE開木
陰5局	HJ(傷)火	CH杜水	BC景木	IB死金	DI驚土	AD開神	FA休日	JF生月
陰6局	AD開神	DI休日	IB生月	BE傷火	EJ(杜)水	JC景木	CH死金	HA驚土
陰7局	〈例外〉	日盤●32		時盤	夏至●393	白露●394	寒露●395	立冬●396
陰8局	FB生土	AD傷神	CF杜日	EA景月	JC死火	IE驚水	BJ(開)木	DI休金
陰9局	BE開月	FC休火	DA生水	JH傷木	EB杜金	CF景土	AD死神	HJ(驚)日
D亥	南	南西	西	北西	北	北東	東	南東
陽一局	EB開月	CF休日	AD生神	HJ(傷)土	BE杜金	FC景木	DA死水	JH驚火
陽二局	JC生木	IE傷水	BJ(杜)火	DI景月	FB死日	AD驚神	CF開土	EA休金
陽三局	〈例外〉	日盤●33		時盤	冬至●381	啓蟄●382	清明●383	立夏●384
陽四局	EJ(開)水	JC休火	CH生月	HA傷日	AD杜神	DI景土	IB死金	BE驚木
陽五局	DI傷日	AD杜神	FA景土	JF死金	HJ(驚)木	CH開水	BC休火	IB生月
陽六局	CH休金	HJ(生)木	JF傷水	FE杜火	EI景月	IA死日	AD驚神	DC開土
陽七局	IA驚土	EI開金	BE休木	HB生水	FH傷火	JF杜月	DJ(景)日	AD死神
陽八局	〈例外〉	日盤		時盤	大寒●389	雨水●390	春分●391	芒種●392
陽九局	〈例外〉	日盤●34		時盤	冬至●397	啓蟄●398	清明●399	立夏●400

D酉	南	南西	西	北西	北	北東	東	南東
陰1局	IF開日	EB休月	GA生火	CI傷水	DE杜木	FG景金	BC死土	AD(驚)神
陰2局	〈例外〉	日盤		時盤	小暑●401	立秋●402	霜降●403	小雪●404
陰3局	IA生木	EF傷金	BJ杜土	AD(景)神	FG死日	JI驚月	DE開火	GB休水
陰4局	DI驚金	CG開土	AD(休)神	JC生日	FA傷月	EJ杜火	IF景水	GE死木
陰5局	IJ休火	DA生水	GC傷木	FB杜金	JI景土	AD(死)神	CG驚日	BF開月
陰6局	AD(傷)神	GI杜日	DB景月	IE死火	BJ驚水	EC開木	JA休金	CG生土
陰7局	FC開水	DJ休木	BE生金	IF傷土	AD(杜)神	CB景日	JI死月	EA驚火
陰8局	〈例外〉	日盤		時盤	小暑●409	立秋●410	霜降●411	小雪●412
陰9局	FE生月	DC傷火	JG杜水	EA景木	CB死金	GF驚土	AD(開)神	BJ休日
D酉	南	南西	西	北西	北	北東	東	南東
陽一局	CB生月	GF傷日	AD(杜)神	BJ景土	FE死金	DC驚木	JG開水	EA休火
陽二局	〈例外〉	日盤		時盤	小寒●405	立春●406	穀雨●407	小満●408
陽三局	AD(開)神	CB休土	JI生金	EA傷木	FC杜水	DJ景火	BE死月	IF驚日
陽四局	BJ傷水	EC杜火	JA景月	CG死日	AD(驚)神	GI開土	DB休金	IE生木
陽五局	JI休日	AD(生)神	CG傷土	BF杜金	IJ景木	DA死水	GC驚火	FB開月
陽六局	FA驚金	EJ開木	IF休水	GE生火	DI傷月	CG杜日	AD(景)神	JC死土
陽七局	FG生土	JI傷金	DE杜木	GB景水	IA死火	EF驚月	BJ開日	AD(休)神
陽八局	〈例外〉	日盤		時盤	小寒●413	立春●414	穀雨●415	小満●416
陽九局	DE開火	FG休月	BC生日	AD(傷)神	IF杜土	EB景金	GA死木	CI驚水

D未	南	南西	西	北西	北	北東	東	南東
陰1局	EF生日	GB傷月	CH杜火	DA景水	FE死木	BG驚金	HC(開)土	AD休神
陰2局	〈例外〉	日盤●35		時盤	夏至●417	白露●418	寒露●419	立冬●420
陰3局	〈例外〉	日盤		時盤	大暑●425	処暑●426	秋分●427	大雪●428
陰4局	FA生金	EG傷土	AD杜神	GC(景)日	DH死月	CJ驚火	HF開水	JE休木
陰5局	FJ驚火	JH開水	HC(休)木	CB生金	BA傷土	AD杜神	DG景日	GF死月
陰6局	AD休神	BA生日	EB傷月	JE杜火	CJ景水	HC(死)木	GH驚金	DG開土
陰7局	EC(傷)水	FJ杜木	DE景金	BF死土	AD驚神	HB開日	CA休月	JH生火
陰8局	JB開土	AD休神	BF生日	DG傷月	FC(杜)火	GE景水	CJ死木	EA驚金
陰9局	〈例外〉	日盤		時盤	大暑●433	処暑●434	秋分●435	大雪●436
D未	南	南西	西	北西	北	北東	東	南東
陽一局	〈例外〉	日盤		時盤	大寒●421	雨水●422	春分●423	芒種●424
陽二局	FC(開)木	GE休水	CJ生火	EA傷月	JB杜日	AD景神	BF死土	DG驚金
陽三局	AD傷神	HB杜土	CA景金	JH死木	EC(驚)水	FJ開火	DE休月	BF生日
陽四局	CJ休水	HC(生)火	GH傷月	DG杜日	AD景神	BA死土	EB驚金	JE開木
陽五局	BA驚日	AD開神	DG休土	GF生金	FJ傷木	JH杜水	HC(景)火	CB死月
陽六局	DH生金	CJ傷木	HF杜水	JE景火	FA死月	EG驚日	AD開神	GC(休)土
陽七局	〈例外〉	日盤		時盤	大寒●429	雨水●430	春分●431	芒種●432
陽八局	〈例外〉	日盤●36		時盤	冬至●437	啓蟄●438	清明●439	立夏●440
陽九局	FE生火	BG傷月	HC(杜)日	AD景神	EF死土	GB驚金	CH開木	DA休水

D巳	南	南西	西	北西	北	北東	東	南東
陰1局	〈例外〉	日盤●37		時盤	夏至●441	白露●442	寒露●443	立冬●444
陰2局	〈例外〉	日盤		時盤	大暑●449	処暑●450	秋分●451	大雪●452
陰3局	BH開木	HF休金	FA生土	AD傷神	DG杜日	GI景月	IE死火	EB(驚)水
陰4局	〈例外〉	日盤●38		時盤	夏至●457	白露●458	寒露●459	立冬●460
陰5局	BA生火	IH傷水	DC杜木	GB(景)金	FI死土	AD驚神	HG開日	CF休月
陰6局	AD驚神	CI開日	HB(休)月	GE生火	DA傷水	IC杜木	BH景金	EG死土
陰7局	BC休水	IA生木	HE傷金	CF杜土	AD景神	EB(死)日	FI驚月	DH開火
陰8局	EB(傷)土	AD杜神	IF景日	BG死月	DC驚火	FE開水	GA休木	CI生金
陰9局	CE開月	GC休火	HG生水	BH傷木	FB(杜)金	DF景土	AD死神	EA驚日
D巳	南	南西	西	北西	北	北東	東	南東
陽一局	FB(開)月	DF休日	AD生神	EA傷土	CE杜金	GC景木	HG死水	BH驚火
陽二局	DC傷木	FE杜水	GA景火	CI死月	EB(驚)日	AD開神	IF休土	BG生金
陽三局	AD休神	EB(生)土	FI傷金	DH杜木	BC景水	IA死火	HE驚月	CF開日
陽四局	DA驚水	IC開火	BH休月	EG生日	AD傷神	CI杜土	HB(景)金	GE死木
陽五局	FI生日	AD傷神	HG杜土	CF景金	BA死木	IH驚水	DC開火	GB(休)月
陽六局	〈例外〉	日盤●39		時盤	冬至●445	啓蟄●446	清明●447	立夏●448
陽七局	DG開土	GI休金	IE生木	EB(傷)水	BH杜火	HF景月	FA死日	AD驚神
陽八局	〈例外〉	日盤		時盤	大寒●453	雨水●454	春分●455	芒種●456
陽九局	〈例外〉	日盤●40		時盤	冬至●461	啓蟄●462	清明●463	立夏●464

表5 遁甲立向盤〈E辰·E寅·E子·E戌〉

E辰	南	南西	西	北西	北	北東	東	南東
陰1局	FF死水	BB驚木	HH開金	II(休)土	AA生神	GG傷日	CC杜月	DD景火
陰2局	GG杜土	AA景神	II(死)日	JJ驚月	FF開火	HH休水	BB生木	CC傷金
陰3局	HH死月	FF驚火	JJ開水	DD休木	GG生金	II(傷)土	AA杜神	BB景日
陰4局	II(杜)日	GG景月	DD死火	CC驚水	HH開木	JJ休金	FF生土	AA傷神
陰5局	〈例外〉	日盤 41		時盤	小暑 465	立秋 466	霜降 467	小雪 468
陰6局	DD驚木	II(開)金	BB休土	AA生神	JJ傷日	CC杜月	HH景火	GG死水
陰7局	CC休金	JJ生土	AA傷神	FF杜日	DD景月	BB死火	II(驚)水	HH開木
陰8局	BB傷火	DD杜水	FF景木	GG死金	CC驚土	AA開神	JJ休日	II(生)月
陰9局	〈例外〉	日盤		時盤	夏至 473	白露 474	寒露 475	立冬 476
E辰	南	南西	西	北西	北	北東	東	南東
陽一局	〈例外〉	日盤		時盤	冬至 469	啓蟄 470	清明 471	立夏 472
陽二局	CC傷日	AA杜神	JJ景土	II(死)金	BB驚木	DD開水	FF休火	GG生月
陽三局	DD休金	BB生木	II(傷)水	HH杜火	CC景月	JJ死日	AA驚神	FF開土
陽四局	JJ驚土	CC開金	HH休木	GG生水	DD傷火	II(杜)月	BB景日	AA死神
陽五局	〈例外〉	日盤 42		時盤	小寒 477	立春 478	穀雨 479	小満 480
陽六局	HH杜火	JJ景月	FF死日	AA驚神	II(開)土	GG休金	DD生木	CC傷水
陽七局	GG死月	II(驚)日	AA開神	BB休土	HH生金	FF傷木	JJ杜水	DD景火
陽八局	FF杜木	HH景水	BB死火	CC驚月	GG開日	AA休神	II(生)土	JJ傷金
陽九局	AA死神	GG驚土	CC開金	DD休木	FF生水	BB傷火	HH杜月	II(景)日

E寅	南	南西	西	北西	北	北東	東	南東
陰1局	〈例外〉	日盤 43		時盤	小暑 481	立秋 482	霜降 483	小雪 484
陰2局	JG死土	AE驚神	HI開日	BJ(休)月	CA生火	GB傷水	EB杜木	IC景金
陰3局	DH杜月	GA景火	IJ(死)水	ED驚木	BG開金	HI休土	AE生神	JB傷日
陰4局	EI死日	IG驚月	GD開火	DC休水	CH生木	HJ(傷)金	JA杜土	AE景神
陰5局	〈例外〉	日盤		時盤	夏至 489	白露 490	寒露 491	立冬 492
陰6局	〈例外〉	日盤		時盤	大暑 497	処暑 498	秋分 499	大雪 500
陰7局	JC驚金	EJ(開)土	AE休神	DA生日	BD傷月	IB杜火	HI景水	CH死木
陰8局	EB休火	JD生水	IA傷木	BG杜金	DC景土	AE死神	GJ(驚)日	CI開月
陰9局	AE傷神	DC杜日	JG景月	EH死火	CB驚水	GA開木	HD休金	BJ(生)土
E寅	南	南西	西	北西	北	北東	東	南東
陽一局	CB傷水	GA杜火	HD景月	BJ(死)日	AE驚神	DC開土	JG休金	EH生木
陽二局	DC休日	AE生神	GJ(傷)土	CI杜金	EB景木	JD死水	IA驚火	BG開月
陽三局	BD驚金	IB開木	HI休水	CH生火	JC傷月	EJ(杜)日	AE景神	DA死土
陽四局	〈例外〉	日盤		時盤	大寒 485	雨水 486	春分 487	芒種 488
陽五局	〈例外〉	日盤		時盤	冬至 493	啓蟄 494	清明 495	立夏 496
陽六局	CH死火	HJ(驚)月	JA開日	AE休神	EI生土	IG傷金	GD杜木	DC景水
陽七局	BG杜月	HI景日	AE死神	JB驚土	DH開金	GA休木	IJ(生)水	ED傷火
陽八局	CA死木	GH驚水	EB開火	IC休月	JG生日	AE傷神	HI杜土	BJ(景)金
陽九局	〈例外〉	日盤 44		時盤	小寒 501	立春 502	穀雨 503	小満 504

E子	南	南西	西	北西	北	北東	東	南東
陰1局	BF傷水	HB杜木	IH景金	EI死土	AE驚神	CA開日	DC休月	FD(生)火
陰2局	〈例外〉	日盤		時盤	大暑 505	処暑 506	秋分 507	大雪 508
陰3局	EH死月	BF驚火	HJ開水	FD(休)木	JA生金	DI傷土	AE杜神	IB景日
陰4局	DI杜日	CA景月	HD(死)火	JC驚水	FH開木	EJ休金	IF生土	AE傷神
陰5局	〈例外〉	日盤		時盤	大暑 513	処暑 514	秋分 515	大雪 516
陰6局	JD(杜)木	CI景金	HB死土	AE驚神	DJ開日	IC休月	BH生火	EA傷水
陰7局	〈例外〉	日盤		時盤	夏至 521	白露 522	寒露 523	立冬 524
陰8局	JB驚火	ID(開)水	BF休木	DA生金	FC傷土	AE杜神	CJ景日	EI死月
陰9局	AE休神	HC生日	BA傷月	FH杜火	DB景水	JF死木	ED(驚)金	CJ開土
E子	南	南西	西	北西	北	北東	東	南東
陽一局	DB休水	JF生火	ED(傷)月	CJ杜日	AE景神	HC死土	BA驚金	FH開木
陽二局	FC驚日	AE開神	CJ休土	EI生金	JB傷木	ID(杜)水	BF景火	DA死月
陽三局	〈例外〉	日盤		時盤	冬至 509	啓蟄 510	清明 511	立夏 512
陽四局	DJ杜土	IC景金	BH死木	EA驚水	JD(開)火	CI休月	HB生日	AE傷神
陽五局	〈例外〉	日盤		時盤	大寒 517	雨水 518	春分 519	芒種 520
陽六局	FH杜火	EJ景月	IF死日	AE驚神	DI開土	CA休金	HD(生)木	JC傷水
陽七局	JA死月	DI驚日	AE開神	IB休土	EH生金	BF傷木	HJ杜水	FD(景)火
陽八局	〈例外〉	日盤		時盤	大寒 525	雨水 526	春分 527	芒種 528
陽九局	AE傷神	CA杜土	DC景金	FD(死)木	BF驚水	HB開火	IH休月	EI生日

E戌	南	南西	西	北西	北	北東	東	南東
陰1局	CF休水	DB生木	FA傷金	BI杜土	AE景神	IG死日	EC(驚)月	GD開火
陰2局	FG傷土	AE杜神	BI景日	CJ死月	GF驚火	EA開水	IB休木	JC(生)金
陰3局	〈例外〉	日盤		時盤	夏至 529	白露 530	寒露 531	立冬 532
陰4局	JI死日	FG驚月	ED開火	IC(休)水	GA生木	DJ傷金	CF杜土	AE景神
陰5局	〈例外〉	日盤 45		時盤	小暑 537	立秋 538	霜降 539	小雪 540
陰6局	ED死木	JI驚金	CB開土	AE休神	GJ生日	DC(傷)月	IA杜火	BG景水
陰7局	BC(杜)金	IJ景土	AE死神	CF驚日	JD開月	EB休火	FI生水	DA傷木
陰8局	〈例外〉	日盤 46		時盤	小暑 545	立秋 546	霜降 547	小雪 548
陰9局	AE驚神	BC(開)日	FG休月	DA生火	JB傷水	EF杜木	CD景金	GJ死土
E戌	南	南西	西	北西	北	北東	東	南東
陽一局	JB驚水	EF開火	CD休月	GJ生日	AE傷神	BC(杜)土	FG景金	DA死木
陽二局	〈例外〉	日盤 47		時盤	小寒 533	立春 534	穀雨 535	小満 536
陽三局	JD杜金	EB景木	FI死水	DA驚火	BC(開)月	IJ休日	AE生神	CF傷土
陽四局	GJ死土	DC(驚)金	IA開木	BG休水	ED生火	JI傷月	CB杜日	AE景神
陽五局	〈例外〉	日盤 48		時盤	小寒 541	立春 542	穀雨 543	小満 544
陽六局	GA死火	DJ驚月	CF開日	AE休神	JI生土	FG傷金	ED杜木	IC(景)水
陽七局	〈例外〉	日盤		時盤	冬至 549	啓蟄 550	清明 551	立夏 552
陽八局	GF傷木	EA杜水	IB景火	JC(死)月	FG驚日	AE開神	BI休土	CJ生金
陽九局	AE休神	IG生土	EC(傷)金	GD杜木	CF景水	DB死火	FA驚月	BI開日

表5 遁甲立向盤〈E申·E午·F巳·F卯〉

E申	南	南西	西	北西	北	北東	東	南東
陰1局	DF驚水	FB(開)木	BH休金	HA生土	AE傷神	EG杜日	GC景月	CD死火
陰2局	EG休土	AE生神	JA傷日	FJ杜月	HF景火	BH死水	CB(驚)木	GC開金
陰3局	BH傷月	HF杜火	FJ景水	JD死木	DG驚金	GA開日	AE休神	EB(生)日
陰4局	〈例外〉	日盤 49		時盤	小暑 553	立秋 554	霜降 555	小雪 556
陰5局	〈例外〉	日盤		時盤	夏至 561	白露 562	寒露 563	立冬 564
陰6局	HD杜木	GA景金	DB(死)土	AE驚神	BJ開日	EC休月	JH生火	CG傷水
陰7局	DC死金	BJ驚土	AE開神	HF休日	CD生月	JB(傷)火	EA杜水	FH景木
陰8局	FB(杜)火	GD景水	CF死木	EG驚金	JC開土	AE休神	BJ生日	DA傷月
陰9局	〈例外〉	日盤		時盤	大暑 569	処暑 570	秋分 571	大雪 572
E申	南	南西	西	北西	北	北東	東	南東
陽一局	〈例外〉	日盤		時盤	大寒 557	雨水 558	春分 559	芒種 560
陽二局	JC杜日	AE景神	BJ死土	DA驚金	FB(開)木	GD休水	CF生火	EG傷月
陽三局	CD死金	JB(驚)木	EA開水	FH休火	DC生月	BJ傷日	AE杜神	HF景土
陽四局	BJ杜土	EC景金	JH死木	CG驚水	HD開火	GA休月	DB(生)日	AE傷神
陽五局	〈例外〉	日盤		時盤	冬至 565	啓蟄 566	清明 567	立夏 568
陽六局	〈例外〉	日盤 50		時盤	小寒 573	立春 574	穀雨 575	小満 576
陽七局	DG傷月	GA杜日	AE景神	EB(死)土	BH驚金	HF開木	FJ休水	JD生火
陽八局	HF休木	BH生水	CB(傷)火	GC杜月	EG景日	AE死神	JA驚土	FJ開金
陽九局	AE驚神	EG開土	GC休金	CD生木	DF傷水	FB(杜)火	BH景月	HA死日

E午	南	南西	西	北西	北	北東	東	南東
陰1局	〈例外〉	日盤		時盤	夏至 577	白露 578	寒露 579	立冬 580
陰2局	IG驚土	AE(開)神	FI休日	HA生月	BF傷火	CH杜水	GB景木	EC死金
陰3局	GH休月	IF生火	EA傷水	BD杜木	HG景金	FI死土	AE(驚)神	DB開日
陰4局	FI傷日	EG杜月	ID景火	GC死水	DH驚木	CA開金	HF休土	AE(生)神
陰5局	〈例外〉	日盤		時盤	大暑 585	処暑 586	秋分 587	大雪 588
陰6局	ID死木	BI驚金	EB開土	AE(休)神	CA生日	HC傷月	GH杜火	DG景水
陰7局	HC杜金	CA景土	AE(死)神	EF驚日	FD開月	DB休火	BI生水	IH傷木
陰8局	DB死火	FD驚水	GF開木	CG休金	EC生土	AE(傷)神	IA杜日	BI景月
陰9局	AE(杜)神	EC景日	CG死月	GH驚火	HB開水	BF休木	FD生金	DA傷土
E午	南	南西	西	北西	北	北東	東	南東
陽一局	HB杜水	BF景火	FD死月	DA驚日	AE(開)神	EC休土	CG生金	GH傷木
陽二局	EC死日	AE(驚)神	IA開土	BI休金	DB生木	FD傷水	GF杜火	CG景月
陽三局	FD杜金	DB景木	BI死水	IH驚火	HC開月	CA休日	AE(生)神	EF傷土
陽四局	CA死土	HC驚金	GH開木	DG休水	ID生火	BI傷月	EB杜日	AE(景)神
陽五局	〈例外〉	日盤		時盤	大寒 581	雨水 582	春分 583	芒種 584
陽六局	DH傷火	CA杜月	HF景日	AE(死)神	FI驚土	EG開金	ID休木	GC生水
陽七局	HG休月	FI生日	AE(傷)神	DB杜土	GH景金	IF死木	EA驚水	BD開火
陽八局	BF驚木	CH開水	GB休火	EC生月	IG傷日	AE(杜)神	FI景土	HA死金
陽九局	〈例外〉	日盤		時盤	冬至 589	啓蟄 590	清明 591	立夏 592

F巳	南	南西	西	北西	北	北東	東	南東
陰1局	〈例外〉	日盤 51		時盤	大暑 593	処暑 594	秋分 595	大雪 596
陰2局	HG傷水	BA杜木	CI景金	GJ(死)土	AF驚神	IH開日	JB休月	FC生火
陰3局	IH休土	AF生神	BJ(傷)日	HD杜月	FG景火	JI死水	DA驚木	GB開金
陰4局	GI驚月	DG開火	CD休水	HC生木	JH傷金	FJ(杜)土	AF景神	IA死日
陰5局	〈例外〉	日盤		時盤	小暑 601	立秋 602	霜降 603	小雪 604
陰6局	〈例外〉	日盤		時盤	夏至 609	白露 610	寒露 611	立冬 612
陰7局	HC死木	CJ(驚)金	JA開土	AF休神	FD生日	DB傷月	BI杜火	IH景水
陰8局	GB杜金	CD景土	AF死神	JG驚日	IC開月	BA休火	DJ(生)水	FI傷木
陰9局	HA死火	BC驚水	FG開木	DH休金	JB生土	AF傷神	CD杜日	GJ(景)月
F巳	南	南西	西	北西	北	北東	東	南東
陽一局	JB死日	AF驚神	CD開土	GJ(休)金	HA生木	BC傷水	FG杜火	DH景月
陽二局	IC杜金	BA景木	DJ(死)水	FI驚火	GB開月	CD休日	AF生神	JG傷土
陽三局	FD死土	DB驚金	BI開木	IH休水	HC生火	CJ(傷)月	JA杜日	AF景神
陽四局	〈例外〉	日盤		時盤	冬至 597	啓蟄 598	清明 599	立夏 600
陽五局	〈例外〉	日盤		時盤	小寒 605	立春 606	穀雨 607	小満 608
陽六局	JH驚月	FJ(開)日	AF休神	IA生土	GI傷金	DG杜木	CD景水	HC死火
陽七局	FG休木	JI生水	DA傷火	GB杜月	IH景日	AF死神	BJ(驚)土	HD開金
陽八局	AF傷神	IH杜土	JB景金	FC死木	HG驚水	BA開火	CI休月	GJ(生)日
陽九局	〈例外〉	日盤 52		時盤	大寒 613	雨水 614	春分 615	芒種 616

F卯	南	南西	西	北西	北	北東	東	南東
陰1局	AA死神	BB驚日	HH開月	II休火	EE生水	GG傷木	CC杜金	DD(景)土
陰2局	〈例外〉	日盤		時盤	夏至 617	白露 618	寒露 619	立冬 620
陰3局	HH傷土	AA杜神	JJ景日	DD(死)月	GG驚火	II開水	EE休木	BB生金
陰4局	II休月	GG生火	DD(傷)水	CC杜木	HH景金	JJ死土	AA驚神	EE開日
陰5局	JJ驚日	HH開月	CC休火	BB生水	II傷木	DD(杜)金	GG景土	AA死神
陰6局	〈例外〉	日盤 53		時盤	大暑 625	処暑 626	秋分 627	大雪 628
陰7局	CC杜木	JJ景金	EE死土	AA驚神	DD(開)日	BB休月	II生火	HH傷水
陰8局	BB死金	DD(驚)土	AA開神	GG休日	CC生月	EE傷火	JJ杜水	II景木
陰9局	EE杜火	CC景水	GG死木	HH驚金	BB開土	AA休神	DD(生)日	JJ傷月
F卯	南	南西	西	北西	北	北東	東	南東
陽一局	BB杜日	AA景神	DD(死)土	JJ驚金	EE開木	CC休水	GG生火	HH傷月
陽二局	CC死金	EE驚木	JJ開水	II休火	BB生月	DD(傷)日	AA杜神	GG景土
陽三局	DD(杜)土	BB景金	II死木	HH驚水	CC開火	JJ休月	EE生日	AA傷神
陽四局	〈例外〉	日盤 54		時盤	大寒 621	雨水 622	春分 623	芒種 624
陽五局	II驚火	DD(開)月	GG休日	AA生神	JJ傷土	HH杜金	CC景木	BB死水
陽六局	HH休月	JJ生日	AA傷神	EE杜土	II景金	GG死木	DD(驚)水	CC開火
陽七局	GG傷木	II杜水	EE景火	BB死月	HH驚日	AA開神	JJ休土	DD(生)金
陽八局	〈例外〉	日盤		時盤	冬至 629	啓蟄 630	清明 631	立夏 632
陽九局	EE死水	GG驚火	CC開月	DD(休)日	AA生神	BB傷土	HH杜金	II景木

表 5　遁甲立向盤〈F丑·F亥·F酉·F未〉

F丑	南	南西	西	北西	北	北東	東	南東
陰1局	AF杜神	CB景日	DH死月	FI驚火	BE開水	HA休木	IC(生)金	ED傷土
陰2局	FA死水	HE驚木	BI開金	CJ休土	AF生神	EH傷日	IB杜月	JC(景)火
陰3局	〈例外〉	日盤		時盤	小暑 633	立秋 634	霜降 635	小雪 636
陰4局	CI傷月	HA杜火	JD景水	FC(死)木	EH驚金	IJ開土	AF休神	DE生日
陰5局	FJ休日	JH生月	HC(傷)火	CB杜水	BI景木	ID死金	DA驚土	AF開神
陰6局	〈例外〉	日盤		時盤	小暑 641	立秋 642	霜降 643	小雪 644
陰7局	〈例外〉	日盤		時盤	夏至 649	白露 650	寒露 651	立冬 652
陰8局	DB杜金	FD景土	AF死神	CA驚日	EC(開)月	JE休火	IJ生水	BI傷木
陰9局	FE死火	DC(驚)水	JA開木	EH休金	CB生土	AF傷神	HD杜日	BJ景月
F丑	南	南西	西	北西	北	北東	東	南東
陽一局	CB死日	AF驚神	HD開土	BJ休金	FE生木	DC(傷)水	JA杜火	EH景月
陽二局	EC(杜)金	JE景木	IJ死水	BI驚火	DB開月	FD休日	AF生神	CA傷土
陽三局	〈例外〉	日盤		時盤	冬至 637	啓蟄 638	清明 639	立夏 640
陽四局	〈例外〉	日盤		時盤	小寒 645	立春 646	穀雨 647	小満 648
陽五局	BI休火	ID生月	DA傷日	AF杜神	FJ景土	JH死金	HC(傷)木	CB開水
陽六局	EH傷月	IJ杜日	AF景神	DE死土	CI驚金	HA開木	JD休水	FC(生)火
陽七局	〈例外〉	日盤		時盤	小寒 653	立春 654	穀雨 655	小満 656
陽八局	AF死神	EH驚土	IB開金	JC(休)木	FA生水	HE傷火	BI杜月	CJ景日
陽九局	BE杜水	HA景火	IC(死)月	ED驚日	AF開神	CB休土	DH生金	FI傷木

F亥	南	南西	西	北西	北	北東	東	南東
陰1局	AF死神	IB(驚)日	EA開月	GI休火	CE生水	DG傷木	FC杜金	BD景土
陰2局	EG杜水	IE景木	JI死金	FJ驚土	AF開神	BA休日	CB(生)月	GC傷火
陰3局	BA死土	AF驚神	FJ開日	JD休月	DG生火	GI傷水	IE杜木	EB(景)金
陰4局	〈例外〉	日盤 55		時盤	大暑 657	処暑 658	秋分 659	大雪 660
陰5局	CJ傷日	BA杜月	IC景火	DB(死)水	GI驚木	FD開金	JG休土	AF生神
陰6局	〈例外〉	日盤		時盤	夏至 665	白露 666	寒露 667	立冬 668
陰7局	DC驚木	BJ開金	IE休土	AF生神	CD傷日	JB(杜)月	EI景火	FA死水
陰8局	〈例外〉	日盤		時盤	小暑 673	立秋 674	霜降 675	小雪 676
陰9局	DE杜火	JC景水	EG死木	CA驚金	GB(開)土	AF休神	BD生日	FJ傷月
F亥	南	南西	西	北西	北	北東	東	南東
陽一局	GB(杜)日	AF景神	BD死土	FJ驚金	DE開木	JC休水	EG生火	CA傷月
陽二局	〈例外〉	日盤		時盤	小寒 661	立春 662	穀雨 663	小満 664
陽三局	CD驚土	JB(開)金	EI休木	FA生水	DC傷火	BJ杜月	IE景日	AF死神
陽四局	〈例外〉	日盤		時盤	冬至 669	啓蟄 670	清明 671	立夏 672
陽五局	GI傷火	FD杜月	JG景日	AF死神	CJ驚土	BA開金	IC休木	DB(生)水
陽六局	〈例外〉	日盤 56		時盤	大寒 677	雨水 678	春分 679	芒種 680
陽七局	DG死木	GI驚水	IE開火	EB(休)月	BA生日	AF傷神	FJ杜土	JD景金
陽八局	AF杜神	BA景土	CB(死)金	GC驚木	EG開水	IE休火	JI生月	FJ傷日
陽九局	CE死水	DG驚火	FC開月	BD休日	AF生神	IB(傷)土	EA杜金	GI景木

F酉	南	南西	西	北西	北	北東	東	南東
陰1局	AF杜神	EB景日	GH死月	CA驚火	DE(開)水	FG休木	BC生金	HD傷土
陰2局	BG死水	CE(驚)木	GA開金	EJ休土	AF生神	JH傷日	FB杜月	HC景火
陰3局	GH杜土	AF景神	EJ死日	BD驚月	HG開火	FA休水	JE(生)木	DB傷金
陰4局	DA死月	CG驚火	HD開水	JC休木	FH生金	EJ傷土	AF杜神	GE(景)日
陰5局	〈例外〉	日盤		時盤	夏至 681	白露 682	寒露 683	立冬 684
陰6局	〈例外〉	日盤 57		時盤	大暑 689	処暑 690	秋分 691	大雪 692
陰7局	FC休木	DJ生金	BE(傷)土	AF杜神	HD景日	CB死月	JA驚火	EH開水
陰8局	EB驚金	JD開土	AF休神	BG生日	DC傷月	FE(杜)火	GJ景水	CA死木
陰9局	〈例外〉	日盤 58		時盤	大暑 697	処暑 698	秋分 699	大雪 700
F酉	南	南西	西	北西	北	北東	東	南東
陽一局	〈例外〉	日盤 59		時盤	大寒 685	雨水 686	春分 687	芒種 688
陽二局	DC驚金	FE(開)木	GJ休水	CA生火	EB傷月	JD杜日	AF景神	BG死土
陽三局	HD休土	CB生金	JA傷木	EH杜水	FC景火	DJ死月	BE(驚)日	AF開神
陽四局	〈例外〉	日盤 60		時盤	大寒 693	雨水 694	春分 695	芒種 696
陽五局	〈例外〉	日盤		時盤	冬至 701	啓蟄 702	清明 703	立夏 704
陽六局	FH死月	EJ驚日	AF開神	GE(休)土	DA生金	CG傷木	HD杜水	JC景火
陽七局	AG杜木	FA景水	JE(死)火	DB驚月	GH開日	AF休神	EJ生土	BD傷金
陽八局	AF死神	JH驚土	FB開金	HC休木	BG生水	CE(傷)火	GA杜月	EJ景日
陽九局	DE(杜)水	FG景火	BC死月	HD驚日	AF開神	EB休土	GH生金	CA傷木

F未	南	南西	西	北西	北	北東	東	南東
陰1局	〈例外〉	日盤		時盤	夏至 705	白露 706	寒露 707	立冬 708
陰2局	CG杜水	GE景木	EI死金	IA驚土	AF(開)神	FH休日	HB生月	BC傷火
陰3局	FH死土	AF(驚)神	DA開日	GD休月	IG生火	EI傷水	BE杜木	HB景金
陰4局	EI杜月	IG景火	GD死水	DC驚木	CH開金	HA休土	AF(生)神	FE傷日
陰5局	HA死日	CH驚月	BC開火	IB休水	DI生木	GD傷金	FG杜土	AF(景)神
陰6局	〈例外〉	日盤		時盤	小暑 713	立秋 714	霜降 715	小雪 716
陰7局	IC傷木	HA杜金	CE景土	AF(死)神	ED驚日	FB開月	DI休火	BH生水
陰8局	CB休金	ED生土	AF(傷)神	IG杜日	BC景月	DE死火	FA驚水	GI開木
陰9局	GE驚火	HC開水	BG休木	FH生金	DB傷土	AF(杜)神	ED景日	CA死月
F未	南	南西	西	北西	北	北東	東	南東
陽一局	DB驚日	AF(開)神	ED休土	CA生金	GE傷木	HC杜水	BG景火	FH死月
陽二局	BC休金	DE生木	FA傷水	GI杜火	CB景月	ED死日	AF(驚)神	IG開土
陽三局	ED傷土	FB杜金	DI景木	BH死水	IC驚火	HA開月	CE休日	AF(生)神
陽四局	〈例外〉	日盤		時盤	小寒 709	立春 710	穀雨 711	小満 712
陽五局	DI死火	GD驚月	FG開日	AF(休)神	HA生土	CH傷金	BC杜木	IB景水
陽六局	CH杜月	HA景日	AF(死)神	FE驚土	EI開金	IG休木	GD生水	DC傷火
陽七局	IG死木	EI驚水	BE開火	AB休月	FH生日	AF(傷)神	DA杜土	GD景金
陽八局	AF(杜)神	FH景土	HB死金	BC驚木	CG開水	GE休火	EI生月	IA傷日
陽九局	〈例外〉	日盤		時盤	冬至 717	啓蟄 718	清明 719	立夏 720

表5 遁甲立向盤〈G午·G辰·G寅·G子〉

G午	南	南西	西	北西	北	北東	東	南東
陰1局	DF生火	FB傷水	BH杜木	HI景金	IA死土	AG驚神	GC開日	CD(休)月
陰2局	〈例外〉	日盤		時盤	小暑 721	立秋 722	霜降 723	小雪 724
陰3局	JH開水	DF休木	GJ生金	ID(傷)土	AG杜神	BI景日	HA死月	FB驚火
陰4局	FI生土	AG傷神	ID(杜)日	GC景月	DH死火	CJ驚水	HF開木	JA休金
陰5局	〈例外〉	日盤		時盤	小暑 729	立秋 730	霜降 731	小雪 732
陰6局	JD(開)日	CI休月	HB生火	GA傷水	DJ杜木	IC景金	BH死土	AG驚神
陰7局	〈例外〉	日盤		時盤	大暑 737	処暑 738	秋分 739	大雪 740
陰8局	FB休木	GD(生)金	CF傷土	AG杜神	JC景日	IA死月	BJ驚火	DI開水
陰9局	DA驚金	JC開土	AG休神	CH生日	GB傷月	HF杜火	BD(景)水	FJ死木
陽一局	GB驚金	HF開木	BD(休)水	FJ生火	DA傷月	JC杜日	AG景神	CH死土
陽二局	JC休土	IA生金	BJ傷木	DI杜水	FB景火	GD(死)月	CF驚日	AG開神
陽三局	〈例外〉	日盤		時盤	大寒 725	雨水 726	春分 727	芒種 728
陽四局	DJ開火	IC休月	BH生日	AG傷神	JD(杜)土	CI景金	HB死木	GA驚水
陽五局	〈例外〉	日盤		時盤	小寒 733	立春 734	穀雨 735	小満 736
陽六局	DH生木	CJ傷水	HF杜火	JA景月	FI死日	AG驚神	ID(開)土	GC休金
陽七局	AG開神	BI休土	HA生金	FB傷木	JH杜水	DF景火	GJ死月	ID(驚)日
陽八局	〈例外〉	日盤		時盤	小寒 741	立春 742	穀雨 743	小満 744
陽九局	IA生日	AG傷神	GC杜土	CD(景)金	DF死木	FB驚水	BH開火	HI休月

G辰	南	南西	西	北西	北	北東	東	南東
陰1局	IA驚火	EB開水	GH休木	CI生金	DE傷土	AG杜神	BC(景)日	HD死月
陰2局	AG生神	HE傷日	BI杜月	CJ景火	GA死水	EH驚木	IB開金	JC(休)土
陰3局	〈例外〉	日盤		時盤	大暑 745	処暑 746	秋分 747	大雪 748
陰4局	JI開土	AG休神	ED生日	IC(傷)月	GH杜火	DJ景水	CA死木	HE驚金
陰5局	HJ生月	CH傷火	BC(杜)水	IB景木	DI死金	GD驚土	AG開神	JA休日
陰6局	〈例外〉	日盤		時盤	大暑 753	処暑 754	秋分 755	大雪 756
陰7局	〈例外〉	日盤		時盤	小暑 761	立秋 762	霜降 763	小雪 764
陰8局	IB傷木	BD杜金	DA景土	AG死神	GC(驚)日	CE開月	EJ休火	JI生水
陰9局	HE休金	BC(生)土	AG傷神	DH杜日	JB景月	EA死火	CD驚水	GJ開木
陽一局	JB休金	EA生木	CD傷水	GJ杜火	HE景月	BC(死)日	AG驚神	DH開土
陽二局	GC(傷)土	CE杜金	EJ景木	JI死水	IB驚火	BD開月	DA休日	AG生神
陽三局	〈例外〉	日盤		時盤	小寒 749	立春 750	穀雨 751	小満 752
陽四局	〈例外〉	日盤		時盤	大寒 757	雨水 758	春分 759	芒種 760
陽五局	DI生月	GD傷日	AG杜神	JA景土	HJ死金	CH驚木	BC(開)水	IB休火
陽六局	GH開木	DJ休水	CA生火	HE傷月	JI杜日	AG景神	ED死土	IC(驚)金
陽七局	〈例外〉	日盤		時盤	大寒 765	雨水 766	春分 767	芒種 768
陽八局	GA生水	EH傷火	IB杜月	JC(景)日	AG死神	HE驚土	BI開金	CJ休木
陽九局	DE驚日	AG開神	BC(休)土	HD生金	IA傷木	EB杜水	GH景火	CI死月

G寅	南	南西	西	北西	北	北東	東	南東
陰1局	FF休火	BB(生)水	HH傷木	II杜金	EE景土	AA死神	CC驚日	DD開月
陰2局	AA驚神	EE開日	II休月	JJ生火	FF傷水	HH杜木	BB(景)金	CC死土
陰3局	HH生水	FF傷木	JJ杜金	DD景土	AA死神	II驚日	EE開月	BB(休)火
陰4局	〈例外〉	日盤 61		時盤	夏至 769	白露 770	寒露 771	立冬 772
陰5局	JJ開月	HH休火	CC生水	BB(傷)木	II杜金	DD景土	AA死神	FF驚日
陰6局	DD生日	II傷月	BB(杜)火	EE景水	JJ死木	CC驚金	HH開土	AA休神
陰7局	〈例外〉	日盤 62		時盤	夏至 777	白露 778	寒露 779	立冬 780
陰8局	BB(開)木	DD休金	FF生土	AA傷神	CC杜日	EE景月	JJ死火	II驚水
陰9局	EE傷金	CC杜土	AA景神	HH死日	BB(驚)月	FF開火	DD休水	JJ生木
陽一局	BB(傷)金	FF杜木	DD景水	JJ死火	EE驚月	CC開日	AA休神	HH生土
陽二局	CC開土	EE休金	JJ生木	II傷水	BB(杜)火	DD景月	FF死日	AA驚神
陽三局	〈例外〉	日盤 63		時盤	冬至 773	啓蟄 774	清明 775	立夏 776
陽四局	JJ生火	CC傷月	HH杜日	AA景神	DD死土	II驚金	BB(開)木	EE休水
陽五局	II開月	DD休日	AA生神	FF傷土	JJ杜金	HH景木	CC死水	BB(驚)火
陽六局	〈例外〉	日盤 64		時盤	冬至 781	啓蟄 782	清明 783	立夏 784
陽七局	AA生神	II傷土	EE杜金	BB(景)木	HH死水	FF驚火	JJ開月	DD休日
陽八局	FF驚水	HH開火	BB(休)月	CC生日	AA傷神	EE杜土	II景金	JJ死木
陽九局	EE休日	AA生神	CC傷土	DD杜金	FF景木	BB(死)水	HH驚火	II開月

G子	南	南西	西	北西	北	北東	東	南東
陰1局	GF傷火	CB杜水	DA景木	FI死金	BE(驚)土	AG開神	IC休日	ED生月
陰2局	AG休神	BE(生)日	CI傷月	GJ杜火	EF景水	IA死木	JB驚金	FC開土
陰3局	GA驚水	IF開木	EJ休金	BD生土	AG傷神	FI杜日	JE(景)月	DB死火
陰4局	CI生土	AG傷神	JD杜日	FC景月	EA死火	IJ驚水	GF開木	DE(休)金
陰5局	〈例外〉	日盤		時盤	小暑 785	立秋 786	霜降 787	小雪 788
陰6局	GD開日	DI休月	IB生火	BE(傷)水	EJ杜木	JC景金	CA死土	AG驚神
陰7局	〈例外〉	日盤		時盤	大暑 793	処暑 794	秋分 795	大雪 796
陰8局	〈例外〉	日盤		時盤	小暑 801	立秋 802	霜降 803	小雪 804
陰9局	CE(開)金	GC休土	AG生神	BA傷日	FB杜月	DF景火	JD死水	EJ驚木
陽一局	FB開金	DF休木	JD生水	EJ傷火	CE(杜)月	GC景日	AG死神	BA驚土
陽二局	〈例外〉	日盤		時盤	小寒 789	立春 790	穀雨 791	小満 792
陽三局	〈例外〉	日盤		時盤	大寒 797	雨水 798	春分 799	芒種 800
陽四局	EJ開火	JC休月	CA生日	AG傷神	GD杜土	DI景金	IB死木	BE(驚)水
陽五局	〈例外〉	日盤		時盤	小寒 805	立春 806	穀雨 807	小満 808
陽六局	EA生木	IJ傷水	GF杜火	DE(景)月	CI死日	AG驚神	JD開土	FC休金
陽七局	AG驚神	FI開土	JE(休)金	DB生木	GA傷水	IF杜火	EJ景月	BD死日
陽八局	EF休水	IA生火	JB傷月	FC杜日	AG景神	BE(死)土	CI驚金	GJ開木
陽九局	BE(傷)日	AG杜神	IC景土	ED死金	GF驚木	CB開水	DA休火	FI生月

表5 遁甲立向盤〈G戌·G申·H未·H巳〉

G戌	南	南西	西	北西	北	北東	東	南東
陰1局	CF開火	DB休水	FH生木	BA傷金	HE杜土	AG景神	EC死日	GD驚月
陰2局	AG傷神	JE杜日	FA景月	HJ死火	BF驚水	CH開木	GB休金	EC生土
陰3局	FH休水	JF生木	DJ傷金	GD杜土	AG景神	EA死日	BE驚月	HB開火
陰4局	EA驚土	AG開神	GD休日	DC生月	CH傷火	HJ杜水	JF景木	FE死金
陰5局	GJ生月	FH傷火	JC杜水	HB景木	CA死金	BD驚土	AG開神	DF休日
陰6局	例外	日盤		時盤	大暑●809	処暑●810	秋分●811	大雪●812
陰7局	例外	日盤		時盤	小暑●817	立秋●818	霜降●819	小雪●820
陰8局	CB生木	ED傷金	JF杜土	AG景神	BC死日	DE驚月	FJ開火	GA休水
陰9局	例外	日盤		時盤	大暑●825	処暑●826	秋分●827	大雪●828
G戌	南	南西	西	北西	北	北東	東	南東
陽一局	例外	日盤		時盤	大寒●813	雨水●814	春分●815	芒種●816
陽二局	BC生土	DE傷金	FJ杜木	GA景水	CB死火	ED驚月	JF開日	AG休神
陽三局	例外	日盤		時盤	小寒●821	立春●822	穀雨●823	小満●824
陽四局	例外	日盤		時盤	大寒●829	雨水●830	春分●831	芒種●832
陽五局	CA生月	BD傷日	AG杜神	DF景土	GJ死金	FH驚木	JC開水	HB休火
陽六局	CH驚木	HJ開水	JF休火	FE生月	EA傷日	AG杜神	GD景土	DC死金
陽七局	AG休神	EA生土	BE傷金	HB杜木	FH景水	JF死火	DJ驚月	GD開日
陽八局	BF傷水	CH杜火	GB景月	EC死日	AG驚神	JE開土	FA休金	HJ生木
陽九局	HE開日	AG休神	EC生土	GD傷金	CF杜木	DB景水	FH死火	BA驚月

G申	南	南西	西	北西	北	北東	東	南東
陰1局	例外	日盤●65		時盤	夏至●833	白露●834	寒露●835	立冬●836
陰2局	AG開神	FE休日	HI生月	BA傷火	CF杜水	GH景木	EB死金	IC驚土
陰3局	EH傷水	BF杜木	HA景金	FD死土	AG驚神	DI開日	GE休月	IB生火
陰4局	HI休土	AG生神	FD傷日	EC杜月	IH景火	GA死水	DF驚木	CE開金
陰5局	CA驚月	BH開火	IC休水	DB生木	GI傷金	FD杜土	AG景神	HF死日
陰6局	CD生日	HI傷月	GB杜火	DE景水	IA死木	BC驚金	EH開土	AG休神
陰7局	例外	日盤●66		時盤	夏至●841	白露●842	寒露●843	立冬●844
陰8局	GB開木	CD休金	EF生土	AG傷神	IC杜日	BE景月	DA死火	FI驚水
陰9局	FE生金	DC傷土	AG杜神	EH景日	CB死月	GF驚火	HD開水	BA休木
G申	南	南西	西	北西	北	北東	東	南東
陽一局	CB生金	GF傷木	HD杜水	BA景火	FE死月	DC驚日	AG開神	EH休土
陽二局	IC開土	BE休金	DA生木	FI傷水	GB杜火	CD景月	EF死日	AG驚神
陽三局	例外	日盤●67		時盤	冬至●837	啓蟄●838	清明●839	立夏●840
陽四局	IA生火	BC傷月	EH杜日	AG景神	CD死土	HI驚金	GB開木	DE休水
陽五局	GI驚月	FD開日	AG休神	HF生土	CA傷金	BH杜木	IC景水	DB死火
陽六局	IH休木	GA生水	DF傷火	CE杜月	HI景日	AG死神	FD驚土	EC開金
陽七局	AG傷神	DI杜土	GE景金	IB死木	EH驚水	BF開火	HA休月	FD生日
陽八局	CF開水	GH休火	EB生月	IC傷日	AG杜神	FE景土	HI死金	BA驚木
陽九局	例外	日盤●68		時盤	冬至●845	啓蟄●846	清明●847	立夏●848

H未	南	南西	西	北西	北	北東	東	南東
陰1局	HF傷金	IB杜土	AH景神	GI死日	CA驚月	DG開火	FC休水	BD生木
陰2局	FG驚火	HA開水	BI休木	CJ生金	GF傷土	AH杜神	IB景日	JC死月
陰3局	例外	日盤		時盤	夏至は849	白露は850	寒露は851	立冬は852
陰4局	CI休水	HG生木	JD傷金	FC杜土	AH景神	IJ死日	GF驚月	DA開火
陰5局	例外	日盤●69		時盤	小暑●857	立秋●858	霜降●859	小雪●860
陰6局	CD傷月	HI杜火	GB景水	DA死木	IJ驚金	BC開土	AH休神	JG生日
陰7局	FC驚日	DJ開月	BA休火	IF生水	HD傷木	CB杜金	JI景土	AH死神
陰8局	例外	日盤●70		時盤	小暑●865	立秋●866	霜降●867	小雪●868
陰9局	FA杜木	DC景金	JG死土	AH驚神	CB開日	GF休月	[illegible]D生火	BJ傷水
H未	南	南西	西	北西	北	北東	東	南東
陽一局	CB杜土	GF景金	HD死木	BJ驚水	FA開火	DC休月	JG生日	AH傷神
陽二局	例外	日盤●71		時盤	小寒●853	立春●854	穀雨●855	小満●856
陽三局	HD驚火	CB開月	JI休日	AH生神	FC傷土	DJ杜金	BA景木	IF死水
陽四局	IJ傷月	BC杜日	AH景神	JG死土	CD驚金	HI開木	GB休水	DA生火
陽五局	例外	日盤●72		時盤	小寒●861	立春●862	穀雨●863	小満●864
陽六局	AH休神	IJ生土	GF傷金	DA杜木	CI景水	HG死火	JD驚月	FC開日
陽七局	例外	日盤		時盤	冬至●869	啓蟄●870	清明●871	立夏●872
陽八局	GF驚日	AH開神	IB休土	JC生金	FG傷木	HA杜水	BI景火	CJ死月
陽九局	CA傷金	DG杜木	FC景水	BD死火	HF驚月	IB開日	AH休神	GI生土

H巳	南	南西	西	北西	北	北東	東	南東
陰1局	CA杜金	DB景土	AH死神	BI驚日	HE開月	IG休火	EC生水	GD傷木
陰2局	CG傷火	GE杜水	EI景木	IJ死金	JA驚土	AH開神	HB休日	BC生月
陰3局	AH驚神	JA開日	DJ休月	GD生火	IG傷水	EI杜木	BE景金	HB死土
陰4局	例外	日盤●73		時盤	小暑●873	立秋●874	霜降●875	小雪●876
陰5局	GJ休土	AH生神	JC傷日	HB杜月	CI景火	BD死水	IG驚木	DA開金
陰6局	例外	日盤		時盤	大暑●881	処暑●882	秋分●883	大雪●884
陰7局	DC傷日	BJ杜月	IE景火	HA死水	CD驚木	JB開金	EI休土	AH生神
陰8局	例外	日盤		時盤	夏至●889	白露●890	寒露●891	立冬●892
陰9局	GE死木	HC驚金	BG開土	AH休神	DB生日	JA傷月	ED杜火	CJ景水
H巳	南	南西	西	北西	北	北東	東	南東
陽一局	DB死土	JA驚金	ED開木	CJ休水	GE生火	HC傷月	BG杜日	AH景神
陽二局	例外	日盤		時盤	冬至●877	啓蟄●878	清明●879	立夏●890
陽三局	CD傷火	JB杜月	EI景日	AH死神	DC驚土	BJ開金	IE休木	HA生水
陽四局	例外	日盤		時盤	大寒●885	雨水●886	春分●887	芒種●888
陽五局	CI休木	BD生水	IG傷火	DA杜月	GJ景日	AH死神	JC驚土	HB開金
陽六局	例外	日盤●74		時盤	小寒●893	立春●894	穀雨●895	小満●896
陽七局	IG驚水	EI開火	BE休月	HB生日	AH傷神	JA杜土	DJ景金	GD死木
陽八局	JA傷日	AH杜神	HB景土	BC死金	CG驚木	GE開水	EI休火	IJ生月
陽九局	HE杜金	IG景木	EC死水	GD驚火	CA開月	DB休日	AH生神	BI傷土

表5 遁甲立向盤〈H卯・H丑・H亥・H酉〉

H卯	南	南西	西	北西	北	北東	東	南東
陰1局	IF死金	EB驚土	AH開神	CI休日	DE(生)月	FA傷火	BC杜水	HD景木
陰2局	JA杜火	FE(景)水	HI死木	BJ驚金	CF開土	AH休神	EB生日	IC傷月
陰3局	AH傷神	IF杜日	EJ景月	BD死火	HA驚水	FI開木	JE(休)金	DB生土
陰4局	JI驚水	FA開木	ED休金	IC生土	AH傷神	DJ杜日	CF景月	HE(死)火
陰5局	〈例外〉	日盤		時盤	大暑●897	処暑●898	秋分●899	大雪●900
陰6局	ID休月	BI生火	EB傷水	JE(杜)木	CJ景金	HC死土	AH驚神	DA開日
陰7局	〈例外〉	日盤		時盤	夏至●905	白露●906	寒露●907	立冬●908
陰8局	〈例外〉	日盤		時盤	大暑●913	処暑●914	秋分●915	大雪●916
陰9局	JE(驚)木	EC開金	CA休土	AH生神	HB傷日	BF杜月	FD景火	DJ死水
H卯	南	南西	西	北西	北	北東	東	南東
陽一局	HB驚土	BF開金	FD休木	DJ生水	JE(傷)火	EC杜月	CA景日	AH死神
陽二局	〈例外〉	日盤		時盤	大寒●901	雨水●902	春分●903	芒種●904
陽三局	〈例外〉	日盤		時盤	冬至●909	啓蟄●910	清明●911	立夏●912
陽四局	CJ休月	HC生日	AH傷神	DA杜土	ID景金	BI死木	EB驚水	JE(開)火
陽五局	〈例外〉	日盤		時盤	大寒●917	雨水●918	春分●919	芒種●920
陽六局	AH驚神	DJ開土	CF休金	HE(生)木	JI傷水	FA杜火	ED景月	IC死日
陽七局	HA傷水	FI杜火	JE(景)月	DB死日	AH驚神	IF開土	EJ休金	BD生木
陽八局	CF杜日	AH景神	EB死土	IC驚金	JA開木	FE(休)水	HI生火	BJ傷月
陽九局	DE(死)金	FA驚木	BC開水	HD休火	IF生月	EB傷日	AH杜神	CI景土

H丑	南	南西	西	北西	北	北東	東	南東
陰1局	FF(驚)金	BB開土	AA休神	II生日	EE傷月	GG杜火	CC景水	DD死木
陰2局	GG死火	EE驚水	II開木	JJ休金	FF(生)土	AA傷神	BB杜日	CC景月
陰3局	AA杜神	FF(景)日	JJ死月	DD驚火	GG開水	II休木	EE生金	BB傷土
陰4局	II傷水	GG杜木	DD景金	CC死土	AA驚神	JJ開日	FF(休)月	EE生火
陰5局	JJ驚土	AA開神	CC休日	BB生月	II傷火	DD杜水	GG景木	FF(死)金
陰6局	〈例外〉	日盤		時盤	夏至●921	白露●922	寒露●923	立冬●924
陰7局	CC休日	JJ生月	EE傷火	FF(杜)水	DD景木	BB死金	II驚土	AA開神
陰8局	〈例外〉	日盤●75		時盤	小暑●929	立秋●930	霜降●931	小雪●932
陰9局	EE傷木	CC杜金	GG景土	AA死神	BB驚日	FF(開)月	DD休火	JJ生水
H丑	南	南西	西	北西	北	北東	東	南東
陽一局	BB傷土	FF(杜)金	DD景木	JJ死水	EE驚火	CC開月	GG休日	AA生神
陽二局	〈例外〉	日盤●76		時盤	小寒●925	立春●926	穀雨●927	小満●928
陽三局	DD休火	BB生月	II傷日	AA杜神	CC景土	JJ死金	EE驚木	FF(開)水
陽四局	〈例外〉	日盤		時盤	冬至●933	啓蟄●934	清明●935	立夏●936
陽五局	II驚木	DD開水	GG休火	FF(生)月	JJ傷日	AA杜神	CC景土	BB死金
陽六局	AA傷神	JJ杜土	FF(景)金	EE死木	II驚水	GG開火	DD休月	CC生日
陽七局	GG杜水	II景火	EE死月	BB驚日	AA開神	FF(休)土	JJ生金	DD傷木
陽八局	FF(死)日	AA驚神	BB開土	CC休金	GG生木	EE傷水	II杜火	JJ景月
陽九局	EE驚金	GG開木	CC休水	DD生火	FF(傷)月	BB杜日	AA景神	II死土

H亥	南	南西	西	北西	北	北東	東	南東
陰1局	BF傷金	HB杜土	AH景神	EA死日	GE驚月	CG(開)火	DC休水	FD生木
陰2局	HG(驚)火	BE開水	CA休木	GJ生金	EF傷土	AH杜神	JB景日	FC死月
陰3局	AH死神	EF驚日	BJ開月	HD休火	FG(生)水	JA傷木	DE杜金	GB景土
陰4局	HA杜水	JG(景)木	FD死金	EC驚土	AH開神	GJ休日	DF生月	CE傷火
陰5局	BJ傷土	AH杜神	DC景日	GB死月	FA驚火	JD開水	HG(休)木	CF生金
陰6局	ED驚月	JA開火	CB休水	HE生木	GJ傷金	DC杜土	AH景神	BG(死)日
陰7局	〈例外〉	日盤●77		時盤	小暑●937	立秋●938	霜降●939	小雪●940
陰8局	〈例外〉	日盤		時盤	夏至●945	白露●946	寒露●947	立冬●948
陰9局	〈例外〉	日盤		時盤	大暑は953	処暑は954	秋分は955	大雪は956
H亥	南	南西	西	北西	北	北東	東	南東
陽一局	〈例外〉	日盤		時盤	大寒●941	雨水●942	春分●943	芒種●944
陽二局	〈例外〉	日盤		時盤	冬至●949	啓蟄●950	清明●951	立夏●952
陽三局	〈例外〉	日盤●78		時盤	小寒●957	立春●958	穀雨●959	小満●960
陽四局	GJ驚月	DC開日	AH休神	BG(生)土	ED傷金	JA杜木	CB景水	HE死火
陽五局	FA傷木	JD杜水	HG(景)火	CF死月	BJ驚日	AH開神	DC休土	GB生金
陽六局	AH杜神	GJ景土	DF死金	CE驚木	HA開水	JG(休)火	FD生月	EC傷日
陽七局	FG(死)水	JA驚火	DE開月	GB休日	AH生神	EF傷土	BJ杜金	HD景木
陽八局	EF驚日	AH開神	JB休土	FC生金	HG(傷)木	BE杜水	CA景火	GJ死月
陽九局	GE傷金	CG(杜)木	DC景水	FD死火	BF驚月	HB開日	AH休神	EA生土

H酉	南	南西	西	北西	北	北東	東	南東
陰1局	〈例外〉	日盤		時盤	夏至●961	白露●962	寒露●963	立冬●964
陰2局	BG傷火	CE杜水	GI景木	EA死金	IF驚土	AH(開)神	FB休日	HC生月
陰3局	AH(驚)神	DF開日	GA休月	ID生火	EG傷水	BI杜木	HE景金	FB死土
陰4局	GI死水	DG驚木	CD開金	HC休土	AH(生)神	FA傷日	EF杜月	IE景火
陰5局	FA杜土	AH(景)神	HC死日	CB驚月	BI開火	ID休水	DG生木	GF傷金
陰6局	HD傷月	GI杜火	DB景水	IE死木	BA驚金	EC開土	AH(休)神	CG生日
陰7局	EC驚日	FA開月	DE休火	BF生水	ID傷木	HB杜金	CI景土	AH(死)神
陰8局	〈例外〉	日盤		時盤	大暑●969	処暑●970	秋分●971	大雪●972
陰9局	BE休木	FC生金	DG傷土	AH(杜)神	EB景日	CF死月	GD驚火	HA開水
H酉	南	南西	西	北西	北	北東	東	南東
陽一局	EB休土	CF生金	GD傷木	HA杜水	BE景火	FC死月	DG驚日	AH(開)神
陽二局	〈例外〉	日盤		時盤	大寒●965	雨水●966	春分●967	芒種●968
陽三局	ID驚火	HB開月	CI休日	AH(生)神	EC傷土	FA杜金	DE景木	BF死水
陽四局	BA傷月	EC杜日	AH(景)神	CG死土	HD驚金	GI開木	DB休水	IE生火
陽五局	BI杜木	ID景水	DG死火	GF驚月	FA開日	AH(休)神	HC生土	CB傷金
陽六局	AH(死)神	FA驚土	EF開金	IE休木	GI生水	DG傷火	CD杜月	HC景日
陽七局	EG驚水	BI開火	HE休月	FB生日	AH(傷)神	DF杜土	GA景金	ID死木
陽八局	IF傷日	AH(杜)神	FB景土	HC死金	BG驚木	CE開水	GI休火	EA生月
陽九局	〈例外〉	日盤		時盤	冬至●973	啓蟄●974	清明●975	立夏●976

表 5　遁甲立向盤〈Ⅰ申・Ⅰ午・Ⅰ辰・Ⅰ寅〉

Ⅰ申	南	南西	西	北西	北	北東	東	南東
陰1局	BF開木	HB(休)金	IH生土	AI傷神	GA杜日	CG景月	DC死火	FD驚水
陰2局	CG開金	GA休土	AI生神	IJ傷日	JF杜月	FH景火	HB(死)水	BC驚木
陰3局	FH杜火	JF景水	DJ死木	GD驚金	IG開土	AI休神	BA生日	HB(傷)月
陰4局	〈例外〉	日盤●79		時盤	大暑●977	処暑●978	秋分●979	大雪●980
陰5局	〈例外〉	日盤		時盤	小暑●985	立秋●986	霜降●987	小雪●988
陰6局	BD死土	AI驚神	JB(開)日	CA休月	HJ生火	GC傷水	DH杜木	IG景金
陰7局	DC生月	BJ傷火	IA杜水	HF景木	CD死金	JB(驚)土	AI開神	FH休日
陰8局	JB(生)日	ID傷月	BF杜火	DG景水	FC死木	GA驚金	CJ開土	AI休神
陰9局	〈例外〉	日盤		時盤	夏至●993	白露●994	寒露●995	立冬●996
Ⅰ申	南	南西	西	北西	北	北東	東	南東
陽一局	〈例外〉	日盤		時盤	冬至●981	啓蟄●982	清明●983	立夏●984
陽二局	FC生火	GA傷月	CJ杜日	AI景神	JB(死)土	ID驚金	BF開木	DG休水
陽三局	CD生月	JB(傷)日	AI杜神	FH景土	DC死金	BJ驚木	IA開水	HF休火
陽四局	HJ死木	GC驚水	DH開火	IG休月	BD生日	AI傷神	JB(杜)土	CA景金
陽五局	〈例外〉	日盤		時盤	小寒●989	立春●990	穀雨●991	小満●992
陽六局	〈例外〉	日盤●80		時盤	大寒●997	雨水●998	春分●999	芒種●1000
陽七局	IG杜日	AI景神	BA死土	HB(驚)金	FH開木	JF休水	DJ生火	GD傷月
陽八局	JF開金	FH休木	HB(生)水	BC傷火	CG杜月	GA景日	AI死神	IJ驚土
陽九局	GA開土	CG休金	DC生木	FD傷水	BF杜火	HB(景)月	IH死日	AI驚神

Ⅰ午	南	南西	西	北西	北	北東	東	南東
陰1局	GA休木	CB生金	DH傷土	AI杜神	BE(景)日	HG死月	IC驚火	ED開水
陰2局	IG開金	JE(休)土	AI生神	HJ傷日	BA杜月	CH景火	GB死水	EC驚木
陰3局	GH開火	IA休水	EJ生木	BD傷金	HG杜土	AI景神	JE(死)日	DB驚月
陰4局	AI杜神	EG景日	ID死月	GC驚火	DH開水	CJ休木	HA生金	JE(傷)土
陰5局	〈例外〉	日盤		時盤	夏至●1001	白露●1002	寒露●1003	立冬●1004
陰6局	〈例外〉	日盤●81		時盤	大暑●1009	処暑●1010	秋分●1011	大雪●1012
陰7局	BC死月	IJ傷火	HE(開)水	CA休木	JD生金	EB傷土	AI杜神	DH景日
陰8局	GB生日	CD傷月	EA杜火	JG景水	IC死木	BE(驚)金	DJ開土	AI休神
陰9局	〈例外〉	日盤●82		時盤	大暑●1017	処暑●1018	秋分●1019	大雪●1020
Ⅰ午	南	南西	西	北西	北	北東	東	南東
陽一局	〈例外〉	日盤●83		時盤	大寒●1005	雨水●1006	春分●1007	芒種●1008
陽二局	IC生火	BE(傷)月	DJ杜日	AI景神	GB死土	CD驚金	EA開木	JG休水
陽三局	JD死月	EB驚日	AI開神	DH休土	BC生金	IJ傷木	HE(杜)水	CA景火
陽四局	〈例外〉	日盤●84		時盤	大寒●1013	雨水●1014	春分●1015	芒種●1016
陽五局	〈例外〉	日盤		時盤	冬至●1021	啓蟄●1022	清明●1023	立夏●1024
陽六局	DH杜水	CJ景火	HA死月	JE(驚)日	AI開神	EG休土	ID生金	GC傷木
陽七局	HG開日	AI休神	JE(生)土	DB傷金	GH杜木	IA景水	EJ死火	BD驚月
陽八局	BA開金	CH休木	GB生水	EC傷火	IG杜月	JE(景)日	AI死神	HJ驚土
陽九局	BE(休)土	HG生金	IC傷木	ED杜水	GA景火	CB死月	DH驚日	AI開神

Ⅰ辰	南	南西	西	北西	北	北東	東	南東
陰1局	HF(生)木	IB傷金	EH杜土	AI景神	CE死日	DA驚月	FC開火	BD休水
陰2局	BA休金	CE生土	AI傷神	EJ杜日	IF(景)月	JH死火	FB驚水	HC開木
陰3局	BH開火	HF(休)水	FJ生木	JD傷金	DA杜土	AI景神	IE死日	EB驚月
陰4局	AI開神	DA休日	CD生月	HC傷火	JH杜水	FJ景木	EF(死)金	IE驚土
陰5局	CJ杜水	BH景木	IC死金	DB驚土	AI開神	FD休日	JA生月	HF(傷)火
陰6局	〈例外〉	日盤		時盤	小暑●1025	立秋●1026	霜降●1027	小雪●1028
陰7局	〈例外〉	日盤なし		時盤	夏至●1033	白露●1034	寒露●1035	立冬●1036
陰8局	CB死日	ED驚月	JF(開)火	IA休水	BC生木	DE傷金	FJ杜土	AI景神
陰9局	〈例外〉	日盤		時盤	小暑●1041	立秋●1042	霜降●1043	小雪●1044
Ⅰ辰	南	南西	西	北西	北	北東	東	南東
陽一局	〈例外〉	日盤		時盤	小寒●1029	立春●1030	穀雨●1031	小満●1032
陽二局	BC死火	DE驚月	FJ開日	AI休神	CB生土	ED傷金	JF(杜)木	IA景水
陽三局	〈例外〉	日盤		時盤	冬至●1037	啓蟄●1038	清明●1039	立夏●1040
陽四局	〈例外〉	日盤		時盤	小寒●1045	立春●1046	穀雨●1047	小満●1048
陽五局	AI杜神	FD景土	JA死金	HF(驚)木	CJ開水	BH休火	IC生月	DB傷日
陽六局	JH開水	FJ休火	EF(生)月	IE傷日	AI杜神	DA景土	CD死金	HC驚木
陽七局	DA開日	AI休神	IE生土	EB傷金	BH杜木	HF(景)水	FJ死火	JD驚月
陽八局	IF(休)金	JH生木	FB傷水	HC杜火	BA景月	CE死日	AI驚神	EJ開土
陽九局	CE生土	DA傷金	FC杜木	BD景水	HF(死)火	IB驚月	EH開日	AI休神

Ⅰ寅	南	南西	西	北西	北	北東	東	南東
陰1局	DF生木	FB傷金	BA杜土	AI景神	IE死日	EG(驚)月	GC開火	CD休水
陰2局	JG(生)金	FE傷土	AI杜神	BJ景日	CF死月	GA驚火	EB開水	IC休木
陰3局	DA休火	GF生水	IJ傷木	ED杜金	BG(景)土	AI死神	FE驚日	JB開月
陰4局	AI開神	JG(休)日	FD生月	EC傷火	IA杜水	GJ景木	DF死金	CE驚土
陰5局	DJ開水	GA休木	FC生金	JB傷土	AI杜神	CD景日	BG(死)月	IF驚火
陰6局	CD杜土	AI景神	GB死日	DE驚月	IJ開火	BC休水	EA生木	JG(傷)金
陰7局	〈例外〉	日盤●85		時盤	大暑●1049	処暑●1050	秋分●1051	大雪●1052
陰8局	〈例外〉	日盤		時盤	小暑●1057	立秋●1058	霜降●1059	小雪●1060
陰9局	〈例外〉	日盤		時盤	夏至●1065	白露●1066	寒露●1067	立冬●1068
Ⅰ寅	南	南西	西	北西	北	北東	東	南東
陽一局	〈例外〉	日盤		時盤	冬至●1053	啓蟄●1054	清明●1055	立夏●1056
陽二局	〈例外〉	日盤		時盤	小寒●1061	立春●1062	穀雨●1063	小満●1064
陽三局	〈例外〉	日盤●86		時盤	大寒●1069	雨水●1070	春分●1071	芒種●1072
陽四局	IJ杜木	BC景水	EA死火	JG(驚)月	CD開日	AI休神	GB生土	DE傷金
陽五局	AI開神	CD休土	BG(生)金	IF傷木	DJ杜水	GA景火	FC死月	JB驚日
陽六局	IA開水	GJ休火	DF生月	CE傷日	AI杜神	JG(景)土	FD死金	EC驚木
陽七局	BG(休)日	AI生神	FE傷土	JB杜金	DA景木	GF死水	IJ驚火	ED開月
陽八局	CF生金	GA傷木	EB杜水	IC景火	JG(死)月	FE驚日	AI開神	BJ休土
陽九局	IE生土	EG(傷)金	GC杜木	CD景水	DF死火	FB驚月	BA開日	AI休神

表5 遁甲立向盤〈I子·I戌·J酉·J未〉

I子	南	南西	西	北西	北	北東	東	南東
陰1局	FF死木	BB驚金	HH(開)土	AA休神	EE生日	GG傷月	CC杜火	DD景水
陰2局	GG生金	EE傷土	AA杜神	JJ景日	FF死月	HH(驚)火	BB開水	CC休木
陰3局	HH(生)火	FF傷水	JJ杜木	DD景金	GG死土	AA驚神	EE開日	BB休月
陰4局	AA休神	GG生日	DD傷月	CC杜火	HH(景)水	JJ死木	FF驚金	EE開土
陰5局	JJ開水	HH(休)木	CC生金	BB傷土	AA杜神	DD景日	GG死月	FF驚火
陰6局	DD開土	AA休神	BB生日	EE傷月	JJ杜火	CC景水	HH(死)木	GG驚金
陰7局	CC杜月	JJ景火	EE死水	FF驚木	DD開金	BB休土	AA生神	HH(傷)日
陰8局	〈例外〉	日盤		時盤	夏至●1073	白露●1074	寒露●1075	立冬●1076
陰9局	〈例外〉	日盤●87		時盤	大暑●1081	処暑●1082	秋分●1083	大雪●1084
陽一局	〈例外〉	日盤●88		時盤	大寒は1077	雨水は1078	春分は1079	芒種は1080
陽二局	〈例外〉	日盤		時盤	冬至●1085	啓蟄●1086	清明●1087	立夏●1088
陽三局	DD杜月	BB景日	AA死神	HH(驚)土	CC開金	JJ休木	EE生水	FF傷火
陽四局	JJ開木	CC休水	HH(生)火	GG傷月	DD杜日	AA景神	BB死土	EE驚金
陽五局	AA開神	DD休土	GG生金	FF傷木	JJ杜水	HH(景)火	CC死月	BB驚日
陽六局	HH(休)水	JJ生火	FF傷月	EE杜日	AA景神	GG死土	DD驚金	CC開木
陽七局	GG生日	AA傷神	EE杜土	BB景金	HH(死)木	FF驚水	JJ開火	DD休月
陽八局	FF生金	HH(傷)木	BB杜水	CC景火	GG死月	EE驚日	AA開神	JJ休土
陽九局	EE死土	GG驚金	CC開木	DD休水	FF生火	BB傷月	HH(杜)日	AA景神

I戌	南	南西	西	北西	北	北東	東	南東
陰1局	〈例外〉	日盤		時盤	夏至●1089	白露●1090	寒露●1091	立冬●1092
陰2局	EG死金	IE驚土	AI(開)神	FA休日	HF生月	BH傷火	CB杜水	GC景木
陰3局	IH生火	EF傷水	BA杜木	HD景金	FG死土	AI(驚)神	DE開日	GB休月
陰4局	AI(生)神	FG傷日	ED杜月	IC景火	GH死水	DA驚木	CF開金	HE休土
陰5局	IA休水	DH生木	GC傷金	FB杜土	AI(景)神	HD死日	CG驚月	BF開火
陰6局	ED開土	AI(休)神	CB生日	HE傷月	GA杜火	DC景水	IH死木	BG驚金
陰7局	FC開月	DA休火	BE生水	IF傷木	HD杜金	CB景土	AI(死)神	EH驚日
陰8局	IB杜日	BD景月	DF死火	FG驚水	GC開木	CE休金	EA生土	AI(傷)神
陰9局	〈例外〉	日盤		時盤	小暑●1097	立秋●1098	霜降●1099	小雪●1100
陽一局	〈例外〉	日盤		時盤	小寒●1093	立春●1094	穀雨●1095	小満●1096
陽二局	GC杜火	CE景月	EA死日	AI(驚)神	IB開土	BD休金	DF生木	FG傷水
陽三局	HD開月	CB休日	AI(生)神	EH傷土	FC杜金	DA景木	BE死水	IF驚火
陽四局	GA開木	DC休水	IH生火	BG傷月	ED杜日	AI(景)神	CB死土	HE驚金
陽五局	AI(休)神	HD生土	CG傷金	BF杜木	IA景水	DH死火	GC驚月	FB開日
陽六局	GH生水	DA傷火	CF杜月	HE景日	AI(死)神	FG驚土	ED開金	IC休木
陽七局	FG生日	AI(傷)神	DE杜土	GB景金	IH死木	EF驚水	BA開火	HD休月
陽八局	HF死金	BH驚木	CB開水	GC休火	EG生月	IE傷日	AI(杜)神	FA景土
陽九局	〈例外〉	日盤		時盤	冬至●1101	啓蟄●1102	清明●1103	立夏●1104

J酉	南	南西	西	北西	北	北東	東	南東
陰1局	〈例外〉	日盤		時盤	大暑●1105	処暑●1106	秋分●1107	大雪●1108
陰2局	BG景木	CA(死)金	GI驚土	AJ開神	IF休日	JH生月	FB傷火	HC杜水
陰3局	GH景金	IF死土	AJ驚神	BD開日	HG休月	FI生火	JA(傷)水	DB杜木
陰4局	DI景火	CG死水	HD驚木	JC開金	FH休土	AJ生神	IF傷日	GA(杜)月
陰5局	〈例外〉	日盤		時盤	小暑●1113	立秋●1114	霜降●1115	小雪●1116
陰6局	GD景水	DI死木	IB驚金	BA(開)土	AJ休神	JC生日	CH傷月	HG杜火
陰7局	JC景土	AJ死神	FA(驚)日	DF開月	BD休火	IB生水	HI傷木	CH杜金
陰8局	IB景月	BD死火	DF驚水	FG開木	GC休金	CA(生)土	AJ傷神	JI杜日
陰9局	CA(景)日	GC死月	HG驚火	BH開水	FB休木	DF生金	JD傷土	AJ杜神
陽一局	FB景火	DF死月	JD驚日	AJ開神	CA(休)土	GC生金	HG傷木	BH杜水
陽二局	GC景月	CA(死)日	AJ驚神	JI開土	IB休金	BD生木	DF傷水	FG杜火
陽三局	BD景木	IB死水	HI驚火	CH開月	JC休日	AJ生神	FA(傷)土	DF杜金
陽四局	AJ景神	JC死土	CH驚金	HG開木	GD休水	DI生火	IB傷月	BA(杜)日
陽五局	〈例外〉	日盤		時盤	小寒●1109	立春●1110	穀雨●1111	小満●1112
陽六局	FH景日	AJ死神	IF驚土	GA(開)金	DI休木	CG生水	HD傷火	JC杜月
陽七局	HG景金	FI死木	JA(驚)水	DB開火	GH休月	IF生日	AJ傷神	BD杜土
陽八局	IF景土	JH死金	FB驚木	HC開水	BG休火	CA(生)月	GI傷日	AJ杜神
陽九局	〈例外〉	日盤		時盤	大寒●1117	雨水●1118	春分●1119	芒種●1120

J未	南	南西	西	北西	北	北東	東	南東
陰1局	〈例外〉	日盤		時盤	小暑●1121	立秋●1122	霜降●1123	小雪●1124
陰2局	EG景木	IE死金	JI驚土	AJ開神	HA(休)日	BH生月	CB傷火	GC杜水
陰3局	BH景金	HA(死)土	AJ驚神	JD開日	DG休月	GI生火	IE傷水	EB杜木
陰4局	GI景火	DG死水	CD驚木	HC開金	JH休土	AJ生神	EA(傷)日	IE杜月
陰5局	AJ景神	JH死日	HC驚月	CB開火	BI休水	ID生木	DG傷金	GA(杜)土
陰6局	〈例外〉	日盤		時盤	大暑●1129	処暑●1130	秋分●1131	大雪●1132
陰7局	EC景土	AJ死神	DE驚日	BA(開)月	ID休火	HB生水	CI傷木	JH杜金
陰8局	CB景月	ED死火	JA(驚)水	IG開木	BC休金	DE生土	AJ傷神	GI杜日
陰9局	DE景日	JC死月	EG驚火	CH開水	GB休木	HA(生)金	BD傷土	AJ杜神
陽一局	GB景火	HA(死)月	BD驚日	AJ開神	DE休土	JC生金	EG傷木	CH杜水
陽二局	BC景月	DE死日	AJ驚神	GI開土	CB休金	ED生木	JA(傷)水	IG杜火
陽三局	ID景木	HB死水	CI驚火	JH開月	EC休日	AJ生神	DE傷土	BA(杜)金
陽四局	〈例外〉	日盤		時盤	大寒●1125	雨水●1126	春分●1127	芒種●1128
陽五局	BI景水	ID死火	DG驚月	GA(開)日	AJ休神	JH生土	HC傷金	CB杜木
陽六局	JH景日	AJ死神	EA(驚)土	IE開金	GI休木	DG生水	CD傷火	HC杜月
陽七局	DG景金	GI死木	IE驚水	EB開火	BH休月	HA(生)日	AJ傷神	JD杜土
陽八局	HA(景)土	BH死金	CB驚木	GC開水	EG休火	IE生月	JI傷日	AJ杜神
陽九局	〈例外〉	日盤		時盤	小寒●1133	立春●1134	穀雨●1135	小満●1136

表5 遁甲立向盤〈J巳・J卯・J丑・J亥〉

J巳	南	南西	西	北西	北	北東	東	南東
陰1局	〈例外〉		日盤●89	時盤	夏至●1137	白露●1138	寒露●1139	立冬●1140
陰2局	HA(景)木	BE死金	CI驚土	AJ開神	EF休日	IH生月	JB傷火	FC杜水
陰3局	JH景金	DF死土	AJ驚神	ID開日	EA(休)月	BI生火	HE傷水	FB杜木
陰4局	HI景火	JA(死)水	FD驚木	EC開金	IH休土	AJ生神	DF傷日	CE杜月
陰5局	AJ景神	FH死日	JC驚月	HB開火	CI休水	BD生木	IA(傷)金	DF杜土
陰6局	ED景水	JI死木	CB驚金	HE開土	AJ休神	DC生日	IH傷月	BA(杜)火
陰7局	〈例外〉		日盤●90	時盤	夏至●1145	白露●1146	寒露●1147	立冬●1148
陰8局	EB景月	JD死火	IF驚水	BA(開)木	DC休金	FE生土	AJ傷神	CI杜日
陰9局	HE景日	BC死月	FA(驚)火	DH開水	JB休木	EF生金	CD傷土	AJ杜神
陽一局	JB景火	EF死月	CD驚日	AJ開神	HE休土	BC生金	FA(傷)木	DH杜水
陽二局	DC景月	FE死日	AJ驚神	CI開土	EB休金	JD生木	IF傷水	BA(杜)火
陽三局	〈例外〉		日盤●91	時盤	冬至●1141	啓蟄●1142	清明●1143	立夏●1144
陽四局	AJ景神	DC死土	IH驚金	BA(開)木	ED休水	JI生火	CB傷月	HE杜日
陽五局	CI景水	BD死火	IA(驚)月	DF開日	AJ休神	FH生土	JC傷金	HB杜木
陽六局	IH景日	AJ死神	DF驚土	CE開金	HI休木	JA(生)水	FD傷火	EC杜月
陽七局	EA(景)金	BI死木	HE驚水	FB開火	JH休月	DF生日	AJ傷神	ID杜土
陽八局	EF景土	IH死金	JB驚木	FC開水	HA(休)火	BE生月	CI傷日	AJ杜神
陽九局	〈例外〉		日盤●92	時盤	冬至●1149	啓蟄●1150	清明●1151	立夏●1152

J卯	南	南西	西	北西	北	北東	東	南東
陰1局	〈例外〉		日盤	時盤	大暑●1153	処暑●1154	秋分●1155	大雪●1156
陰2局	IG景木	JE死金	FI驚土	AJ開神	BF休日	CA(生)月	GB傷火	EC杜水
陰3局	EA(景)金	BF死土	AJ驚神	FD開日	JG休月	DI生火	GE傷水	IB杜木
陰4局	EI景火	IG死水	GD驚木	DC開金	CA(休)土	AJ生神	JF傷日	FE杜月
陰5局	AJ景神	CA(死)日	BC驚月	IB開火	DI休水	GD生木	FG傷金	JF杜土
陰6局	BD景水	EI死木	JB驚金	CE開土	AJ休神	GC生日	DA(傷)月	IG杜火
陰7局	IC景土	AJ死神	CE驚日	JF開月	ED休火	FB生水	DI傷木	BA(杜)金
陰8局	〈例外〉		日盤	時盤	小暑●1161	立秋●1162	霜降●1163	小雪●1164
陰9局	BE景日	FC死月	DG驚火	JA(開)水	EB休木	CF生金	GD傷土	AJ杜神
陽一局	EB景火	CF死月	GD驚日	AJ開神	BE休土	FC生金	DG傷木	JA(杜)水
陽二局	〈例外〉		日盤	時盤	小寒●1157	立春●1158	穀雨●1159	小満●1160
陽三局	ED景木	FB死水	DI驚火	BA(開)月	IC休日	AJ生神	CE傷土	JF杜金
陽四局	AJ景神	GC死土	DA(驚)金	IG開木	BD休水	EI生火	JB傷月	CE杜日
陽五局	DI景水	GD死火	FG驚月	JF開日	AJ休神	CA(生)土	BC傷金	IB杜木
陽六局	CA(景)日	AJ死神	JF驚土	FE開金	EI休木	IG生水	GD傷火	DC杜月
陽七局	JG景金	DI死木	GE驚水	IB開火	EA(休)月	BF生日	AJ傷神	FD杜土
陽八局	BF景土	CA(死)金	GB驚木	EC開水	IG休火	JE生月	FI傷日	AJ杜神
陽九局	〈例外〉		日盤	時盤	大寒●1165	雨水●1166	春分●1167	芒種●1168

J丑	南	南西	西	北西	北	北東	東	南東
陰1局	〈例外〉		日盤	時盤	小暑●1169	立秋●1170	霜降●1171	小雪●1172
陰2局	CG景木	GE死金	EA(驚)土	AJ開神	JF休日	FH生月	HB傷火	BC杜水
陰3局	DH景金	GF死土	AJ驚神	ED開日	BG休月	HA(生)火	FE傷水	JB杜木
陰4局	CA(景)火	HG死水	JD驚木	FC開金	EH休土	AJ生神	GF傷日	DE杜月
陰5局	AJ景神	DH死日	GC驚月	FB開火	JA(休)水	HD生木	CG傷金	BF杜土
陰6局	CD景水	HA(死)木	GB驚金	DE開土	AJ休神	BC生日	EH傷月	JG杜火
陰7局	BC景土	AJ死神	HE驚日	CF開月	JD休火	EB生水	FA(傷)木	DH杜金
陰8局	DB景月	FD死火	GF驚水	CG開木	EC休金	JE生土	AJ傷神	BA(杜)日
陰9局	〈例外〉		日盤	時盤	大暑●1177	処暑●1178	秋分●1179	大雪●1180
陽一局	〈例外〉		日盤	時盤	大寒●1173	雨水●1174	春分●1175	芒種●1176
陽二局	EC景月	JE死日	AJ驚神	BA(開)土	DB休金	FD生木	GF傷水	CG杜火
陽三局	JD景木	EB死水	FA(驚)火	DH開月	BC休日	AJ生神	HE傷土	CF杜金
陽四局	AJ景神	BC死土	EH驚金	JG開木	CD休水	HA(生)火	GB傷月	DE杜日
陽五局	JA(景)水	HD死火	CG驚月	BF開日	AJ休神	DH生土	GC傷金	FB杜木
陽六局	EH景日	AJ死神	GF驚土	DE開金	CA(休)木	HG生水	JD傷火	FC杜月
陽七局	BG景金	HA(死)木	FE驚水	JB開火	DH休月	GF生日	AJ傷神	ED杜土
陽八局	JF景土	FH死金	HB驚木	BC開水	CG休火	GE生月	EA(傷)日	AJ杜神
陽九局	〈例外〉		日盤	時盤	小寒●1181	立春●1182	穀雨●1183	小満●1184

J亥	南	南西	西	北西	北	北東	東	南東
陰1局	〈例外〉		日盤●93	時盤	夏至●1185	白露●1186	寒露●1187	立冬●1188
陰2局	GG景木	EE死金	II驚土	AA(開)神	FF休日	HH生月	BB傷火	CC杜水
陰3局	HH景金	FF死土	AA(驚)神	DD開日	GG休月	II生火	EE傷水	BB杜木
陰4局	II景火	GG死水	DD驚木	CC開金	HH休土	AA(生)神	FF傷日	EE杜月
陰5局	AA(景)神	HH死日	CC驚月	BB開火	II休水	DD生木	GG傷金	FF杜土
陰6局	DD景水	II死木	BB驚金	EE開土	AA(休)神	CC生日	HH傷月	GG杜火
陰7局	CC景土	AA(死)神	EE驚日	FF開月	DD休火	BB生水	II傷木	HH杜金
陰8局	BB景月	DD死火	FF驚水	GG開木	CC休金	EE生土	AA(傷)神	II杜日
陰9局	EE景日	CC死月	GG驚火	HH開水	BB休木	FF生金	DD傷土	AA(杜)神
陽一局	BB景火	FF死月	DD驚日	AA(開)神	EE休土	CC生金	GG傷木	HH杜水
陽二局	CC景月	EE死日	AA(驚)神	II開土	BB休金	DD生木	FF傷水	GG杜火
陽三局	DD景木	BB死水	II驚火	HH開月	CC休日	AA(生)神	EE傷土	FF杜金
陽四局	AA(景)神	CC死土	HH驚金	GG開木	DD休水	II生火	BB傷月	EE杜日
陽五局	II景水	DD死火	GG驚月	FF開日	AA(休)神	HH生土	CC傷金	BB杜木
陽六局	HH景日	AA(死)神	FF驚土	EE開金	II休木	GG生水	DD傷火	CC杜月
陽七局	GG景金	II死木	EE驚水	BB開火	HH休月	FF生日	AA(傷)神	DD杜土
陽八局	FF景土	HH死金	BB驚木	CC開水	GG休火	EE生月	II傷日	AA(杜)神
陽九局	〈例外〉		日盤●94	時盤	冬至●1189	啓蟄●1190	清明●1191	立夏●1192

〈日盤・時盤〉例外

表6〈日盤　例外〉遁甲立向盤2　〈49図～94図〉

	南	南西	西	北西	北	北東	東	南東
49図	GA景日	DG死月	CD驚火	HC開水	JH休木	FJ生金	EF傷土	AE杜神
50図	JH景火	FJ死月	EF驚日	AE開神	GA休土	DG生金	CD傷木	HC杜水
51図	AF景神	GB死日	CH驚月	DI開火	FA休水	BG生木	HC傷金	ID杜土
52図	FA景水	BG死火	HC驚月	ID開日	AF休神	GB生土	CH傷金	DI杜木
53図	DD(生)金	II傷土	BB杜神	EE景日	JJ死月	CC驚火	HH開水	GG休木
54図	JJ生木	CC傷水	HH杜火	GG景月	DD(死)日	II驚神	BB開土	EE休金
55図	FI景月	EG死火	ID驚水	GC開木	DA休金	CJ生土	AF傷神	JE杜日
56図	DA景月	CJ死日	AF驚神	JE開土	FI休金	EG生木	ID傷水	GC杜火
57図	DD傷金	AA杜土	BB景神	EE(死)日	JJ驚月	CC開火	HH休水	GG生木
58図	EE(生)火	CC傷水	GG杜木	HH景金	BB死土	FF驚神	DD開日	JJ休月
59図	BB生日	FF傷神	DD杜土	JJ景金	EE(死)木	CC驚水	GG開火	HH休月
60図	JJ傷木	CC杜水	HH景火	GG死月	DD驚日	AA開神	BB休土	EE(生)金
	南	南西	西	北西	北	北東	東	南東

	南	南西	西	北西	北	北東	東	南東
61図	II景土	AA死神	DD驚日	CC開月	HH休火	JJ生水	FF傷木	EE杜金
62図	CC景金	JJ死土	EE驚神	FF開日	DD休月	BB(生)火	II傷水	HH杜木
63図	DD景木	BB(死)水	II驚火	HH開月	CC休日	JJ生神	EE傷土	FF杜金
64図	HH景木	JJ死水	FF驚火	EE開月	II休日	AA生神	DD傷土	CC杜金
65図	FF景火	BB死水	HH驚木	II開金	EE休土	GG(生)神	CC傷日	DD杜月
66図	CC景金	AA死土	EE驚神	FF開日	DD休月	BB生火	II傷水	HH杜木
67図	DD景木	BB死水	II驚火	HH開月	CC休日	AA生神	EE傷土	FF杜金
68図	EE景日	GG(死)神	CC驚土	DD開金	FF休木	BB生水	HH傷火	II杜月
69図	JJ開土	HH休神	CC(生)日	BB傷月	II杜火	DD景水	GG死木	FF驚金
70図	BB死金	DD驚土	FF開神	GG休日	CC(生)月	AA傷火	JJ杜水	II景木
71図	CC(死)木	AA驚水	JJ開火	II休月	BB生日	DD傷神	FF杜土	GG景金
72図	II開木	DD休水	GG生火	FF傷月	JJ杜日	HH景神	CC(死)土	BB驚金
	南	南西	西	北西	北	北東	東	南東

	南	南西	西	北西	北	北東	東	南東
73図	DI景水	CG死木	HD驚金	JC開土	AH休神	EJ生日	IA傷月	GE杜火
74図	AH景神	EJ死土	IA驚金	GE開木	DI休水	CG生火	HD傷月	JC杜日
75図	BB開金	DD休土	FF(生)神	GG傷日	CC杜月	EE景火	JJ死水	II驚木
76図	CC開木	EE休水	JJ生火	II傷月	BB杜日	DD景神	FF(死)土	GG驚金
77図	HC景日	CJ死月	JE驚火	EF開水	FD休木	DB生金	BA傷土	AH杜神
78図	FD景火	DB死月	BA驚日	AH開神	HC休土	CJ生金	JE傷木	EF杜水
79図	AI景神	IG死日	GD驚月	DC開火	CH休水	HJ生木	JF傷金	FA杜土
80図	CH景水	HJ死火	JF驚月	FA開日	AI休神	IG生土	GD傷金	DC杜木
81図	DD驚土	II開神	BB休日	EE(生)月	JJ傷火	CC杜水	HH景木	GG死金
82図	EE(生)金	CC傷土	GG杜神	HH景日	BB死月	AA驚火	DD開水	JJ休木
83図	BB生木	AA傷水	DD杜火	JJ景月	EE(死)[illegible]	CC驚神	GG開土	HH休金
84図	JJ驚木	CC開水	HH休火	GG生月	DD傷日	II杜神	BB景土	EE(死)金
	南	南西	西	北西	北	北東	東	南東

	南	南西	西	南西	北	北東	東	北東
85図	JC景月	EJ死火	FE驚水	DF開木	BD休金	IB生土	AI傷神	CA杜日
86図	BD景月	IB死日	AI驚神	CA開土	JC休金	EJ生木	FE傷水	DF杜火
87図	EE驚金	CC開土	GG休神	HH(生)日	BB傷月	FF杜火	DD景木	JJ死木
88図	BB驚木	FF開水	DD休火	JJ生月	EE傷日	CC杜神	GG景土	HH(死)金
89図	FF景金	BB死土	HH驚神	II開日	EE休月	AA生火	CC傷水	DD杜木
90図	CC(景)土	JJ死神	EE驚日	FF開月	DD休火	BB生木	II傷木	HH杜金
91図	DD景木	BB死水	II驚火	HH開月	CC休日	JJ生神	EE傷土	FF杜金
92図	EE景木	AA(死)水	CC驚火	DD開月	FF休日	BB生神	HH傷土	II杜金
93図	FF景金	BB死土	HH驚神	II開日	EE休月	GG生火	CC傷水	DD杜木
94図	EE景木	GG死水	CC驚火	DD開月	FF休日	BB生神	HH傷土	II杜金
	南	南西	西	北西	北	北東	東	南東

表6〈日盤　例外〉遁甲立向盤1　〈1図～48図〉

図	南	南西	西	北西	北	北東	東	南東
1図	CC景金	JJ死土	EE驚神	FF開日	DD休月	BB生火	II傷水	HH杜木
2図	DD景木	BB死水	II驚火	HH開月	CC休日	JJ生神	EE傷土	FF杜金
3図	FF景金	BB死土	HH驚神	II開日	EE休月	GG生火	CC傷水	DD杜木
4図	EE景木	GG死水	CC驚火	DD開月	FF休日	BB生神	HH傷土	II杜金
5図	JJ傷木	HH杜金	CC景土	BB死神	II驚日	DD開月	GG休火	FF(生)水
6図	II傷土	DD杜金	GG景木	FF(死)水	JJ驚火	HH開月	CC休日	BB生神
7図	II生金	GG(傷)土	DD杜神	CC景日	HH死月	JJ驚火	AA開水	EE休木
8図	IC景火	HJ死水	CE驚木	JA開金	ED休土	AB生神	DI傷日	BH杜月
9図	ED景日	AB死神	DI驚土	BH開金	IC休木	HJ生水	CE傷火	JA杜月
10図	HH生木	JJ傷水	AA杜火	EE景月	II死日	GG(驚)神	DD開土	CC休金
11図	BB傷神	DD杜日	FF景月	GG死火	CC驚水	EE開木	JJ休金	II(生)土
12図	CC傷水	EE杜火	JJ景月	II(死)日	BB驚神	DD開土	FF休金	GG生木
13図	HF景土	AB死神	EH驚日	GA開月	CE休火	DG生水	FC傷木	BD杜金
14図	AA開金	GG休土	DD生神	CC傷日	HH杜月	JJ(景)火	FF死水	EE驚木
15図	HH開木	JJ(休)水	FF生火	EE傷月	AA杜日	GG景神	DD死土	CC驚金
16図	CE景木	DG死水	FC驚火	BD開月	HF休日	AB生神	EH傷土	GA杜金
17図	AC景神	FJ死日	DA驚月	BF開火	ID休水	HB生木	CI傷金	JH杜土
18図	ID景水	HB死火	CI驚月	JH開日	AC休神	FJ生土	DA傷金	BF杜木
19図	HH(死)金	AA驚土	JJ開神	DD休日	GG生月	II傷火	EE杜水	BB景木
20図	DB杜火	II景水	BB死木	EF驚金	JJ開土	CC休神	HH(生)日	GG傷月
21図	JJ杜日	CC景神	HH(死)土	GG驚金	DD開木	II休水	BB生火	EE傷月
22図	GG死木	II驚水	EE開火	BB休月	HH(生)日	AA傷神	JJ杜土	DD景金
23図	EF景月	GB死火	CA驚水	DI開木	FE休金	BG生土	AC傷神	ID杜日
24図	FE景月	BG死日	AC驚神	ID開土	EF休金	GB生木	CA傷水	DI杜火
25図	HH驚金	FF開土	JJ休神	DD(生)日	GG傷月	AA杜火	EE景水	BB死木
26図	EE杜土	CC景神	GG死日	HH驚月	BB開火	FF休水	DD(生)木	JJ傷金
27図	BB杜木	FF景水	DD(死)火	JJ驚月	EE開日	CC休神	GG生土	HH傷金
28図	GG驚木	AA開水	EE休火	BB生月	HH傷日	FF杜神	JJ景土	DD(死)金
29図	GG驚金	EE開土	II(休)神	JJ生日	AA傷月	HH杜火	BB景水	CC死木
30図	AA驚木	HH開水	BB休火	CC生月	GG傷日	EE杜神	II(景)土	JJ死金
31図	CF景日	DB死月	FH驚火	BI開水	HE休木	IA生金	EC傷土	AD杜神
32図	BC休水	JJ(生)木	EE傷金	FF杜土	DD景神	BB死日	II驚月	HH開火
33図	DD休神	BB生土	II傷金	HH杜木	CC景水	JJ(死)火	EE驚月	FF開日
34図	HE景火	IA死月	AC驚日	ED開神	CF休土	DB生金	FH傷木	BI杜水
35図	GG開金	EE休土	AA生神	JJ傷日	FF杜月	HH景火	BB死水	CC(驚)木
36図	FF開木	HH休水	BB生火	CC(傷)月	GG杜日	EE景神	AA死土	JJ驚金
37図	FF休日	BB(生)月	HH傷火	II杜水	EE景木	GG死金	CC驚土	DD開神
38図	CI景金	HG死土	AD驚神	FC開日	EH休月	IA生火	GF傷水	DE杜木
39図	EH景金	IA死木	GF驚水	DE開火	CI休月	HG生日	AD傷神	FC杜土
40図	EE休火	GG生月	CC傷日	DD杜神	FF景土	BB(死)金	HH驚木	II開水
41図	JJ死金	HH驚土	CC開神	BB休日	II(生)月	DD傷火	GG杜水	FF景木
42図	II(死)木	DD驚水	GJ開火	FF休月	JJ生日	HH傷神	CC杜土	BB景金
43図	EA景水	GB死木	CH驚金	DI開土	AE休神	BG生日	HC傷月	ID杜火
44図	AE景神	BG死土	HC驚金	ID開木	EA休水	GB生火	CH傷月	DI杜日
45図	JJ杜金	AA景土	CC(死)神	BB驚日	II開月	DD休火	GG生水	FF傷木
46図	BB死火	DD驚水	FF開木	GG休金	CC(生)土	EE傷神	JJ杜日	II景月
47図	CC(死)日	EE驚神	JJ開土	II休金	BB生木	DD傷水	FF杜火	GG景月
48図	II杜木	DD景水	GG死火	FF驚月	JJ開日	AA休神	CC(生)土	BB傷金

表7〈時盤　例外〉遁甲立向盤　〈1図～64図〉

陰局

A子	南	南西	西	北西	北	北東	東	南東
1図	JJ(生)神	HH傷日	CC杜月	BB景火	II死水	DD驚木	GG開金	FF休土
2図	JJ休土	HH(生)神	CC傷日	BB杜月	II景火	DD死水	GG驚木	FF開金
3図	JJ開金	HH休土	CC(生)神	BB傷日	II杜月	DD景火	GG死水	FF驚木
4図	JJ驚木	HH開金	CC休土	BB(生)神	II傷日	DD杜月	GG景火	FF死水

A戌	南	南西	西	北西	北	北東	東	南東
9図	DD(生)神	II傷日	BB杜月	EE景火	JJ死水	CC驚木	HH開金	GG休土
10図	DD休土	II(生)神	BB傷日	EE杜月	JJ景火	CC死水	HH驚木	GG開金
11図	DD開金	II休土	BB(生)神	EE傷日	JJ杜月	CC景火	HH死水	GG驚木
12図	DD驚木	II開金	BB休土	EE(生)神	JJ傷日	CC杜月	HH景火	GG死水

A申	南	南西	西	北西	北	北東	東	南東
17図	CC(開)神	JJ休日	EE生月	FF傷火	DD杜水	BB景木	II死金	HH驚土
18図	CC驚土	JJ(開)神	EE休日	FF生月	DD傷火	BB杜水	II景木	HH死金
19図	CC死金	JJ驚土	EE(開)神	FF休日	DD生月	BB傷火	II杜水	HH景木
20図	CC景木	JJ死金	EE驚土	FF(開)神	DD休日	BB生月	II傷火	HH杜水

A午	南	南西	西	北西	北	北東	東	南東
25図	BB(生)神	DD傷日	FF杜月	GG景火	CC死水	EE驚木	JJ開金	II休土
26図	BB休土	DD(生)神	FF傷日	GG杜月	CC景火	EE死水	JJ驚木	II開金
27図	BB開金	DD休土	FF(生)神	GG傷日	CC杜月	EE景火	JJ死水	II驚木
28図	BB驚木	DD開金	FF休土	GG(生)神	CC傷日	EE杜月	JJ景火	II死水

陽局

A子	南	南西	西	北西	北	北東	東	南東
5図	II生水	DD傷火	GG杜月	FF景日	JJ(死)神	HH驚土	CC開金	BB休木
6図	II休木	DD生水	GG傷火	FF杜月	JJ景日	HH(死)神	CC驚土	BB開金
7図	II開金	DD休木	GG生水	FF傷火	JJ杜月	HH景日	CC(死)神	BB驚土
8図	II驚土	DD開金	GG休木	FF生水	JJ傷火	HH杜月	CC景日	BB(死)神

A戌	南	南西	西	北西	北	北東	東	南東
13図	JJ生水	CC傷火	HH杜月	GG景日	DD(死)神	II驚土	BB開金	EE休木
14図	JJ休木	CC生水	HH傷火	GG杜月	DD景日	II(死)神	BB驚土	EE開金
15図	JJ開金	CC休木	HH生水	GG傷火	DD杜月	II景日	BB(死)神	EE驚土
16図	JJ驚土	CC開金	HH休木	GG生水	DD傷火	II杜月	BB景日	EE(死)神

A申	南	南西	西	北西	北	北東	東	南東
21図	DD生水	BB傷火	II杜月	HH景日	CC(死)神	JJ驚土	EE開金	FF休木
22図	DD休水	BB生火	II傷月	HH杜日	CC景神	JJ(死)土	EE驚金	FF開木
23図	DD開水	BB休火	II生月	HH傷日	CC杜神	JJ景土	EE(死)金	FF驚木
24図	DD驚水	BB開火	II休月	HH生日	CC傷神	JJ杜土	EE景金	FF(死)木

A午	南	南西	西	北西	北	北東	東	南東
29図	CC生水	EE傷火	JJ杜月	II景日	BB(死)神	DD驚土	FF開金	GG休木
30図	CC休木	EE生水	JJ傷火	II杜月	BB景日	DD(死)神	FF驚土	GG開金
31図	CC開金	EE休木	JJ生水	II傷火	BB杜月	DD景日	FF(死)神	GG驚土
32図	CC驚土	EE開金	JJ休木	II生水	BB傷火	DD杜月	FF景日	GG(死)神

陰局

A辰	南	南西	西	北西	北	北東	東	南東
33図	EE(生)神	CC傷日	GG杜月	HH景火	BB死水	FF驚木	DD開金	JJ休土
34図	EE休土	CC(生)神	GG傷日	HH杜月	BB景火	FF死水	DD驚木	JJ開金
35図	EE開金	CC休土	GG(生)神	HH傷日	BB杜月	FF景火	DD死水	JJ驚木
36図	EE驚木	CC開金	GG休土	HH(生)神	BB傷日	FF杜月	DD景火	JJ死水

A寅	南	南西	西	北西	北	北東	東	南東
41図	FF(生)神	BB傷日	HH杜月	II景火	EE死水	GG驚木	CC開金	DD休土
42図	FF休土	BB(生)神	HH傷日	II杜月	EE景火	GG死水	CC驚木	DD開金
43図	FF開金	BB休土	HH(生)神	II傷日	EE杜月	GG景火	CC死水	DD驚木
44図	FF驚木	BB開金	HH休土	II(生)神	EE傷日	GG杜月	CC景火	DD死水

B丑	南	南西	西	北西	北	北東	東	南東
49図	CI死神	HG驚日	JD開月	FC休火	AH生水	IJ傷木	GF(杜)金	DA景土
50図	DI死土	CG驚神	HD開日	JC休月	FH生火	AJ傷水	IF(杜)木	GA景金
51図	GI死金	DG驚土	CD開神	HC休日	JH生月	FJ傷火	AF(杜)水	IA景木
52図	II死木	GG驚金	DD開土	CC休神	HH生日	JJ傷月	FF(杜)火	AA景水

B丑	南	南西	西	北西	北	北東	東	南東
57図	BJ傷木	IH杜金	DC景土	GB死神	FI驚日	JD開月	HG休火	CF(生)水
58図	BJ傷木	IH杜金	DC景土	GB死神	FI驚日	JD開月	HG休火	CF(生)水
59図	BJ傷木	IH杜金	DC景土	GB死神	FH驚日	JD開月	HG休火	CF(生)水
60図	BJ傷木	IH杜金	DC景土	GB死神	FI驚日	JD開月	HG休火	CF(生)水

陽局

A辰	南	南西	西	北西	北	北東	東	南東
37図	BB生水	FF傷火	DD杜月	JJ景日	EE(死)神	CC驚土	GG開金	HH休木
38図	BB休木	FF生水	DD傷火	JJ杜月	EE景日	CC(死)神	GG驚土	HH開金
39図	BB開金	FF休木	DD生水	JJ傷火	EE杜月	CC景日	GG(死)神	HH驚土
40図	BB驚土	FF開金	DD休木	JJ生水	EE傷火	CC杜月	GG景日	HH(死)神

A寅	南	南西	西	北西	北	北東	東	南東
45図	EE景水	GG死火	CC驚月	DD開日	FF休神	BB生土	HH傷金	II(杜)木
46図	EE景木	GG死水	CC驚火	DD開月	FF休日	BB生神	HH傷土	II(杜)金
47図	EE景金	GG死木	CC驚水	DD開火	FF休日	BB生月	HH傷神	II(杜)土
48図	EE景土	GG死金	CC驚木	DD開水	FF休火	BB生月	HH傷日	II(杜)神

B丑	南	南西	西	北西	北	北東	東	南東
53図	CJ開金	HC休木	GH生水	DG傷火	ID(杜)月	BI景日	AB死神	JA驚土
54図	CJ驚金	HC開木	GH休水	DG生火	ID傷月	BI(杜)日	AB景神	JA死土
55図	CJ死金	HC驚木	GH開水	DG休火	ID生月	BI傷日	AB(杜)神	JA景土
56図	CJ景金	HC死木	GH驚水	DG開火	ID休月	BI生日	AB傷神	JA(杜)土

B丑	南	南西	西	北西	北	北東	東	南東
61図	HJ傷金	GC杜木	DH景水	IG(死)火	BD驚月	EI開日	JB休神	CE生土
62図	CJ傷金	HC杜木	GH景水	DG(死)火	IJ驚月	BI開日	EB休神	JE生土
63図	JJ傷金	CC杜木	HH景水	GG(死)火	DD驚月	II開日	BB休神	EE生土
64図	EJ傷金	JC杜木	CH景水	HG(死)火	GD驚月	DI開日	IB休神	BE生土

表7〈時盤　例外〉遁甲立向盤　〈65図～128図〉

陰局

B丑	南	南西	西	北西	北	北東	東	南東
65図	ID(開)金	BI休土	AB生神	JA傷日	CJ杜月	HC景火	GH死水	DG驚木
66図	ID驚金	BI(開)土	AB休神	JA生日	CJ傷月	HC杜火	GH景水	DG死木
67図	ID死金	BI驚土	AB(開)神	JA休日	CJ生月	HC傷火	GH杜水	DG景木
68図	ID景金	BI死土	AB驚神	JA(開)日	CJ休月	HC生火	GH傷水	DG杜木

陰局

B亥	南	南西	西	北西	北	北東	東	南東
73図	AI生神	EG(傷)日	ID杜月	GC景火	DH死水	CJ驚木	HA開金	JE休土
74図	JI生土	AG(傷)神	ED杜日	IC景月	GH死火	DJ驚水	CA開木	HE休金
75図	HI生金	JG(傷)土	AD杜神	EC景日	IH死月	GJ驚火	DA開水	CE休木
76図	CI生木	HG(傷)金	JD杜土	AC景神	EH死日	IJ驚月	GA開火	DE休水

陰局

B亥	南	南西	西	北西	北	北東	東	南東
81図	HD杜金	GI景土	DB死神	IE驚日	BJ開月	EC休火	JH生水	CG(傷)木
82図	GD杜金	DI景土	IB死神	BE驚日	EJ開月	JC休火	CH生水	HG(傷)木
83図	DD杜金	II景土	BB死神	EE驚日	JJ開月	CC休火	HH生水	GG(傷)木
84図	ID杜金	BI景土	EB死神	JE驚日	CJ開月	HC休火	GH生水	DG(傷)木

陰局

B亥	南	南西	西	北西	北	北東	東	南東
89図	IC(開)火	HJ休水	CE生木	JA傷金	ED杜土	AB景神	DI死日	BH驚月
90図	IC驚火	HJ(開)水	CE休木	JA生金	ED傷土	AB杜神	DI景日	BH死月
91図	IC死火	HJ驚水	CE(開)木	JA休金	ED生土	AB傷神	DI杜日	BH景月
92図	IC景火	HJ死水	CE驚木	JA(開)金	ED休土	AB生神	DI傷日	BH杜月

陽局

B丑	南	南西	西	北西	北	北東	東	南東
69図	CH死水	HJ驚火	JF(開)月	FA休日	AI生神	IG傷土	GD杜金	DC景木
70図	DH死木	CJ驚水	HF(開)火	JA休月	FI生日	AG傷神	ID杜土	GC景金
71図	GH死金	DJ驚木	CF(開)水	HA休火	JI生月	FG傷日	AD杜神	IC景土
72図	IH死土	GJ驚金	DF(開)木	CA休水	HI生火	JG傷月	FD杜日	AC景神

陽局

B亥	南	南西	西	北西	北	北東	東	南東
77図	ED開日	AB休神	DI生土	BH傷金	IC(杜)木	HJ景水	CE死火	JA驚月
78図	ED驚日	AB開神	DI休土	BH生金	IC傷木	HJ(杜)水	CE景火	JA死月
79図	ED死日	AB驚神	DI開土	BH休金	IC生木	HJ傷水	CE(杜)火	JA景月
80図	ED景日	AB死神	DI驚土	BH開金	IC休木	HJ生水	CE傷火	JA(杜)月

陽局

B亥	南	南西	西	北西	北	北東	東	南東
85図	BJ傷金	EC杜木	JH景水	CG(死)火	HD驚月	GI開日	DB休神	IE生土
86図	EJ傷金	JC杜木	CH景水	HG(死)火	GD驚月	DI開日	IB休神	BE生土
87図	JJ傷金	CC杜木	HH景水	GG(死)火	DD驚月	II開日	BB休神	EE生土
88図	HJ傷金	GC杜木	DH景水	IG(死)火	BD驚月	EI開日	JB休神	CE生土

陽局

B亥	南	南西	西	北西	北	北東	東	南東
93図	DH生水	CJ傷火	HA杜月	JE景日	AI死神	EG(驚)土	ID開金	GC休木
94図	GH生木	DJ傷水	CA杜火	HE景月	JI死日	AG(驚)神	ED開土	IC休金
95図	IH休金	GJ生木	DA傷水	CE杜火	HI景月	JG死日	AD(驚)神	EC開土
96図	EH開土	IJ休金	GA生木	DE傷水	CI杜火	HG景月	JD死日	AC(驚)神

陰局

B酉	南	南西	西	北西	北	北東	東	南東
97図	AI生神	DA傷日	CD杜月	HC景火	JH(死)水	FJ驚木	EF開金	IE休土
98図	II生土	AA傷神	DD杜日	CC景月	HH(死)火	JJ驚水	FF開木	EE休金
99図	EI生金	IA傷土	AD杜神	DC景日	CH(死)月	HJ驚火	JF開水	FE休木
100図	FI生木	EA傷金	ID杜土	AC昌神	DH(死)日	CJ驚月	HF開火	JE休水

陰局

B酉	南	南西	西	北西	北	北東	東	南東
105図	FC傷火	DJ杜水	BE景木	IF死金	HD驚土	CB開神	JI休日	EH(生)月
106図	DC傷火	BJ杜水	IE景木	HF死金	CD驚土	JB開神	EI休日	FH(生)月
107図	EC傷火	FJ杜水	DE景木	BF死金	ID驚土	HB開神	CI休日	JH(生)月
108図	IC傷火	HJ杜水	CE景木	JF死金	ED驚土	FB開神	DI休日	BH(生)月

陰局

B酉	南	南西	西	北西	北	北東	東	南東
113図	AB(開)神	CD休日	EF生月	JA傷火	IC杜水	BE景木	DJ死金	FI驚土
114図	AB驚神	CD(開)日	EF休月	JA生火	IC傷水	BE杜木	DJ景金	FI死土
115図	AB死神	CD驚日	EF(開)月	JA休火	IC生水	BE傷木	DJ杜金	FI景土
116図	AB景神	CD死日	EF驚月	JA(開)火	IC休水	BE生木	DJ傷金	FI杜土

陰局

B未	南	南西	西	北西	北	北東	東	南東
121図	AI(休)神	JG生日	FD傷月	EC杜火	IA景水	GJ死木	DF驚金	CE開土
122図	CI(休)土	AG生神	JD傷日	FC杜月	EA景火	IJ死水	GF驚木	DE開金
123図	DI(休)金	CG生土	AD傷神	JC杜日	FA景月	EJ死火	IF驚水	GE開木
124図	GI(休)木	DG生金	CD傷土	AC杜神	JA景日	FJ死月	EF驚火	IE開水

陽局

B酉	南	南西	西	北西	北	北東	東	南東
101図	IC開水	BE休火	DJ生月	FI傷日	AB(杜)神	CD景土	EF死金	JA驚木
102図	IC驚水	BE開火	DJ休月	FI生日	AB傷神	CD(杜)土	EF景金	JA死木
103図	IC死水	BE驚火	DJ開月	FI休日	GB生神	CD傷土	EF(杜)金	JG景木
104図	IC景水	BE死火	DJ驚月	FI開日	AB休神	CD生土	EF傷金	JG(杜)木

陽局

B酉	南	南西	西	北西	北	北東	東	南東
109図	HD傷日	CB杜神	JI景土	EH(死)金	FC驚木	DJ開水	BE休火	IF生月
110図	CD傷日	JB杜神	EI景土	FH(死)金	DC驚木	BJ開水	IE休火	HF生月
111図	JD傷日	EB杜神	FI景土	DH(死)金	BC驚木	IJ開水	HE休火	CF生月
112図	ED傷日	FB杜神	DI景土	BH(死)金	IC驚木	HJ開水	CE休火	JF生月

陽局

B酉	南	南西	西	北西	北	北東	東	南東
117図	JH(生)水	FJ傷火	EF杜月	IE景日	AI死神	DA驚土	CD開金	HC休木
118図	HH(生)木	JJ傷水	FF杜火	EE景月	II死日	AA驚神	DD開土	CC休金
119図	CH(生)金	HJ傷木	JF杜水	FE景火	EI死月	IA驚日	AD開神	DC休土
120図	DH(生)土	CJ傷金	HF杜木	JE景水	FI死火	EA驚月	ID開日	AC休神

陽局

B未	南	南西	西	北西	北	北東	東	南東
125図	AB開神	BF休土	FD生金	DJ傷木	JE(杜)水	EC景火	CG死月	GA驚日
126図	AB驚神	BF開土	FD休金	DJ生木	JE傷水	EC(杜)火	CG景月	GA死日
127図	AB死神	BF驚土	FD開金	DJ休木	JE生水	EC傷火	CG(杜)月	GA景日
128図	AB景神	BF死土	FD驚金	DJ開木	JE休水	EC生火	CG傷月	GA(杜)日

表7〈時盤　例外〉遁甲立向盤　〈129図～192図〉

陰局

B未	南	南西	西	北西	北	北東	東	南東
129図	BB傷神	DD杜日	FF景月	GG死火	CC驚水	EE開木	JJ休金	II(生)土
130図	DB傷土	FD杜神	GF景日	CG死月	EC驚火	JE開水	IJ休木	BI(生)金
131図	FB傷金	GD杜土	CF景神	EG死日	JC驚月	IE開火	BJ休水	DI(生)木
132図	GB傷木	CD杜金	EF景土	JG死神	IC驚日	BE開月	DJ休火	FI(生)水

陰局

B未	南	南西	西	北西	北	北東	東	南東
137図	JE(開)水	EC休木	CG生金	GA傷土	AB杜神	BF景日	FD死月	DJ驚火
138図	JE驚水	EC(開)木	CG休金	GA生土	AB傷神	BF杜日	FD景月	DJ死火
139図	JE死水	EC驚木	CG(開)金	GA休土	AB生神	BF傷日	FD杜月	DJ景火
140図	JE景水	EC死木	CG驚金	GA(開)土	AB休神	BF生日	FD傷月	DJ杜火

陰局

B巳	南	南西	西	北西	北	北東	東	南東
145図	HF(開)土	AB休神	EH生日	GA傷月	CE杜火	DG景水	FC死木	BD驚金
146図	HF驚土	AB(開)神	EH休日	GA生月	CE傷火	DG杜水	FC景木	BD死金
147図	HF死土	AB驚神	EH(開)日	GA休月	CE生火	DG傷水	FC杜木	BD景金
148図	HF景土	AB死神	EH驚日	GA(開)月	CE休火	DG生水	FC傷木	BD杜金

陰局

B巳	南	南西	西	北西	北	北東	東	南東
153図	AA開神	GG休日	DD生月	CC傷火	HH杜水	JJ(景)木	FF死金	EE驚土
154図	EA開土	AG休神	GD生日	DC傷月	CH杜火	HJ(景)水	JF死木	FE驚金
155図	FA開金	EG休土	AD生神	GC傷日	DH杜月	CJ(景)火	HF死水	JE驚木
156図	JA開木	FG休金	ED生土	AC傷神	GH杜日	DJ(景)月	CF死火	HE驚水

陽局

B未	南	南西	西	北西	北	北東	東	南東
133図	CC傷水	EE杜火	JJ景月	II(死)日	BB驚神	DD開土	FF休金	GG生木
134図	EC傷水	JE杜火	IJ景月	BI(死)日	DB驚神	FD開土	GF休金	CG生木
135図	JC傷水	IE杜火	BJ景月	DI(死)日	FB驚神	GD開土	CF休金	EG生木
136図	IC傷水	BE杜火	DJ景月	FI死日	GB驚神	CD開土	EF休金	JG生木

陽局

B未	南	南西	西	北西	北	北東	東	南東
141図	IA休水	GJ生火	DF傷月	CE杜日	AI(景)神	JG死土	FD驚金	EC開木
142図	EA休木	IJ生水	GF傷火	DE杜月	CI(景)日	AG死神	JD驚土	FC開金
143図	FA休金	EJ生木	IF傷水	GE杜火	DI(景)月	CG死日	AD驚神	JC開土
144図	JA休土	FJ生金	EF傷木	IE杜水	GI(景)火	DG死月	CD驚日	AC開神

陽局

B巳	南	南西	西	北西	北	北東	東	南東
149図	EB傷神	CF杜土	GD景金	HJ(死)木	BE驚水	FC開火	DG休月	JH生日
150図	CB傷神	GF杜土	HD景金	BJ(死)木	FE驚水	DC開火	JG休月	EH生日
151図	GB傷神	HF杜土	BD景金	FJ(死)木	DE驚水	JC開火	EG休月	CH生日
152図	HB傷神	BF杜土	FD景金	DJ(死)木	JE驚水	EC開火	CG休月	GH生日

陽局

B巳	南	南西	西	北西	北	北東	東	南東
157図	HH開水	JJ(休)火	FF生月	EE傷日	AA杜神	GG景土	DD死金	EE驚木
158図	CH開木	HJ(休)水	JF生火	FE傷月	EA杜日	AG景神	GD死土	DC驚金
159図	DH開金	EJ(休)木	HF生水	JE傷火	FA杜月	EG景日	AD死神	GC驚土
160図	GH開土	DJ(休)金	EF生木	HE傷水	JA杜火	FG景月	ED死日	AE驚神

陰局

B巳	南	南西	西	北西	北	北東	東	南東
161図	EE傷水	CC杜木	GG景金	HH死土	BB驚神	FF開日	DD休月	JJ(生)火
162図	FE傷水	DC杜木	JG景金	EH死土	CB驚神	GF開日	HD休月	BJ(生)火
163図	DE傷水	JC杜木	EG景金	CH死土	GB驚神	HF開日	BD休月	FJ(生)火
164図	JE傷水	EC杜木	CG景金	GH死土	HB驚神	BF開日	FD休月	DJ(生)火

陰局

B卯	南	南西	西	北西	北	北東	東	南東
169図	DF傷土	FB杜神	BH景日	HI死月	IE驚火	EG開水	GC休木	CD(生)金
170図	FF傷土	BB杜神	HH景日	II死月	EE驚火	GG開水	CC休木	DD(生)金
171図	BF傷土	HB杜神	IH景日	EI死月	GE驚火	CG開水	DC休木	FD(生)金
172図	HF傷土	IB杜神	EH景日	GI死月	CE驚火	DG開水	FC休木	BD(生)金

陰局

B卯	南	南西	西	北西	北	北東	東	南東
177図	HG(開)月	BE休火	CI生水	GA傷木	EF杜金	IH景土	AB死神	FC驚日
178図	HG驚月	BE(開)火	CI休水	GA生木	EF傷金	IH杜土	AB景神	FC死日
179図	HG死月	BE驚火	CI(開)水	GA休木	EF生金	IH傷土	AB杜神	FC景日
180図	HG景月	BE死火	CI驚水	GA(開)木	EF休金	IH生土	JB傷神	FC杜日

陰局

B卯	南	南西	西	北西	北	北東	東	南東
185図	AI開神	FG休日	ED(生)月	IC傷火	GH杜水	DA景木	CF死金	HE驚土
186図	HI開土	AG休神	FD(生)日	EC傷月	IH杜火	GA景水	DF死木	CE驚金
187図	CI開金	HG休土	AD(生)神	FC傷日	EH杜月	IA景火	GF死水	DE驚木
188図	DI開木	CG休金	HD(生)土	AC傷神	FH杜日	EA景月	IF死火	GE驚水

陽局

B巳	南	南西	西	北西	北	北東	東	南東
165図	CE開木	DG休水	FC生火	BD傷月	HF(杜)日	IB景神	EH死土	GI驚金
166図	CE驚木	DG開水	FC休火	BD生月	HF傷日	AB(杜)神	EH景土	GA死金
167図	CE死木	DG驚水	FC開火	BD休月	HF生日	AB傷神	EH(杜)土	GA景金
168図	CE景木	DG死水	FC驚火	BD開月	HF休日	AB生神	EH傷土	GA(杜)金

陽局

B卯	南	南西	西	北西	北	北東	東	南東
173図	GH開水	DA休火	CF生月	HE傷日	AI杜神	FG景土	ED(死)金	IC驚木
174図	IH開木	GA休水	DF生火	CE傷月	HI杜日	AG景神	FD(死)土	EC驚金
175図	EH開金	IA休木	GF生水	DE傷火	CI杜月	IG景日	AD(死)神	FC驚土
176図	FH開土	EA休金	IF生木	GE傷水	DI杜火	CG景月	HD(死)日	AC驚神

陽局

B卯	南	南西	西	北西	北	北東	東	南東
181図	EF開月	IH休日	AB生神	FC傷土	HG(杜)金	BE景木	CI死水	GA驚火
182図	EF驚月	IH開日	AB休神	FC生土	HG傷金	BE(杜)木	CI景水	GA死火
183図	EF死月	IH驚日	AB開神	FC休土	HG生金	BE傷木	CI(杜)水	GA景火
184図	EF景月	IH死日	AB驚神	FC開土	HG休金	BE生木	CI傷水	GA(杜)火

陽局

B卯	南	南西	西	北西	北	北東	東	南東
189図	EE傷木	GG杜水	CC景火	DD(死)月	FF驚日	BB開神	HH休土	II生金
190図	EE傷木	GG杜水	CC景火	DD(死)月	FF驚日	BB開神	HH休土	II生金
191図	EE傷木	GG杜水	CC景火	DD(死)月	FF驚日	BB開神	HH休土	II生金
192図	EE傷木	GG杜水	CC景火	DD(死)月	FF驚日	BB開神	HH休土	II生金

表7〈時盤　例外〉遁甲立向盤　〈193図～256図〉

陰局

C寅	南	南西	西	北西	北	北東	東	南東
193図	AH驚神	BF開日	HJ休月	FD生火	JG(傷)水	DI杜木	GA景金	IB死土
194図	IH驚土	AF開神	BJ休日	HD生月	FG(傷)火	JI杜水	DA景木	GB死金
195図	GH驚金	IF開土	AJ休神	BD生日	HG(傷)月	FI杜火	JA景水	DB死木
196図	DH驚木	GF開金	IJ休土	AD生神	BG(傷)日	HI杜月	FA景火	JB死水

陰局

C寅	南	南西	西	北西	北	北東	東	南東
201図	GJ杜金	FH景土	JC死神	HB驚日	CI開月	BD休火	IG(生)水	DF傷木
202図	FJ杜金	JH景土	HC死神	CB驚日	BI開月	ID休火	DG(生)水	GF傷木
203図	JJ杜金	HH景土	CC死神	BB驚日	II開月	DD休火	GG(生)水	FF傷木
204図	HJ杜金	CH景土	BC死神	IB驚日	DI開月	GD休火	FG(生)水	JF傷木

陰局

C寅	南	南西	西	北西	北	北東	東	南東
209図	AC(驚)神	FJ開日	DA休月	BF生火	ID傷水	HB杜木	CI景金	JH死土
210図	AC死神	FJ(驚)日	DA開月	BF休火	ID生水	HB傷木	CI杜金	JH景土
211図	AC景神	FJ死日	DA(驚)月	BF開火	ID休水	HB生木	CI傷金	JH杜土
212図	AC杜神	FJ景日	DA死月	BF(驚)火	ID開水	HB休木	CI生金	JH傷土

陰局

C子	南	南西	西	北西	北	北東	東	南東
217図	AH(死)神	JA驚日	DJ開月	GD休火	IG生水	EI傷木	BE杜金	HB景土
218図	HH(死)土	AA驚神	JJ開日	DD休月	GG生火	II傷水	EE杜木	BB景金
219図	BH(死)金	HA驚土	AJ開神	JD休日	DG生月	GI傷火	IE杜水	EB景木
220図	EH(死)木	BA驚金	HJ開土	AD休神	JG生日	DI傷月	GE杜火	IB景水

陽局

C寅	南	南西	西	北西	北	北東	東	南東
197図	ID驚水	HB開火	CI休月	JH生日	AC(傷)神	FJ杜土	DA景金	BF死木
198図	ID死水	HB驚火	CI開月	JH休日	AC生神	FJ(傷)土	DA杜金	BF景木
199図	ID景水	HB死火	CI驚月	JH開日	AC休神	FJ生土	DA(傷)金	BF杜木
200図	ID杜水	HB景火	CI死月	JH驚日	AE開神	FJ休土	DA生金	BF(傷)木

陽局

C寅	南	南西	西	北西	北	北東	東	南東
205図	CI杜金	BD景木	IG(死)水	DF驚火	GJ開月	FH休日	JC生神	HB傷土
206図	BI杜金	ID景木	DG(死)水	GF驚火	FJ開月	JH休日	HC生神	CB傷土
207図	II杜金	DD景木	GG(死)水	FF驚火	JJ開月	HH休日	CC生神	BB傷土
208図	DI杜金	GD景木	FG(死)水	JF驚火	HJ開月	CH休日	BC生神	IB傷土

陽局

C寅	南	南西	西	北西	北	北東	東	南東
213図	JG(驚)水	DI開火	GA休月	IB生日	AH傷神	BF杜土	HJ景金	FD死木
214図	FG(驚)木	JI開水	DA休火	GB生月	IH傷日	AF杜神	BJ景土	HD死金
215図	HG(驚)金	FI開木	JA休水	DB生火	GH傷月	IF杜日	AJ景神	BD死土
216図	BG(驚)土	HI開金	FA休木	JB生水	DH傷火	GF杜月	IJ景日	AD死神

陽局

C子	南	南西	西	北西	北	北東	東	南東
221図	AC驚神	GE開土	CJ休金	EI生木	JB(傷)水	ID杜火	BA景月	DG死日
222図	AC死神	GE驚土	CJ開金	EI休木	JB生水	ID(傷)火	BA杜月	DG景日
223図	AC景神	GE死土	CJ驚金	EI開木	JB休水	ID生火	BA(傷)月	DG杜日
224図	AC景神	GE死土	EI驚金	JB開木	ID休水	BA生火	DG(傷)月	AC杜日

陰局

C子	南	南西	西	北西	北	北東	東	南東
225図	ED杜火	JI景水	CB死木	HF驚金	GJ開土	DC休神	IH(生)日	BG傷月
226図	JD杜火	CI景水	HB死木	GE驚金	DJ開土	IC休神	BH(生)日	EG傷月
227図	CD杜火	HI景水	GB死木	DE驚金	IJ開土	BC休神	EH(生)日	JG傷月
228図	HD杜火	GI景水	DB死木	IE驚金	BJ開土	EC休神	JH(生)日	CG傷月

陰局

C子	南	南西	西	北西	北	北東	東	南東
233図	JB(驚)水	ID開木	BA休金	DG生土	AC傷神	GE杜日	CJ景月	EI死火
234図	JB死水	ID(驚)木	BA開金	DG休土	AC生神	GE傷日	CJ杜月	EI景火
235図	JB景水	ID死木	BA(驚)金	DG開土	AC休神	GE生日	CJ傷月	EI杜火
236図	JB杜水	ID景木	BA死金	DG(驚)土	AC開神	GE休日	EJ生月	CI傷火

陰局

C戌	南	南西	西	北西	北	北東	東	南東
241図	AH杜神	IF景日	EJ死月	BD驚火	HA開水	FI(休)木	JE生金	DB傷土
242図	DH杜土	AF景神	IJ死日	ED驚月	BA開火	HI(休)水	FE生木	JB傷金
243図	JH杜金	DF景土	AJ死神	ID驚日	EA開月	BI(休)火	HE生水	FB傷木
244図	FH杜木	JF景金	DJ死土	AD驚神	IA開日	EI(休)月	BE生火	HB傷水

陰局

C戌	南	南西	西	北西	北	北東	東	南東
249図	CC杜神	JJ景日	EE死月	FF驚火	DD開水	BB休木	II(生)金	HH傷土
250図	JC杜神	EJ景日	FE死月	DF驚火	BD開水	IB休木	HI(生)金	CH傷土
251図	EC杜神	FJ景日	DE死月	BF驚火	ID開水	HB休木	CI(生)金	JH傷土
252図	FC杜神	DJ景日	BE死月	IF驚火	HD開水	CB休木	JI(生)金	EH傷土

陽局

C子	南	南西	西	北西	北	北東	東	南東
229図	GJ杜日	DC景神	IH(死)土	BG驚金	ED開木	JI休水	CB生火	HE傷月
230図	DJ杜日	IC景神	BH(死)土	EG驚金	JD開木	CI休水	HB生火	GE傷月
231図	IJ杜日	BC景神	EH(死)土	JG驚金	CD開木	HI休水	GB生火	DE傷月
232図	BJ杜日	EC景神	JH(死)土	CG驚金	HD開木	GI休水	DB生火	IE傷月

陽局

C子	南	南西	西	北西	北	北東	東	南東
237図	IG死水	EI驚火	BE開月	HB休日	AH(生)神	JA傷土	DJ杜金	GD景木
238図	GG死木	II驚水	EE開火	BB休月	HH(生)日	AA傷神	JJ杜土	DD景金
239図	DG死金	GI驚木	IE開水	EB休火	DH(生)月	HA傷日	AJ杜神	JD景土
240図	JG死土	DI驚金	GE開木	IB休水	EH(生)火	BA傷月	HJ杜日	AD景神

陽局

C戌	南	南西	西	北西	北	北東	東	南東
245図	FB(傷)木	DF杜水	JD景火	EJ死月	CE驚日	AC開神	HA休土	BH生金
246図	FB生木	DF(傷)水	JD杜火	EJ景月	CE死日	AC驚神	HA開土	BH休金
247図	FB休木	DF生水	JD(傷)火	EJ杜月	CE景日	AC死神	HA驚土	BH開金
248図	FB開木	DF休水	JD生火	EJ(傷)月	CE杜日	AC景神	HA死土	BH驚金

陽局

C戌	南	南西	西	北西	北	北東	東	南東
253図	DD杜水	BB景火	II(死)月	HH驚日	CC開神	JJ休土	EE生金	FF傷木
254図	DD杜水	BB景火	II(死)月	HH驚日	CC開神	JJ休土	EE生金	FF傷木
255図	DD杜水	BB景火	II(死)月	HH驚日	CC開神	JJ休土	EE生金	FF傷木
256図	DD杜水	BB景火	II(死)月	HH驚日	CC開神	JJ休土	EE生金	FF傷木

表7〈時盤　例外〉遁甲立向盤〈257図～320図〉

陰局

C戌	南	南西	西	北西	北	北東	東	南東
257図	CE(驚)土	AC開神	HA休日	BH生月	FB傷火	DF杜水	JD景木	EJ死金
258図	CE死土	AC(驚)神	HA開日	BH休月	FB生火	DF傷水	JD杜木	EJ景金
259図	CE景土	AC死神	HA(驚)日	BH開月	FB休火	DF生水	JD傷木	EJ杜金
260図	CE杜土	AC景神	HA死日	BH(驚)月	FB開火	DF休水	JD生木	EJ傷金

陰局

C申	南	南西	西	北西	北	北東	東	南東
265図	EF(驚)月	GB開火	CA休水	DI生木	FE傷金	BG杜土	AC景神	ID死日
266図	EF死月	GB(驚)火	CA開水	DI休木	FE生金	BG傷土	AC杜神	ID景日
267図	EF景月	GB死火	CA(驚)水	DI開木	FE休金	BG生土	AC傷神	ID杜日
268図	EF杜月	GB景火	CA死水	DI(驚)木	FE開金	BG休土	AC生神	ID傷日

陰局

C申	南	南西	西	北西	北	北東	東	南東
273図	AA生神	FF傷日	JJ杜月	DD(景)火	GG死水	II驚木	EE開金	BB休土
274図	BA驚土	AF開神	FJ休日	JD生月	DG(生)火	GI傷水	IE杜木	EB死金
275図	EA驚金	BF開土	AJ休神	FD(生)日	JG傷月	DI杜火	GE景水	IB死木
276図	IA驚木	EF開金	BJ休土	AD(生)神	FG傷日	JI杜月	DE景火	GB死水

陰局

C申	南	南西	西	北西	北	北東	東	南東
281図	CB杜水	ED景木	JF死金	IG驚土	BC開神	DE休日	FJ(生)月	GI傷火
282図	EB杜水	JD景木	IF死金	BG驚土	DC開神	FE休日	GJ(生)月	CI傷火
283図	JB杜水	ID景木	BF死金	DG驚土	FC開神	GE休日	CJ(生)月	EI傷火
284図	IB杜水	BD景木	DF死金	FG驚土	GC開神	CE休日	EJ(生)月	JI傷火

陽局

C戌	南	南西	西	北西	北	北東	東	南東
261図	HA杜水	FI(景)火	JE死月	DB驚日	AH開神	IF休土	EJ生金	BD傷木
262図	BA杜木	HI(景)水	FE死火	JB驚月	DH開日	AF休神	IJ生土	ED傷金
263図	EA杜金	BI(景)木	HE死水	FB驚火	JH開月	DF休日	AJ生神	ID傷土
264図	IA杜土	EI(景)金	BE死木	HB驚水	FH開火	JF休月	DJ生日	AD傷神

陽局

C申	南	南西	西	北西	北	北東	東	南東
269図	BC杜神	DE景土	FJ(死)金	GI驚木	CB開水	ED休火	JF生月	IG傷日
270図	DC杜神	FE景土	GJ(死)金	CI驚木	EB開水	JD休火	IF生月	BG傷日
271図	FC杜神	GE景土	CJ(死)金	EI驚木	JB開水	ID休火	BF生月	DG傷日
272図	GC杜神	CE景土	EJ(死)金	JI驚木	IB開水	BD休火	DF生月	FG傷日

陽局

C申	南	南西	西	北西	北	北東	東	南東
277図	GG傷水	II杜火	EE景月	BB死日	AA驚神	FF開土	JJ(休)金	DD生木
278図	DG傷木	GI杜水	IE景火	EB死月	BA驚日	AF開神	FJ(休)土	JD生金
279図	JG傷金	DI杜木	GE景水	IB死火	EA驚月	BF開日	AJ(休)神	FD生土
280図	FG傷土	JI杜金	DE景木	GB死水	IA驚火	EF開月	BJ(休)日	AD生神

陽局

C申	南	南西	西	北西	北	北東	東	南東
285図	FE驚月	BG開日	AC休神	ID生土	EF(傷)金	GB杜木	CA景水	DI死火
286図	FE死月	BG驚日	AC開神	ID休土	EF生金	GB(傷)木	CA杜水	DI景火
287図	FE景月	BG死日	AC驚神	ID開土	EF休金	GB生木	CA(傷)水	DI杜火
288図	FE杜月	BG景日	AC死神	ID驚土	EF開金	GB休木	CA生水	DI(傷)火

陰局

C午	南	南西	西	北西	北	北東	東	南東
289図	JG(驚)日	FE開月	HA休火	BJ生水	CF傷木	GH杜金	EB景土	AC死神
290図	JG死日	FE(驚)月	HA開火	BJ休水	CF生木	GH傷金	EB杜土	AC景神
291図	JG景日	FE死月	HA(驚)火	BJ開水	CF休木	GH生金	EB傷土	AC杜神
292図	JG杜日	FE景月	HA死火	BJ(驚)水	CF開木	GH休金	EB生土	AC傷神

陰局

C午	南	南西	西	北西	北	北東	東	南東
297図	AH驚神	EF開日	BJ休月	HD(生)火	FG傷水	JA杜木	DE景金	GB死土
298図	GH驚土	AF開神	EJ休日	BD(生)月	HG傷火	FA杜水	JE景木	DB死金
299図	DH驚金	GF開土	AJ休神	ED(生)日	BG傷月	HA杜火	FE景水	JB死木
300図	JH驚木	DF開金	GJ休土	AD(生)神	EG傷日	BA杜月	HE景火	FB死水

陰局

C午	南	南西	西	北西	北	北東	東	南東
305図	JE杜土	EC景神	CG死日	GH驚月	HB開火	BF休水	FD(生)木	DJ傷金
306図	EE杜土	CC景神	GG死日	HH驚月	BB開火	FF休水	DD(生)木	JJ傷金
307図	CE杜土	GC景神	HG死日	BH驚月	FB開火	DF休水	JD(生)木	EJ傷金
308図	GE杜土	HC景神	BG死日	FH驚月	DB開火	JF休水	ED(生)木	CJ傷金

陰局

C辰	南	南西	西	北西	北	北東	東	南東
313図	HF杜月	IB景火	EH死水	GI驚木	CE開金	DG休土	FC(生)神	BD傷日
314図	IF杜月	EB景火	GH死水	CI驚木	DE開金	FG休土	BC(生)神	HD傷日
315図	EF杜月	GB景火	CH死水	DI驚木	FE開金	BG休土	HC(生)神	ID傷日
316図	GF杜月	CB景火	DH死水	FI驚木	BE開金	HG休土	IC(生)神	ED傷日

陽局

C午	南	南西	西	北西	北	北東	東	南東
293図	HB杜木	BF景水	FD(死)火	DJ驚月	JE開日	EC休神	CG生土	GH傷金
294図	BB杜木	FF景水	DD(死)火	JJ驚月	EE開日	CC休神	GG生土	HH傷金
295図	FB杜木	DF景水	JD(死)火	EJ驚月	CE開日	GC休神	HG生土	BH傷金
296図	DB杜木	JF景水	ED(死)火	CJ驚月	GE開日	HC休神	BG生土	FH傷金

陽局

C午	南	南西	西	北西	北	北東	東	南東
301図	FG驚水	JA開火	DE休月	GB生日	AH傷神	EF杜土	BJ景金	HD(死)木
302図	HG驚木	FA開水	JE休火	DB生月	GH傷日	AF杜神	EJ景土	BD(死)金
303図	BG驚金	HA開木	FE休水	JB生火	DH傷月	GF杜日	AJ景神	ED(死)土
304図	EG驚土	BA開金	HE休木	FB生水	JH傷火	DF杜月	GJ景日	AD(死)神

陽局

C午	南	南西	西	北西	北	北東	東	南東
309図	CF驚火	GH開月	EB休日	AC生神	JG(傷)土	FE杜金	HA景木	BJ死水
310図	CF死火	GH驚月	EB開日	AC休神	JG生土	FE(傷)金	HA杜木	BJ景水
311図	CF景火	GH死月	EB驚日	AC開神	JG休土	FE生金	HA(傷)木	BJ杜水
312図	CF杜火	GJ景月	EB死日	AC驚神	JG開土	FE休金	HA生木	BJ(傷)水

陽局

C辰	南	南西	西	北西	北	北東	東	南東
317図	EG驚水	BI開火	HE休月	FB生日	AH(傷)神	DF杜土	GA景金	ID死木
318図	IG死木	EI驚水	BE開火	HB休月	FH生日	AF(傷)神	DA杜土	GD景金
319図	GG景金	II死木	EE驚水	BB開火	HH休月	FF生日	AA(傷)神	DD杜土
320図	DG杜土	GI景金	IE死木	EB驚水	BH開火	HF休月	FA生日	AD(傷)神

表7〈時盤　例外〉遁甲立向盤〈321図～384図〉

陰局

C辰	南	南西	西	北西	北	北東	東	南東
321図	AH(驚)神	DF開日	GA休月	ID生火	EG傷水	BI杜木	HE景金	FB死土
322図	FH死神	AF(驚)日	DA開月	GD休火	IG生水	EI傷木	BE杜金	HB景土
323図	HH景神	FF死日	AA(驚)月	DD開火	GG休水	II生木	EE傷金	BB杜土
324図	BH杜神	HF景日	FA死月	AD(驚)火	DG開水	GI休木	IE生金	EB傷土

D卯	南	南西	西	北西	北	北東	東	南東
329図	AG休神	IA生日	JI傷月	FJ杜火	HF景水	BH(死)木	CB驚金	GC開土
330図	GG休土	AA生神	II傷日	JJ杜月	FF景火	HH(死)水	BB驚木	CC開金
331図	CG休金	GA生土	AI傷神	IJ杜日	JF景月	FH(死)火	HB驚水	BC開木
332図	BG休木	CA生金	GI傷土	AJ杜神	IF景日	JH(死)月	FB驚火	HC開水

D卯	南	南西	西	北西	北	北東	東	南東
337図	BJ休火	IH(生)水	DC傷木	GB杜金	FI景土	JD死神	HG驚日	CF開月
338図	IJ休火	DH(生)水	GC傷木	FB杜金	JI景土	HD死神	CG驚日	BF開月
339図	DJ休火	GH(生)水	FC傷木	JB杜金	HI景土	CD死神	BG驚日	IF開月
340図	GJ休火	FH(生)水	JC傷木	HB杜金	CI景土	BD死神	IG驚日	DF開月

D卯	南	南西	西	北西	北	北東	東	南東
345図	CB(生)土	AD傷神	JF杜日	IG景月	BC死火	DA驚水	FJ開木	GI休金
346図	CB休土	AD(生)神	JF傷日	IG杜月	BC景火	DA死水	FJ驚木	GI開金
347図	CB開土	AD休神	JF(生)日	IG傷月	BC杜火	DA景水	FJ死木	GI驚金
348図	CB驚土	AD開神	JF休日	IG(生)月	BC傷火	DA杜水	FJ景木	GI死金

陽局

C辰	南	南西	西	北西	北	北東	東	南東
325図	CE杜月	DG景日	FC(死)神	BD驚土	HF開金	IB休木	EH生水	GI傷火
326図	DE杜月	FG景日	BC(死)神	HD驚土	IF開金	EB休木	GH生水	CI傷火
327図	FE杜月	BG景日	HC(死)神	ID驚土	EF開金	GB休木	CH生水	DI傷火
328図	BE杜月	HG景日	IC(死)神	ED驚土	GF開金	CB休木	DH生水	FI傷火

D卯	南	南西	西	北西	北	北東	東	南東
333図	BC生木	DA傷水	FJ杜火	GI景月	CB(死)日	AD驚神	JF開土	IG休金
334図	BC休木	DA生水	FJ傷火	GI杜月	CB景日	AD(死)神	JF驚土	IG開金
335図	BC開木	DA休水	FJ生火	GI傷月	CB杜日	AD景神	JF(死)土	IG驚金
336図	BC驚木	DA開水	FJ休火	GI生月	CB傷日	AD杜神	JF景土	IG(死)金

D卯	南	南西	西	北西	北	北東	東	南東
341図	BI休日	ID生神	DG傷土	GF杜金	FJ景木	JH(死)水	HC驚火	CB開月
342図	II休日	DD生神	GG傷土	FF杜金	JJ景木	HH(死)水	CC驚火	BB開月
343図	DI休日	GD生神	FG傷土	JF杜金	HJ景木	CH(死)水	BC驚火	IB開月
344図	GI休日	FD生神	JG傷土	HF杜金	CJ景木	BH(死)水	IC驚火	DB開月

D卯	南	南西	西	北西	北	北東	東	南東
349図	HF休水	BH(生)火	CB傷月	GC杜日	AG景神	IA死土	JI驚金	FJ開木
350図	FF休木	HH(生)水	BB傷火	CC杜月	GG景日	AA死神	II驚土	JJ開金
351図	JF休金	FH生木	HB傷水	BC杜火	CG景月	GA死日	AI驚神	IJ開土
352図	IF休土	JH生金	FB傷木	HC杜水	BG景火	CA死月	GI驚日	AJ開神

陰局

D丑	南	南西	西	北西	北	北東	東	南東
353図	AG驚神	HE開日	BI(休)月	CJ生火	GA傷水	EH杜木	IB景金	JC死土
354図	JG驚土	AE開神	HI(休)日	BJ生月	CA傷火	GH杜水	EB景木	IC死金
355図	IG驚金	JE開土	AI(休)神	HJ生日	BA傷月	CH杜火	GB景水	EC死木
356図	EG驚水	IE開木	JI(休)金	AJ生土	HA傷神	BH杜日	CB景月	GC死火

D丑	南	南西	西	北西	北	北東	東	南東
361図	DD休神	II(生)日	BB傷月	EE杜火	JJ景水	CC死木	HH驚金	GG開土
362図	ID休神	BI(生)日	EB傷月	JE杜火	CJ景水	HC死木	GH驚金	DG開土
363図	BD休神	EI(生)日	JB傷月	CE杜火	HJ景水	GC死木	DH驚金	IG開土
364図	ED休神	JI(生)日	CB傷月	HE杜火	GJ景水	DC死木	IH驚金	BG開土

D丑	南	南西	西	北西	北	北東	東	南東
369図	JE(生)月	EC傷火	CG杜水	GH景木	HB死金	BA驚土	AD開神	DJ休日
370図	JE休月	EC(生)火	CG傷水	GH杜木	HB景金	BA死土	AD驚神	DJ開日
371図	JE開月	EC休火	CG(生)水	GH傷木	HB杜金	BA景土	AD死神	DJ驚日
372図	JE驚月	EC開火	CG休水	GH(生)木	HB傷金	BA杜土	AD景神	DJ死日

D亥	南	南西	西	北西	北	北東	東	南東
377図	CF(生)日	DB傷月	FH杜火	BI景水	HE死木	IA驚金	EC開土	AD休神
378図	CF休日	DB(生)月	FH傷火	BI杜水	HE景木	IA死金	EC驚土	AD開神
379図	CF開日	DB休月	FH(生)火	BI傷水	HE杜木	IA景金	EC死土	AD驚神
380図	CF驚日	DB開月	FH休火	BI(生)水	HE傷木	IA杜金	EC景土	AD死神

陽局

D丑	南	南西	西	北西	北	北東	東	南東
357図	HB生月	BA傷日	AD杜神	DJ景土	JE(死)金	EC驚木	CG開水	GH休火
358図	HB休月	BA生日	AD傷神	DJ杜土	JE景金	EC(死)木	CG驚水	GH開火
359図	HB開月	BA休日	AD生神	DJ傷土	JE杜金	EC景木	CG(死)水	GH驚火
360図	HB驚月	BA開日	AD休神	DJ生土	JE傷金	EC杜木	CG景水	GH(死)火

D丑	南	南西	西	北西	北	北東	東	南東
365図	JJ休水	CC生火	HH傷月	GG杜日	DD景神	II(死)土	BB驚金	EE開木
366図	CJ休水	HC生火	GH傷月	DG杜日	ID景神	BI(死)土	EB驚金	JE開木
367図	HJ休水	GC生火	DH傷月	IG杜日	BD景神	EI(死)土	JB驚金	CE開木
368図	GJ休水	DC生火	IH傷月	BG杜日	ED景神	JI(死)土	CB驚金	HE開木

D丑	南	南西	西	北西	北	北東	東	南東
373図	GA驚水	EH開火	IB休月	JC生日	AG傷神	HE杜土	BI景金	CJ死木
374図	CA驚木	GH開水	EB休火	IC生月	JG傷日	AE杜神	HI景土	BJ死金
375図	BA驚金	CH開木	GB休水	EC生火	IG傷月	JE杜日	AI景神	HJ死土
376図	HA驚土	BH開金	CB休木	GC生水	EG傷火	IE杜月	JI景日	AJ死神

D亥	南	南西	西	北西	北	北東	東	南東
381図	CD休神	JB生土	EI傷金	FH杜木	DC景水	BJ(死)火	IE驚月	HF開日
382図	JD休神	EB生土	FI傷金	DH杜木	BC景水	IJ(死)火	HE驚月	CF開日
383図	ED休神	FB生土	DI傷金	BH杜木	IC景水	HJ(死)火	CE驚月	JF開日
384図	FD休神	DB生土	BI傷金	IH杜木	HC景水	CJ(死)火	JE驚月	EF開日

表 7〈時盤　例外〉遁甲立向盤　〈385図～448図〉

陰局

D亥	南	南西	西	北西	北	北東	東	南東
385図	AA生神	EE傷日	II杜月	JJ(景)火	FF死水	HH驚木	BB開金	CC休土
386図	CA生土	AE傷神	EI杜日	IJ(景)月	JF死火	FH驚水	HB開木	BC休金
387図	BA生金	CE傷土	AI杜神	EJ(景)日	IF死月	JH驚火	FB開水	HC休木
388図	HA生木	BE傷金	CI杜土	AJ(景)神	EF死日	IH驚月	JB開火	FC休水

D亥	南	南西	西	北西	北	北東	東	南東
393図	DC休水	BJ(生)木	IE傷金	HF杜土	CD景神	JB死日	EI驚月	FH開火
394図	BC休水	IJ(生)木	HE傷金	CF杜土	JD景神	EB死日	FI驚月	DH開火
395図	IC休水	HJ(生)木	CE傷金	JF杜土	ED景神	FB死日	DI驚月	BH開火
396図	HC休水	CJ(生)木	JE傷金	EF杜土	FD景神	DB死日	BI驚月	IH開火

D酉	南	南西	西	北西	北	北東	東	南東
401図	AG(生)神	BE傷日	CI杜月	GJ景火	EF死水	IA驚木	JB開金	FC休土
402図	FG休土	AE(生)神	BI傷日	CJ杜月	GF景火	EA死水	IB驚木	JC開金
403図	JG開金	FE休土	AI(生)神	BJ傷日	CF杜月	GA景火	EB死水	IC驚木
404図	IG驚木	JE開金	FI休土	AJ(生)神	BF傷日	CA杜月	GB景火	EC死水

D酉	南	南西	西	北西	北	北東	東	南東
409図	IB休土	BD(生)神	DF傷日	FG杜月	GC景火	CE死水	EJ驚木	JI開金
410図	BB休土	DD(生)神	FF傷日	GG杜月	CC景火	EE死水	JJ驚木	II開金
411図	DB休土	FD(生)神	GF傷日	CG杜月	EC景火	JE死水	IJ驚木	BI開金
412図	FB休土	GD(生)神	CF傷日	EG杜月	JC景火	IE死水	BJ驚木	DI開金

陽局

D亥	南	南西	西	北西	北	北東	東	南東
389図	FF生水	HH傷火	BB杜月	CC景日	AA死神	EE驚土	II開金	JJ(休)木
390図	JF生木	FH傷水	HB杜火	BC景月	CA死日	AE驚神	EI開土	IJ(休)金
391図	IF生金	JH傷木	FB杜水	HC景火	BA死月	CE驚日	AI開神	EJ(休)土
392図	EF生土	IH傷金	JB杜木	FC景水	HA死火	BE驚月	CI開日	AJ(休)神

D亥	南	南西	西	北西	北	北東	東	南東
397図	HE生火	IA傷月	EC杜日	AD景神	CF(死)土	DB驚金	FH開木	BI休水
398図	HE休火	IA生月	EC傷日	AD杜神	CF景土	DB(死)金	FH驚木	BI開水
399図	HE開火	IA休月	EC生日	AD傷神	CF杜土	DB景金	FH(死)木	BI驚水
400図	HE驚火	IA開月	EC休日	AD生神	CF傷土	DB杜金	FH景木	BI(死)水

D酉	南	南西	西	北西	北	北東	東	南東
405図	GC休木	CE生水	EJ傷火	JI杜月	IB景日	BD(死)神	DF驚土	FG開金
406図	CC休木	EE生水	JJ傷火	II杜月	BB景日	DD(死)神	FF驚土	GG開金
407図	EC休木	JE生水	IJ傷火	BI杜月	DB景日	FD(死)神	GF驚土	CG開金
408図	JC休木	IE生水	BJ傷火	DI杜月	FB景日	GD(死)神	CF驚土	EG開金

D酉	南	南西	西	北西	北	北東	東	南東
413図	EF開木	IA休火	JB生月	FC(傷)日	AG杜神	BE景土	CI死金	GJ驚木
414図	GF開木	EA休水	IB生火	JC(傷)月	FG杜日	AE景神	BI死土	CJ驚金
415図	CF開金	GA休木	EB生水	IC(傷)火	JG杜月	FE景日	AI死神	BJ驚土
416図	BF開土	CA休金	GB生木	EC(傷)水	IG杜火	JE景月	FI死日	AJ驚神

陰局

D未	南	南西	西	北西	北	北東	東	南東
417図	AG開神	JE休日	FA生月	HJ傷火	BF杜水	CH景木	GB死金	EC(驚)土
418図	EG開土	AE休神	JA生日	FJ傷月	HF杜火	BH景水	CB死木	GC(驚)金
419図	GG開金	EE休土	AA生神	JJ傷日	FF杜月	HH景火	BB死水	CC(驚)木
420図	CG開木	GE休金	EA生土	AJ傷神	JF杜日	FH景月	HB死火	BC(驚)水

D未	南	南西	西	北西	北	北東	東	南東
425図	JH(生)木	DF傷金	GJ杜土	AD景神	EG死日	BA驚月	HE開火	FB休水
426図	JH休木	DF(生)金	GJ傷土	AD杜神	EG景日	BA死月	HE驚火	FB開水
427図	JH開木	DF休金	GJ(生)土	AD傷神	EG杜日	BA景月	HE死火	FB驚水
428図	JH驚木	DF開金	GJ休土	AD(生)神	EG傷日	BA杜月	HE景火	FB死水

D未	南	南西	西	北西	北	北東	東	南東
433図	GE休月	HC(生)火	BG傷水	FH杜木	DB景金	JF死土	ED驚神	CJ開日
434図	HE休月	BC(生)火	FG傷水	DH杜木	JB景金	EF死土	CD驚神	GJ開日
435図	BE休月	FC(生)火	DG傷水	JH杜木	EB景金	CF死土	GD驚神	HJ開日
436図	FE休月	DC(生)火	JG傷水	EH杜木	CB景金	GF死土	HD驚神	BJ開日

D巳	南	南西	西	北西	北	北東	東	南東
441図	BF休日	HB(生)月	IH傷火	EI杜水	GE景木	CG死金	DC驚土	FD開神
442図	HF休日	IB(生)月	EH傷火	GI杜水	CE景木	DG死金	FC驚土	BD開神
443図	IF休日	EB(生)月	GH傷火	CI杜水	DE景木	FG死金	BC驚土	HD開神
444図	EF休日	GB(生)月	CH傷火	DI杜水	FE景木	BG死金	HC驚土	ID開神

陽局

D未	南	南西	西	北西	北	北東	東	南東
421図	DB休月	JF生日	ED傷神	CJ杜土	GE景金	HC(死)木	BG驚水	FH開火
422図	JB休月	EF生日	CD傷神	GJ杜土	HE景金	BC(死)木	FG驚水	DH開火
423図	EB休月	CF生日	GD傷神	HJ杜土	BE景金	FC(死)木	DG驚水	JH開火
424図	CB休月	GF生日	HD傷神	BJ杜土	FE景金	DC(死)木	JG驚水	EH開火

D未	南	南西	西	北西	北	北東	東	南東
429図	EG生土	BA傷金	HE杜木	FB景水	JH(死)火	DF驚月	GJ開日	AD休神
430図	EG休土	BA生金	HE傷木	FB杜水	JH景火	DF(死)月	GJ驚日	AD開神
431図	EG開土	BA休金	HE生木	FB傷水	JH杜火	DF景月	GJ(死)日	AD驚神
432図	EG驚土	BA開金	HE休木	FB生水	JH傷火	DF杜月	GJ景日	AD(死)神

D未	南	南西	西	北西	北	北東	東	南東
437図	BF開水	CH休火	GB生月	EC(傷)日	AG杜神	JE景土	FA死金	HJ驚木
438図	HF開木	BH休水	CB生火	GC(傷)月	EG杜日	AE景神	JA死土	FJ驚金
439図	FF開金	HH休木	BB生水	CC(傷)火	GG杜月	EE景日	AA死神	JJ驚土
440図	JF開土	FH休金	HB生木	BC(傷)水	CG杜火	GE景月	EA死日	AJ驚神

D巳	南	南西	西	北西	北	北東	東	南東
445図	EH生金	IA傷木	GF杜水	DE景火	CI(死)月	HG驚日	AD開神	FC休土
446図	EH休金	IA生木	GF傷水	DE杜火	CI景月	HG(死)日	AD驚神	FC開土
447図	EH開金	IA休木	GF生水	DE傷火	CI杜月	HG景日	AD(死)神	FC驚土
448図	EH驚金	IA開木	GF休水	DE生火	CI傷月	HG杜日	AD景神	FC(死)土

表 7〈時盤　例外〉遁甲立向盤　〈449図～512図〉

陰局

D巳	南	南西	西	北西	北	北東	東	南東
449図	AG生神	FE傷日	HI杜月	BA景火	CF死水	GH驚木	EB(開)金	IC休土
450図	IG生土	AE傷神	FI杜日	HA景月	BF死火	CH驚水	GB(開)木	EC休金
451図	EG生金	IE傷土	AI杜神	FA景日	HF死月	BH驚火	CB(開)水	GC休木
452図	GG生木	EE傷金	II杜土	AA景神	FF死日	HH驚月	BB(開)火	CC休水

陰局

D巳	南	南西	西	北西	北	北東	東	南東
457図	CI(生)金	HG傷土	AD杜神	FC景日	EH死月	IA驚火	GF開水	DE休木
458図	CI休金	HG(生)土	AD傷神	FC杜日	EH景月	IA死火	GF驚水	DE開木
459図	CI開金	HG休土	AD(生)神	FC傷日	EH杜月	IA景火	GF死水	DE驚木
460図	CI驚金	HG開土	AD休神	FC(生)日	EH傷月	IA杜火	GF景水	DE死木

陰局

E辰	南	南西	西	北西	北	北東	東	南東
465図	JJ死神	HH驚日	CC開月	BB休火	II(生)水	DD傷木	GG杜金	FF景土
466図	JJ死土	HH驚神	CC開日	BB休月	II(生)火	DD傷水	GG杜木	FF景金
467図	JJ死金	HH驚土	CC開神	BB休日	II(生)月	DD傷火	GG杜水	FF景木
468図	JJ死木	HH驚金	CC開土	BB休神	II(生)日	DD傷月	GG杜火	FF景水

陰局

E辰	南	南西	西	北西	北	北東	東	南東
473図	AA(景)神	CC死日	GG驚月	HH開火	BB休水	FF生木	DD傷金	JJ杜土
474図	AA杜神	CC(景)日	GG死月	HH驚火	BB開水	FF休木	DD生金	JJ傷土
475図	AA傷神	CC杜日	GG(景)月	HH死火	BB驚水	FF開木	DD休金	JJ生土
476図	AA生神	CC傷日	GG杜月	HH(景)火	BB死水	FF驚木	DD開金	JJ休土

陽局

D巳	南	南西	西	北西	北	北東	東	南東
453図	CF生水	GH傷火	EB(杜)月	IC景日	AG死神	FE驚土	HI開金	BA休木
454図	BF生木	CH傷水	GB(杜)火	EC景月	IG死日	AE驚神	FI開土	HA休金
455図	HF生金	BH傷木	CB(杜)水	GC景火	EG死月	IE驚日	AI開神	FA休土
456図	FF生土	HH傷金	BB(杜)木	CC景水	GG死火	EE驚月	II開日	AA休神

陽局

D巳	南	南西	西	北西	北	北東	東	南東
461図	GE休火	CG生月	DC傷日	FD杜神	BF景土	HB(死)金	IH驚木	EI開水
462図	CE休火	DG生月	FC傷日	BD杜神	HF景土	DB(死)金	EH驚木	GI開水
463図	DE休火	FG生月	BC傷日	HD杜神	IF景土	EB(死)金	GH驚木	CI開水
464図	FE休火	BG生月	HC傷日	ID杜神	EF景土	GB(死)金	CH驚木	DI開水

陽局

E辰	南	南西	西	北西	北	北東	東	南東
469図	BB景水	FF死火	DD驚月	JJ開日	AA(休)神	CC生土	GG傷金	HH杜木
470図	BB杜水	FF景火	DD死月	JJ驚日	AA開神	CC(休)土	GG生金	HH傷木
471図	BB傷水	FF杜火	DD景月	JJ死日	AA驚神	CC開土	GG(休)金	HH生木
472図	BB生水	FF傷火	DD杜月	JJ景日	AA死神	CC驚土	GG開金	HH(休)木

陽局

E辰	南	南西	西	北西	北	北東	東	南東
477図	II(死)水	DD驚火	GG開月	FF休日	JJ生神	HH傷土	CC杜金	BB景木
478図	II(死)木	DD驚水	GG開火	FF休月	JJ生日	HH傷神	CC杜土	BB景金
479図	II(死)金	DD驚木	GG開水	FF休火	JJ生月	HH傷日	CC杜神	BB景土
480図	II(死)土	DD驚金	GG開木	FF休水	JJ生火	HH傷月	CC杜日	BB景神

陰局

E寅	南	南西	西	北西	北	北東	東	南東
481図	EA(景)水	GB死木	CH驚金	DI開土	AE休神	BG生日	HC傷月	ID杜火
482図	EA杜水	GB(景)木	CH死金	DI驚土	AE開神	BG休日	HC生月	ID傷火
483図	EA傷水	GB杜木	CH(景)金	DI死土	AE驚神	BG開日	HC休月	ID生火
484図	EA生水	GB傷木	CH杜金	DI(景)土	AE死神	BG驚日	HC開月	ID休火

陰局

E寅	南	南西	西	北西	北	北東	東	南東
489図	AJ(杜)神	JH景日	HC死月	CB驚火	BI開水	ID休木	DG生金	GA傷土
490図	GJ(杜)土	AH景神	JC死日	HB驚月	CI開火	BD休水	IG生木	DA傷金
491図	DJ(杜)金	GH景土	AC死神	JB驚日	HI開月	CD休火	BG生水	IA傷木
492図	IJ(杜)木	DH景金	GC死土	AB驚神	JI開日	HD休月	CG生火	BA傷水

陰局

E寅	南	南西	西	北西	北	北東	東	南東
497図	CD死木	HI驚金	GB開土	DE休神	IJ(生)日	BC傷月	EH杜火	JG景水
498図	HD死木	GI驚金	DB開土	IE休神	BJ(生)日	EC傷月	JH杜火	CG景水
499図	GD死木	DI驚金	IB開土	BE休神	EJ(生)日	JC傷月	CH杜火	HG景水
500図	DD死木	II驚金	BB開土	EE休神	JJ(生)日	CC傷月	HH杜火	GG景水

陰局

E子	南	南西	西	北西	北	北東	東	南東
505図	CA(景)土	AE死神	EI驚日	IJ開月	JF休火	FH生水	HB傷木	BC杜金
506図	CA杜土	AE(景)神	EI死日	IJ驚月	JF開火	FH休水	HB生木	BC傷金
507図	CA傷土	AE杜神	EI(景)日	IJ死月	JF驚火	FH開水	HB休木	BC生金
508図	CA生土	AE傷神	EI杜日	IJ(景)月	JF死火	FH驚水	HB開木	BC休金

陽局

E寅	南	南西	西	北西	北	北東	東	南東
485図	IJ(死)土	BC驚金	EH開木	JG休水	CD生火	HI傷月	GB杜日	DE景神
486図	BJ(死)土	EC驚金	JH開木	CG休水	HD生火	GI傷月	DB杜日	IE景神
487図	EJ(死)土	JC驚金	CH開木	HG休水	GD生火	DI傷月	IB杜日	BE景神
488図	JJ(死)土	CC驚金	HH開木	GG休水	DD生火	II傷月	BB杜日	EE景神

陽局

E寅	南	南西	西	北西	北	北東	東	南東
493図	BI杜水	ID景火	DG死月	GA驚日	AJ(開)神	JH休土	HC生金	CB傷木
494図	CI杜木	BD景水	IG死火	DA驚月	GJ(開)日	AH休神	JC生土	HB傷金
495図	HI杜金	CD景木	BG死水	IA驚火	DJ(開)月	GH休日	AC生神	JB傷土
496図	JI杜土	HD景金	CG死木	BA驚水	IJ(開)火	DH休月	GC生日	AB傷神

陽局

E寅	南	南西	西	北西	北	北東	東	南東
501図	AE景神	BG死土	HC驚金	ID開木	EA(休)水	GB生火	CH傷月	DI杜日
502図	AE杜神	BG景土	HC死金	ID驚木	EA開水	GB(休)火	CH生月	DI傷日
503図	AE傷神	BG杜土	HC景金	ID死木	EA驚水	GB開火	CH(休)月	DI生日
504図	AE生神	BG傷土	HC杜金	ID景木	EA死水	GB驚火	CH開月	DI(休)日

陽局

E子	南	南西	西	北西	北	北東	東	南東
509図	ED(死)金	FB驚木	DI開水	BH休火	IC生月	HJ傷日	CE杜神	JF景土
510図	FD(死)金	DB驚木	BI開水	IH休火	HC生月	CJ傷日	JE杜神	EF景土
511図	DD(死)金	BB驚木	II開水	HH休火	CC生月	JJ傷日	EE杜神	FF景土
512図	BD(死)金	IB驚木	HI開水	CH休火	JC生月	EJ傷日	FE杜神	DF景土

表7〈時盤　例外〉遁甲立向盤　〈513図～576図〉

陰局

E子	南	南西	西	北西	北	北東	東	南東
513図	AJ死神	FH驚日	JC開月	HB休火	CI生水	BD(傷)木	IA杜金	DF景土
514図	DJ死土	AH驚神	FC開日	JB休月	HI生火	CD(傷)水	BA杜木	IF景金
515図	IJ死金	DH驚土	AC開神	FB休日	JI生月	HD(傷)火	CA杜水	BF景木
516図	BJ死木	IH驚金	DC開土	AB休神	FI生日	JD(傷)月	HA杜火	CF景水

陰局

E子	南	南西	西	北西	北	北東	東	南東
521図	IC死金	HJ驚土	CE開神	JF休日	ED(生)月	FB傷火	DI杜水	BH景木
522図	HC死金	CJ驚土	JE開神	EF休日	FD(生)月	DB傷火	BI杜水	HH景木
523図	CC死金	JJ驚土	EE開神	FF休日	DD(生)月	BB傷火	II杜水	HH景木
524図	JC死金	EJ驚土	FE開神	DF休日	BD(生)月	IB傷火	HI杜水	CH景木

陰局

E戌	南	南西	西	北西	北	北東	東	南東
529図	JA(景)月	DF死火	GJ驚水	ID開木	EG休金	BI生土	AE傷神	FB杜日
530図	JA杜月	DF(景)火	GJ死水	ID驚木	EG開金	BI休土	AE生神	FB傷日
531図	JA傷月	DF杜火	GJ(景)水	ID死木	EG驚金	BI開土	AE休神	FB生日
532図	JA生月	DF傷火	GJ杜水	ID(景)木	EG死金	BI驚土	AE開神	FB休日

陰局

E戌	南	南西	西	北西	北	北東	東	南東
537図	AJ杜神	CA景日	BC(死)月	IB驚火	DI開水	GD休木	FG生金	JF傷土
538図	JJ杜土	AA景神	CC(死)日	BB驚月	II開火	DD休水	GG生木	FF傷金
539図	FJ杜金	JA景土	AC(死)神	CB驚日	BI開月	ID休火	DG生水	GF傷木
540図	GJ杜木	FA景金	JC(死)土	AB驚神	CI開日	BD休月	IG生火	DF傷水

陽局

E子	南	南西	西	北西	北	北東	東	南東
517図	CI死水	BD(驚)火	IA開月	DF休日	AJ生神	FH傷土	JC杜金	HB景木
518図	HI死木	CD(驚)水	BA開火	IF休月	DJ生日	AH傷神	FC杜土	JB景金
519図	JI死金	HD(驚)木	CA開水	BF休火	IJ生月	DH傷日	AC杜神	FB景土
520図	FI死土	JD(驚)金	HA開木	CF休水	BJ生火	IH傷月	DC杜日	AB景神

陽局

E子	南	南西	西	北西	北	北東	東	南東
525図	JF景木	FH死水	HB驚火	BC開月	CA(休)日	AE生神	EI傷土	IJ杜金
526図	JF杜木	FH景水	HB死火	BC驚月	CA開日	AE(休)神	EI生土	IJ傷金
527図	JF傷木	FH杜水	HB景火	BC死月	CA驚日	AE開神	EI(休)土	IJ生金
528図	JF生木	FH傷水	HB杜火	BC景月	CA死日	AE驚神	EI開土	IJ(休)金

陽局

E戌	南	南西	西	北西	北	北東	東	南東
533図	IC(死)日	BE驚神	DJ開土	FI休金	GB生木	CD傷水	EF杜火	JG景月
534図	BC(死)日	DE驚神	FJ開土	GI休金	CB生木	ED傷水	JF杜火	IG景月
535図	DC(死)日	FE驚神	GJ開土	CI休金	EB生木	JD傷水	IF杜火	BG景月
536図	FC(死)日	GE驚神	CJ開土	EI休金	JB生木	ID傷水	BF杜火	DG景月

陽局

E戌	南	南西	西	北西	北	北東	東	南東
541図	DI杜水	GD景火	FG死月	JF驚日	AJ開神	CA休土	BC(生)金	IB傷木
542図	II杜木	DD景水	GG死火	FF驚月	JJ開日	AA休神	CC(生)土	BB傷金
543図	BI杜金	ID景木	DG死水	GF驚火	FJ開月	JA休日	AC(生)神	CB傷土
544図	CI杜土	BD景金	IG死木	DF驚水	GJ開火	FA休月	JC(生)日	AB傷神

陰局

E戌	南	南西	西	北西	北	北東	東	南東
545図	GB死火	CD驚水	EF開木	JG休金	IC(生)土	BE傷神	DJ杜日	FI景月
546図	CB死火	ED驚水	JF開木	IG休金	BC(生)土	DE傷神	FJ杜日	GI景月
547図	EB死火	JD驚水	IF開木	BG休金	DC(生)土	FE傷神	GJ杜日	CI景月
548図	JB死火	ID驚水	BF開木	DG休金	FC(生)土	GE傷神	CJ杜日	EI景月

陰局

E申	南	南西	西	北西	北	北東	東	南東
553図	GA(景)日	DG死月	CD驚火	HC開水	JH休木	FJ生金	EF傷土	AE杜神
554図	GA杜日	DG(景)月	CD死火	HC驚水	JH開木	FJ休金	EF生土	AE傷神
555図	GA傷日	DG杜月	CD(景)火	HC死水	JH驚木	FJ開金	EF休土	AE生神
556図	GA生日	DG傷月	CD杜火	HC(景)水	JH死木	FJ驚金	EF開土	AE休神

陰局

E申	南	南西	西	北西	北	北東	東	南東
561図	AJ死神	DH驚日	GC開月	FB(休)火	JA生水	HD傷木	CG杜金	BF景土
562図	BJ死土	AH驚神	DC開日	GB(休)月	FA生火	JD傷水	HG杜木	CF景金
563図	CJ死金	BH驚土	AC開神	DB(休)日	GA生月	FD傷火	JG杜水	HF景木
564図	HJ死木	CH驚金	BC開土	AB(休)神	DA生日	GD傷月	FG杜火	JF景水

陰局

E申	南	南西	西	北西	北	北東	東	南東
569図	EE死神	CC驚日	GG開月	HH休火	BB(生)水	FF傷木	DD杜金	JJ景土
570図	CE死神	GC驚日	HG開月	BH休火	FB(生)水	DF傷木	JD杜金	EJ景土
571図	GE死神	HC驚日	BG開月	FH休火	DB(生)水	JF傷木	ED杜金	CJ景土
572図	HE死神	BC驚日	FG開月	DH休火	JB(生)水	EF傷木	CD杜金	GJ景土

陽局

E戌	南	南西	西	北西	北	北東	東	南東
549図	EG景月	BI死日	AE驚神	FB開土	JA(休)金	DF生木	GJ傷水	ID杜火
550図	EG杜月	BI景日	AE死神	FB驚土	JA開金	DF(休)木	GJ生水	ID傷火
551図	EG傷月	BI杜日	AE景神	FB死土	JA驚金	DF開木	GJ(休)水	ID生火
552図	EG生月	BI傷日	AE杜神	FB景土	JA死金	DF驚木	GJ開水	ID(休)火

陽局

E申	南	南西	西	北西	北	北東	東	南東
557図	BB(死)水	FF驚火	DD開月	JJ休日	EE生神	CC傷土	GG杜金	HH景木
558図	FB(死)水	DF驚火	JD開月	EJ休日	CE生神	GC傷土	HG杜金	BH景木
559図	DB(死)水	JF驚火	ED開月	CJ休日	GE生神	HC傷土	BG杜金	FH景木
560図	JB(死)水	EF驚火	CD開月	GJ休日	HE生神	BC傷土	FG杜金	DH景木

陽局

E申	南	南西	西	北西	北	北東	東	南東
565図	JA死水	HD驚火	CG開月	BF休日	AJ生神	DH傷土	GC杜金	FB(景)木
566図	FA死木	JD驚水	HG開火	CF休月	BJ生日	AH傷神	DC杜土	GB(景)金
567図	GA死金	FD驚木	JG開水	HF休火	CJ生月	BH傷日	AC杜神	DB(景)土
568図	DA死土	GD驚金	FG開木	JF休水	HJ生火	CH傷月	BC杜日	AB(景)神

陽局

E申	南	南西	西	北西	北	北東	東	南東
573図	JH景火	FJ死月	EF驚日	AE開神	GA(休)土	DG生金	CD傷木	HC杜水
574図	JH杜火	FJ景月	EF死日	AE驚神	GA開土	DG(休)金	CD生木	HC傷水
575図	JH傷火	FJ杜月	EF景日	AE死神	GA驚土	DG開金	CD(休)木	HC生水
576図	JH生火	FJ傷月	EF杜日	AE景神	GA死土	DG驚金	CD開木	HC(休)水

表7〈時盤　例外〉遁甲立向盤　〈577図～640図〉

陰局

E午	南	南西	西	北西	北	北東	東	南東
577図	EF死水	GB驚木	CH開金	DI休土	FE(生)神	BG傷日	HC杜月	ID景火
578図	GF死水	CB驚木	DH開金	FI休土	BE(生)神	HG傷日	IC杜月	ED景火
579図	CF死水	DB驚木	FH開金	BI休土	HE生神	IG傷日	EC杜月	GD景火
580図	DF死水	FB驚木	BH開金	HI休土	IE生神	EG傷日	GC杜月	CD景火

陰局

E午	南	南西	西	北西	北	北東	東	南東
585図	AA(景)神	HH死日	CC驚月	BB開火	II休水	DD生木	GG傷金	FF杜土
586図	FA杜土	AH景神	HC死日	CB驚月	BI開火	ID休水	DG生木	GF傷金
587図	GA傷金	FH杜土	AC景神	HB死日	CI驚月	BD開火	IG休水	DF生木
588図	DA生木	GH傷金	FC杜土	AB景神	HI死日	CD驚月	BG開火	IF休水

陰局

F巳	南	南西	西	北西	北	北東	東	南東
593図	AF休神	GB生日	CH傷月	DI杜火	FA景水	BG死木	HC驚金	ID開土
594図	AF開神	GB休日	CH生月	DI傷火	FA杜水	BG景木	HC死金	ID驚土
595図	AF驚神	GB開日	CH休月	DI生火	FA傷水	BG杜木	HC景金	ID死土
596図	AF死神	GB驚日	CH開月	DI休火	FA生水	BG傷木	HC杜金	ID景土

陰局

F巳	南	南西	西	北西	北	北東	東	南東
601図	HJ生日	CH傷月	BC杜火	IB景水	DI死木	GD驚金	FG開土	JF休神
602図	CJ(生)日	BH傷月	IC杜火	DB景水	GI死木	FD驚金	JG開土	HF休神
603図	BJ(生)日	IH傷月	DC杜火	GB景水	FI死木	JD驚金	HG開土	CF休神
604図	IJ(生)日	DH傷月	GC杜火	FB景水	JI死木	HD驚金	CG開土	BF休神

陽局

E午	南	南西	西	北西	北	北東	東	南東
581図	II景水	DD死火	GG驚月	FF開日	AA休神	HH生土	CC傷金	BB杜木
582図	BI杜木	ID景水	DG死火	GF驚月	FA開日	AH休神	HC生土	CB傷金
583図	CI傷金	BD杜木	IG景水	DF死火	GA驚月	FH開日	AC休神	HB生土
584図	HI生土	CD傷金	BG杜木	IF景水	DA死火	GH驚月	FC開日	AB休神

陽局

E午	南	南西	西	北西	北	北東	東	南東
589図	FE死神	BG驚土	HC開金	ID休木	EF生水	GB傷火	CH杜月	DI景日
590図	BE死神	HG驚土	IC開金	ED休木	GF生水	CB傷火	DH杜月	FI景日
591図	HE死神	IG驚土	EC開金	GD休木	CF生水	DB傷火	FH杜月	BI景日
592図	IE死神	EG驚土	GC開金	CD休木	DF生水	FB傷火	BH杜月	HI景日

陽局

F巳	南	南西	西	北西	北	北東	東	南東
597図	GJ杜水	DC景火	IH死月	BG驚日	AD開神	JI休土	CB生金	HA傷木
598図	HJ杜木	GC景水	DH死火	IG驚月	BD開日	AI休神	JB生土	CA傷金
599図	CJ杜金	HC景木	GH死水	DG驚火	ID開月	BI休日	AB生神	JA傷土
600図	JJ杜土	CC景金	HH死木	GG驚水	DD開火	II休月	BB生日	AA傷神

陽局

F巳	南	南西	西	北西	北	北東	東	南東
605図	DI生火	GD傷月	FG杜日	JF景神	HJ死土	CH驚金	BC開木	IB休水
606図	GI生火	FD傷月	JG杜日	HF景神	CJ(死)土	BH驚金	IC開木	DB休水
607図	FI生火	JD傷月	HG杜日	CF景神	BJ死土	IH驚金	DC開木	GB休水
608図	JI生火	HD傷月	CG杜日	BF景神	IJ死土	DH驚金	GC開木	FB休水

陰局

F巳	南	南西	西	北西	北	北東	東	南東
609図	AD杜神	JI景日	CB死月	HA驚火	GJ開水	DC休木	IH生金	BG傷土
610図	BD杜土	AI景神	JB死日	CA驚月	HJ開火	GC休水	DH生木	IG傷金
611図	ID杜金	BI景土	AB死神	JA驚日	CJ開月	HC休火	GH生水	DG傷木
612図	DD杜木	II景金	BB死土	AA驚神	JJ(開)日	CC休月	HH生火	GG傷水

陰局

F卯	南	南西	西	北西	北	北東	東	南東
617図	AG休神	HE生日	BI傷月	CJ杜火	GA景水	EH死木	IB驚金	JC開土
618図	JG開土	AE(休)神	HI生日	BJ傷月	CA杜火	GH景水	EB死木	IC驚金
619図	IG驚金	JE開土	AI(休)神	HJ生日	BA傷月	CH杜火	GB景水	EC死木
620図	EG死木	IE驚金	JI開土	AJ(休)神	HA生日	BH傷月	CB杜火	GC景水

陰局

F卯	南	南西	西	北西	北	北東	東	南東
625図	DD生神	II傷日	BB杜月	EE景火	JJ死水	CC驚木	HH開金	GG休土
626図	DD生土	II傷神	BB杜日	EE景月	JJ死火	CC驚水	HH開木	GG休金
627図	DD生金	II傷土	BB杜神	EE景日	JJ死月	CC驚火	HH開水	GG休木
628図	DD生木	II傷金	BB杜土	EE景神	JJ死日	CC驚月	HH開火	GG休水

陰局

F丑	南	南西	西	北西	北	北東	東	南東
633図	DH休土	AF生神	IJ傷日	ED杜月	BA景火	HI死水	FE驚木	JB開金
634図	DH開土	AF休神	IJ生日	ED傷月	BA杜火	HI景水	FE死木	JB驚金
635図	DH驚土	AF開神	IJ(休)日	ED生月	BA傷火	HI杜水	FE景木	JB死金
636図	DH死土	AF驚神	IJ開日	ED(休)月	BA生火	HI傷水	FE杜木	JB景金

陽局

F巳	南	南西	西	北西	北	北東	東	南東
613図	FA休水	BG生火	HC傷月	ID杜日	AF(景)神	GB死土	CH驚金	DI開木
614図	FA開水	BG休火	HC生月	ID傷日	AF杜神	GB(景)土	CH死金	DI驚木
615図	FA驚水	BG開火	HC休月	ID生日	AF傷神	GB杜土	CH(景)金	DI死木
616図	FA死水	BG驚火	HC開月	ID休日	AF生神	GB傷土	CH杜金	DI(景)木

陽局

F卯	南	南西	西	北西	北	北東	東	南東
621図	JJ生水	CC傷火	HH杜月	GG景日	DD(死)神	II驚土	BB開金	EE休木
622図	JJ生木	CC傷水	HH杜火	GG景月	DD(死)日	II驚神	BB開土	EE休金
623図	JJ生金	CC傷木	HH杜水	GG景火	DD(死)月	II驚日	BB開神	EE休土
624図	JJ生土	CC傷金	HH杜木	GG景水	DD(死)火	II驚月	BB開日	EE休神

陽局

F卯	南	南西	西	北西	北	北東	東	南東
629図	AA休水	HH生火	BB傷月	CC杜日	GG(景)神	EE死土	II驚金	JJ開木
630図	AA開木	HH休水	BB生火	CC傷月	GG杜日	EE(景)神	II死土	JJ驚金
631図	AA驚金	HH開木	BB休水	CC生火	GG傷月	EE杜日	II(景)神	JJ死土
632図	AA死土	HH驚金	BB開木	CC休水	GG生火	EE傷月	II杜日	JJ(景)神

陽局

F丑	南	南西	西	北西	北	北東	東	南東
637図	JD生土	EB傷金	FI杜木	DH景水	BC(死)火	IJ驚月	HE開日	CF休神
638図	ED生土	FB傷金	DI杜木	BH景水	IC(死)火	HJ驚月	CE開日	JF休神
639図	FD生土	DB傷金	BI杜木	IH景水	HC(死)火	CJ驚月	JE開日	EF休神
640図	DD生土	BB傷金	II杜木	HH景水	CC(死)火	JJ驚月	EE開日	FF休神

表7〈時盤　例外〉遁甲立向盤　〈641図～704図〉

陰局

F丑	南	南西	西	北西	北	北東	東	南東
641図	AD驚神	DI開日	IB休月	BE生火	EJ傷水	JC(杜)木	CH景金	HA死土
642図	HD驚土	AI開神	DB休日	IE生月	BJ傷火	EC(杜)水	JH景木	CA死金
643図	CD驚金	HI開土	AB休神	DE生日	IJ傷月	BC(杜)火	EH景水	JA死木
644図	JD驚木	CI開金	HB休土	AE生神	DJ傷日	IC(杜)月	BH景火	EA死水

F丑	南	南西	西	北西	北	北東	東	南東
649図	BC(生)木	IJ傷金	HE杜土	CF景神	JD死日	EB驚月	FI開火	DH休水
650図	IC(生)木	HJ傷金	CE杜土	JF景神	ED死日	FB驚月	DI開火	BH休水
651図	HC(生)木	CJ傷金	JE杜土	EF景神	FD死日	DB驚月	BI開火	IH休水
652図	CC(生)木	JJ傷金	EE杜土	FF景神	DD死日	BB驚月	II開火	HH休水

F亥	南	南西	西	北西	北	北東	東	南東
657図	FI(休)月	EG生火	ID傷水	GC杜木	DA景金	CJ死土	AF驚神	JE開日
658図	FI開月	EG(休)火	ID生水	GC傷木	DA杜金	CJ景土	AF死神	JE驚日
659図	FI驚月	EG開火	ID(休)水	GC生木	DA傷金	CJ杜土	AF景神	JE死日
660図	FI死月	EG驚火	ID開水	GC(休)木	DA生金	CJ傷土	AF杜神	JE景日

F亥	南	南西	西	北西	北	北東	東	南東
665図	AD休神	GI生日	DB(傷)月	IE杜火	BJ景水	EC死木	JA驚金	CG開土
666図	CD休土	AI生神	GB[illegible]日	DE杜月	IJ景火	BC死水	EA驚木	JG開金
667図	JD休金	CI生土	AB(傷)神	GE杜日	DJ景月	IC死火	BA驚水	EG開木
668図	ED休木	JI生金	CB(傷)土	AE杜神	GJ景日	DC死月	IA驚火	BG開水

陽局

F丑	南	南西	西	北西	北	北東	東	南東
645図	EJ驚水	JC(開)火	CH休月	HA生日	AD傷神	DI杜土	IB景金	BE死木
646図	BJ驚木	EC(開)水	JH休火	CA生月	HD傷日	AI杜神	DB景土	IE死金
647図	IJ驚金	BC(開)木	EH休水	JA生火	CD傷月	HI杜日	AB景神	DE死土
648図	DJ驚土	IC(開)金	BH休木	EA生水	JD傷火	CI杜月	HB景日	AE死神

F丑	南	南西	西	北西	北	北東	東	南東
653図	BA休木	HI生水	FE傷火	JB杜月	DH(景)日	AF死神	IJ驚土	ED開金
654図	BA開木	HI休水	FE生火	JB傷月	DH杜日	AF(景)神	IJ死土	ED驚金
655図	BA驚木	HI開水	FE休火	JB生月	DH傷日	AF杜神	IJ(景)土	ED死金
656図	BA死木	HI驚水	FE開火	JB休月	DH生日	AF傷神	IJ杜土	ED(景)金

F亥	南	南西	西	北西	北	北東	東	南東
661図	FC生金	GE傷木	CJ杜水	EI景火	JB(死)月	ID驚日	BF開神	DG休土
662図	GC生金	CE傷木	EJ杜水	JI景火	IB(死)月	BD驚日	DF開神	FG休土
663図	CC生金	EE傷木	JJ杜水	II景火	BB(死)月	DD驚日	FF開神	GG休土
664図	EC生金	JE傷木	IJ杜水	BI景火	DB(死)月	FD驚日	GF開神	CG休土

F亥	南	南西	西	北西	北	北東	東	南東
669図	BJ休水	EC生火	JA傷月	CG杜日	AD景神	GI死土	DB(驚)金	IE開木
670図	IJ休木	BC生水	EA傷火	JG杜月	CD景日	AI死神	GB(驚)土	DE開金
671図	DJ休金	IC生木	BA傷水	EG杜火	JD景月	CI死日	AB(驚)神	GE開土
672図	GJ休土	DC生金	IA傷木	BG杜水	ED景火	JI死月	CB(驚)日	AE開神

陰局

F亥	南	南西	西	北西	北	北東	東	南東
673図	JB(生)金	ID傷土	BF杜神	DG景日	FC死月	GE驚火	CJ開水	EI休木
674図	IB(生)金	BD傷土	DF杜神	FG景日	GC死月	CE驚火	EJ開水	JI休木
675図	BB(生)金	DD傷土	FF杜神	GG景日	CC死月	EE驚火	JJ開水	II休木
676図	DB(生)金	FD傷土	GF杜神	CG景日	EC死月	JE驚火	IJ開水	BI休木

F酉	南	南西	西	北西	北	北東	東	南東
681図	DJ(休)日	GH生月	FC傷火	JB杜水	HA景木	CD死金	BG驚土	AF開神
682図	DJ開日	GH(休)月	FC生火	JB傷水	HA杜木	CD景金	BG死土	AF驚神
683図	DJ驚日	GH開月	FC(休)火	JB生水	HA傷木	CD杜金	BG景土	AF死神
684図	DJ死日	GH驚月	FC開火	JB(休)水	HA生木	CD傷金	BG杜土	AF景神

F酉	南	南西	西	北西	北	北東	東	南東
689図	AD傷神	BA杜日	EB景月	JE(死)火	CJ驚水	HC開木	GH休金	DG生土
690図	DD傷土	AA杜神	BB景日	EE(死)月	JJ驚火	CC開水	HH休木	GG生金
691図	GD傷金	DA杜土	AB景神	BE(死)日	EJ驚月	JC開火	CH休水	HG生木
692図	HD傷木	GA杜金	DB景土	AE(死)神	BJ驚日	EC開月	JH休火	CG生水

F酉	南	南西	西	北西	北	北東	東	南東
697図	HE(生)火	BC傷水	FG杜木	DH景金	JB死土	EF驚神	CD開日	GJ休月
698図	BE(生)火	FC傷水	DG杜木	JH景金	EB死土	CF驚神	GD開日	HJ休月
699図	FE(生)火	DC傷水	JG杜木	EH景金	CB死土	GF驚神	HD開日	BJ休月
700図	DE(生)火	JC傷水	EG杜木	CH景金	GB死土	HF驚神	BD開日	FJ休月

陽局

F亥	南	南西	西	北西	北	北東	東	南東
677図	DA休月	CJ生日	AF傷神	JE杜土	FI(景)金	EG死木	ID驚水	GC開火
678図	DA開月	CJ休日	AF生神	JE傷土	FI杜金	EG(景)木	ID死水	GC驚火
679図	DA驚月	CJ開日	AF休神	JE生土	FI傷金	EG杜木	ID(景)水	GC死火
680図	DA死月	CJ驚日	AF開神	JE休土	FI生金	EG傷木	ID杜水	GC(景)火

F酉	南	南西	西	北西	北	北東	東	南東
685図	JB生日	EF傷神	CD杜土	GJ景金	HE(死)木	BC驚水	FG開火	DH休月
686図	EB生日	CF傷神	GD杜土	HJ景金	BE(死)木	FC驚水	DG開火	JH休月
687図	CB生日	GF傷神	HD杜土	BJ景金	FF(死)木	DC驚水	JG開火	EH休月
688図	GB生日	HF傷神	BD杜土	FJ景金	DE(死)木	JC驚水	EG開火	CH休月

F酉	南	南西	西	北西	北	北東	東	南東
693図	CJ傷水	HC杜火	GH景月	DG死日	AD驚神	BA開土	EB休金	JE(生)木
694図	JJ傷木	CC杜水	HH景火	GG死月	DD驚日	AA開神	BB休土	EE(生)金
695図	EJ傷金	JC杜木	CH景水	HG死火	GD驚月	DA開日	AB休神	BE(生)土
696図	BJ傷土	EC杜金	JH景木	CG死水	HD驚火	GA開月	DB休日	AE(生)神

F酉	南	南西	西	北西	北	北東	東	南東
701図	HA休火	CD生月	BG傷日	AF杜神	DJ(景)土	GH死金	FC驚木	JB開水
702図	HA開火	CD休月	BG生日	AF傷神	DJ杜土	GH(景)金	FC死木	JB驚水
703図	HA驚火	CD開月	BG休日	AF生神	DJ傷土	GH杜金	FC(景)木	JB死水
704図	HA死火	CD驚月	BG開日	AF休神	DJ生土	GH傷金	FC杜木	JB(景)水

表7〈時盤 例外〉遁甲立向盤 〈705図〜768図〉

陰局

F未	南	南西	西	北西	北	北東	東	南東
705図	FF(生)神	BB傷日	HH杜月	II景火	EE死水	GG驚木	CC開金	DD休土
706図	BF(生)神	HB傷日	IH杜月	EI景火	GE死水	CG驚木	DC開金	FD休土
707図	HF(生)神	IB傷日	EH杜月	GI景火	CE死水	DG驚木	FC開金	BD休土
708図	IF(生)神	EB傷日	GH杜月	CI景火	DE死水	FG驚木	BC開金	HD休土

陰局

F未	南	南西	西	北西	北	北東	東	南東
713図	AD(休)神	CI生日	HB傷月	GE杜火	DA景水	IC死木	BH驚金	EG開土
714図	ED開土	AI(休)神	CB生日	HE傷月	GA杜火	DC景水	IH死木	BG驚金
715図	BD驚金	EI開土	AB(休)神	CE生日	HA傷月	GC杜火	DH景水	IG死木
716図	ID死木	BI驚金	EB開土	AE(休)神	CA生日	HC傷月	GH杜火	DG景水

陰局

G午	南	南西	西	北西	北	北東	東	南東
721図	HG(死)神	BA驚日	CI開月	GJ休火	AF生水	IH傷木	JB杜金	FC景土
722図	HG景神	BA(死)日	CI驚月	GJ開火	AF休水	IH生木	JB傷金	FC杜土
723図	HG杜神	BA景日	CI(死)月	GJ驚火	AF開水	IH休木	JB生金	FC傷土
724図	HG傷神	BA杜日	CI景月	GJ(死)火	AF驚水	IH開木	JB休金	FC生土

陰局

G午	南	南西	西	北西	北	北東	東	南東
729図	CJ景月	BH死火	IC驚水	DB開木	GI休金	FD(生)土	JG傷神	HF杜日
730図	BJ景月	IH死火	DC驚水	GB開木	FI休金	JD(生)土	HG傷神	CF杜日
731図	IJ景月	DH死火	GC驚水	FB開木	JI休金	HD(生)土	CG傷神	BF杜日
732図	DJ景月	GH死火	FC驚水	JB開木	HI休金	CD(生)土	BG傷神	IF杜日

陽局

F未	南	南西	西	北西	北	北東	東	南東
709図	DA休水	IC生火	BH傷月	EG杜日	AD(景)神	CI死土	HB驚金	GE開木
710図	GA開木	DC休水	IH生火	BG傷月	ED杜日	AI(景)神	CB死土	HE驚金
711図	HA驚金	GC開木	DH休水	IG生火	BD傷月	EI杜日	AB(景)神	CE死土
712図	CA死土	HC驚金	GH開木	DG休水	ID生火	BI傷月	EB杜日	AE(景)神

陽局

F未	南	南西	西	北西	北	北東	東	南東
717図	EE生水	GG傷火	CC杜月	DD景日	FF(死)神	BB驚土	HH開金	II休木
718図	GE生水	CG傷火	DC杜月	FD景日	BF(死)神	HB驚土	IH開金	EI休木
719図	CE生水	DG傷火	FC杜月	BD景日	HF(死)神	IB驚土	EH開金	GI休木
720図	DE生水	FG傷火	BC杜月	HD景日	IF(死)神	EB驚土	GH開金	CI休木

陽局

G午	南	南西	西	北西	北	北東	東	南東
725図	ID(傷)水	HB杜火	CI景月	JH死日	AC驚神	FJ開土	DA休金	BF生木
726図	BD(傷)木	IB杜水	HI景火	CH死月	JC驚日	AJ開神	FA休土	DF生金
727図	DD(傷)金	BB杜木	II景水	HH死火	CC驚月	JJ開日	AA休神	FF生土
728図	FD(傷)土	DB杜金	BI景木	IH死水	HC驚火	CJ開月	JA休日	AF生神

陽局

G午	南	南西	西	北西	北	北東	東	南東
733図	GI景月	FD(死)日	JG驚神	HF開土	CJ休金	BH生木	IC傷水	DB杜火
734図	FI景月	JD(死)日	HG驚神	CF開土	BJ休金	IH生木	DC傷水	GB杜火
735図	JI景月	HD(死)日	CG驚神	BF開土	IJ休金	DH生木	GC傷水	FB杜火
736図	HI景月	CD(死)日	BG驚神	IF開土	DJ休金	GH生木	FC傷水	JB杜火

陰局

G午	南	南西	西	北西	北	北東	東	南東
737図	AC傷神	FJ杜日	DA景月	BF死火	ID(驚)水	HB開木	CI休金	JH生土
738図	JC傷土	AJ杜神	FA景日	DF死月	BD(驚)火	IB開水	HI休木	CH生金
739図	CC傷金	JJ杜土	AA景神	FF死日	DD(驚)月	BB開火	II休水	HH生木
740図	HC傷木	CJ杜金	JA景土	AF死神	FD(驚)日	DB開月	BI休火	IH生水

陰局

G辰	南	南西	西	北西	北	北東	東	南東
745図	IH(死)水	EA驚木	BJ開金	HD休土	AG生神	JI傷日	DE杜月	GB景火
746図	IH景水	EA(死)木	BJ驚金	HD開土	AG休神	JI生日	DE傷月	GB杜火
747図	IH杜水	EA景木	BJ(死)金	HD驚土	AG開神	JI休日	DE生月	GB傷火
748図	IH傷火	EA杜水	BJ景木	HD(死)金	AG驚神	JI開日	DE休月	GB生火

陰局

G辰	南	南西	西	北西	北	北東	東	南東
753図	ID景日	BI死月	EB驚火	JE開水	CJ休木	HC(生)金	GH傷土	DG杜神
754図	BD景日	EI死月	JB驚火	CE開水	HJ休木	GC(生)金	DH傷土	IG杜神
755図	ED景日	JI死月	CB驚火	HE開水	GJ休木	DC(生)金	IH傷土	BG杜神
756図	JD景日	CI死月	HB驚火	GE開水	DJ休木	IC(生)金	BH傷土	EG杜神

陰局

G辰	南	南西	西	北西	北	北東	東	南東
761図	AC(開)神	DJ休日	BE生月	IA傷火	HD杜水	CB景木	JI死金	EH驚土
762図	EC(開)土	AJ休神	DE生日	BA傷月	ID杜火	HB景水	CI死木	JH驚金
763図	JC(開)金	EJ休土	AE生神	DA傷日	BD杜月	IB景火	HI死水	CH驚木
764図	CC(開)木	JJ休金	EE生土	AA傷神	DD杜日	BB景月	II死火	HH驚水

陽局

G午	南	南西	西	北西	北	北東	東	南東
741図	HF死水	BH驚火	CB開月	GC休日	AG(生)神	IA傷土	JI杜金	FJ景木
742図	HF景水	BH死火	CB驚月	GC開日	AG休神	IA(生)土	JI傷金	FJ杜木
743図	HF杜水	BH景火	CB死月	GC驚日	AG開神	IA休土	JI(生)金	FJ傷木
744図	HF傷水	BH杜火	CB景月	GC死日	AG驚神	IA開土	JI休金	FJ(生)木

陽局

G辰	南	南西	西	北西	北	北東	東	南東
749図	HD開水	CB休火	JI生月	EH傷日	AC(杜)神	DJ景土	BF死金	IA驚木
750図	ID開木	HB休水	CI生火	JH傷月	EC(杜)日	AJ景神	DE死土	BA驚金
751図	BD開金	IB休木	HI生水	CH傷火	JC(杜)月	EJ景日	AE死神	DA驚土
752図	DD開土	BB休金	II生木	HH傷水	CC(杜)火	JJ景月	EE死日	AA驚神

陽局

G辰	南	南西	西	北西	北	北東	東	南東
757図	CJ景火	HC(死)月	GH驚日	DG開神	ID休土	BI生金	EB傷木	JE杜水
758図	HJ景火	GC(死)月	DH驚日	IG開神	BD休土	EI生金	JB傷木	CE杜水
759図	GJ景火	DC(死)月	IH驚日	BG開神	ED休土	JI生金	CB傷木	HE杜水
760図	DJ景火	IC(死)月	BH驚日	EG開神	JD休土	CI生金	HB傷木	GE杜水

陽局

G辰	南	南西	西	北西	北	北東	東	南東
765図	AG死神	JI驚土	DE開金	GB休木	IH(生)水	EA傷火	BJ杜月	HD景日
766図	AG景神	JI死土	DE驚金	GB開木	IH休水	EA(生)火	BJ傷月	HD杜日
767図	AG杜神	JI景土	DE死金	GB驚木	IH開水	EA休火	BJ(生)月	HD傷日
768図	AG傷神	JI杜土	DE景金	GB死木	IH驚水	EA開火	BJ休月	HD(生)日

表7〈時盤　例外〉遁甲立向盤　〈769図～832図〉

陰局

G寅	南	南西	西	北西	北	北東	東	南東
769図	AI(死)神	DA驚日	CD開月	HC休火	JH生水	FJ傷木	EF杜金	IE景土
770図	II景土	AA(死)神	DD驚日	CC開月	HH休火	JJ生水	FF傷木	EE杜金
771図	EI杜金	IA景土	AD(死)神	DC驚日	CH開月	HJ休火	JF生水	FE傷木
772図	FI傷木	EA杜金	ID景土	AC(死)神	DH驚日	CJ開月	HF休火	JE生水

陰局

G寅	南	南西	西	北西	北	北東	東	南東
777図	CC景神	JJ死日	EE驚月	FF開火	DD休水	BB(生)木	II傷金	HH杜土
778図	CC景土	JJ死神	EE驚日	FF開月	DD休火	BB(生)水	II傷木	HH杜金
779図	CC景金	JJ死土	EE驚神	FF開日	DD休月	BB(生)火	II傷水	HH杜木
780図	CC景木	JJ死金	EE驚土	FF開神	DD休日	BB(生)月	II傷火	HH杜水

陰局

G子	南	南西	西	北西	北	北東	東	南東
785図	BJ(死)月	IA驚火	DC開水	GB休木	FI生金	JD傷土	AG杜神	CF景日
786図	BJ景月	IA(死)火	DC驚水	GB開木	FI休金	JD生土	AG傷神	CF杜日
787図	BJ杜月	IA景火	DC(死)水	GB驚木	FI開金	JD休土	AG生神	CF傷日
788図	BJ傷月	IA杜火	DC景水	GB(死)木	FI驚金	JD開土	AG休神	CF生日

陰局

G子	南	南西	西	北西	北	北東	東	南東
793図	AC生神	CJ傷日	JE(杜)月	EF景火	FD死水	DB驚木	BI開金	IA休土
794図	IC生土	AJ傷神	CE(杜)日	JF景月	ED死火	FB驚水	DI開木	BA休金
795図	BC生金	IJ傷土	AE(杜)神	CF景日	JD死月	EB驚火	FI開水	DA休木
796図	DC生木	BJ傷金	IE(杜)土	AF景神	CD死日	JB驚月	EI開火	FA休水

陽局

G寅	南	南西	西	北西	北	北東	東	南東
773図	DD景神	BB(死)土	II驚金	HH開木	CC休水	JJ生火	EE傷月	FF杜日
774図	DD景日	BB(死)神	II驚土	HH開金	CC休木	JJ生水	EE傷火	FF杜月
775図	DD景月	BB(死)日	II驚神	HH開土	CC休金	JJ生木	EE傷水	FF杜火
776図	DD景火	BB(死)月	II驚日	HH開神	CC休土	JJ生金	EE傷木	FF杜水

陽局

G寅	南	南西	西	北西	北	北東	東	南東
781図	JH死水	FJ驚火	EF開月	IE休日	AI(生)神	DA傷土	CD杜金	HC景木
782図	HH景木	JJ死水	FF驚火	EE開月	II休日	AA(生)神	DD傷土	CC杜金
783図	CH杜金	HJ景木	JF死水	FE驚火	EI開月	IA休日	AD(生)神	DC傷土
784図	DH傷土	CJ杜金	HF景木	JE死水	FI驚火	EA開月	ID休日	AC(生)神

陽局

G子	南	南西	西	北西	北	北東	東	南東
789図	DC景土	FE(死)金	GJ驚木	CI開水	EB休火	JD生月	IF傷日	BG杜神
790図	FC景土	GE(死)金	CJ驚木	EI開水	JB休火	ID生月	BF傷日	DG杜神
791図	GC景土	CE(死)金	EJ驚木	JI開水	IB休火	BD生月	DF傷日	FG杜神
792図	CC景土	EE(死)金	JJ驚木	II開水	BB休火	DD生月	FF傷日	GG杜神

陽局

G子	南	南西	西	北西	北	北東	東	南東
797図	FD生水	DB傷火	BI杜月	IA景日	AC死神	CJ驚土	JE(開)金	EF休木
798図	ED生木	FB傷水	DI杜火	BA景月	IC死日	AJ驚神	CE(開)土	JF休金
799図	JD生金	EB傷木	FI杜水	DA景火	BC死月	IJ驚日	AE(開)神	CF休土
800図	CD生土	JB傷金	EI杜木	FA景水	DC死火	BJ驚月	IE(開)日	AF休神

陰局

G子	南	南西	西	北西	北	北東	東	南東
801図	EB景木	JD死金	IF驚土	BG開神	DC休日	FE(生)月	GJ傷火	CI杜水
802図	JB景木	ID死金	BF驚土	DG開神	FC休日	GE(生)月	CJ傷火	EI杜水
803図	IB景木	BD死金	DF驚土	FG開神	GC休日	CE(生)月	EJ傷火	JI杜水
804図	BB景木	DD死金	FF驚土	GG開神	CC休日	EE(生)月	JJ傷火	II杜水

陰局

G戌	南	南西	西	北西	北	北東	東	南東
809図	BD(死)日	EA驚月	JB開火	CF休水	HJ生木	GC傷金	DH杜土	AG景神
810図	BD景日	EA(死)月	JB驚火	CE開水	HJ休木	GC生金	DH傷土	AG杜神
811図	BD杜日	EA景月	JB(死)火	CE驚水	HJ開木	GC休金	DH生土	AG傷神
812図	BD傷日	EA杜月	JB景火	CE(死)水	HJ驚木	GC開金	DH休土	AG生神

陰局

G戌	南	南西	西	北西	北	北東	東	南東
817図	AC開神	HJ休日	CE生月	JF(傷)火	ED杜水	FB景木	DA死金	BH驚土
818図	BC開土	AJ休神	HE生日	CF(傷)月	JD杜火	EB景水	FA死木	DH驚金
819図	DC開金	BJ休土	AE生神	HF(傷)日	CD杜月	JB景火	EA死水	FH驚木
820図	FC開木	DJ休金	BE生土	AF(傷)神	HD杜日	CB景月	JA死火	EH驚水

陰局

G戌	南	南西	西	北西	北	北東	東	南東
825図	DE景金	JC死土	EG驚神	CH開日	GB休月	HF(生)火	BD傷水	FJ杜木
826図	JE景金	EC死土	CG驚神	GH開日	HB休月	BF(生)火	FD傷水	DJ杜木
827図	EE景金	CC死土	GG驚神	HH開日	BB休月	FF(生)火	DD傷水	JJ杜木
828図	CE景金	GC死土	HG驚神	BH開日	FB休月	DF(生)火	JD傷水	EJ杜木

陽局

G子	南	南西	西	北西	北	北東	東	南東
805図	FI死月	JD驚日	AG開神	CF休土	BJ(生)金	IA傷木	DC杜水	GB景火
806図	FI景月	JD死日	AG驚神	CF開土	BJ休金	IA(生)木	DC傷水	GB杜火
807図	FI杜月	JD景日	AG死神	CF驚土	BJ開金	IA休木	DC(生)水	GB傷火
808図	FI傷月	JD杜日	AG景神	CF死土	BJ驚金	IA開木	DC休水	GB(生)火

陽局

G戌	南	南西	西	北西	北	北東	東	南東
813図	GB景金	HF(死)木	BD驚水	FJ開火	DE休月	JC生日	EG傷神	CH杜土
814図	HB景金	BF(死)木	FD驚水	DJ開火	JE休月	EC生日	CG傷神	GH杜土
815図	BB景金	FF(死)木	DD驚水	JJ開火	EE休月	CC生日	GG傷神	HH杜土
816図	FB景金	DF(死)木	JD驚水	EJ開火	CE休月	GC生日	HG傷神	BH杜土

陽局

G戌	南	南西	西	北西	北	北東	東	南東
821図	ED開水	FB休火	DA生月	BH傷日	AC杜神	HJ景土	CE死金	JF(驚)木
822図	JD開木	EB休水	FA生火	DH傷月	BC杜日	AJ景神	HE死土	CF(驚)金
823図	CD開金	JB休木	EA生水	FH傷火	DC杜月	BJ景日	AE死神	HF(驚)土
824図	HD開土	CB休金	JA生木	EH傷水	FC杜火	DJ景月	BE死日	AF(驚)神

陽局

G戌	南	南西	西	北西	北	北東	東	南東
829図	HJ死火	GC驚月	DH開日	AG休神	BD(生)土	EA傷金	JB杜木	CE景水
830図	HJ景火	GC死月	DH驚日	AG開神	BD休土	EA(生)金	JB傷木	CE杜水
831図	HJ杜火	GC景月	DH死日	AG驚神	BD開土	EA休金	JB(生)木	CE傷水
832図	HJ傷火	GC杜月	DH景日	AG死神	BD驚土	EA開金	JB休木	CE(生)水

表7〈時盤　例外〉遁甲立向盤　〈833図～896図〉

陰局

G申	南	南西	西	北西	北	北東	東	南東
833図	IF景火	EB死水	GH驚木	CI開金	DE休土	FG(生)神	BC傷日	HD杜月
834図	EF景火	GB死水	CH驚木	DI開金	FE休土	BG(生)神	HC傷日	ID杜月
835図	GF景火	CB死水	DH驚木	FI開金	BE休土	HG(生)神	IC傷日	ED杜月
836図	CF景火	DB死水	FH驚木	BI開金	HE休土	IG(生)神	EC傷日	GD杜月

陰局

G申	南	南西	西	北西	北	北東	東	南東
841図	AC(死)神	EA驚日	FE開月	DF休火	BD生水	IB傷木	HI杜金	CH景土
842図	CC景土	AA(死)神	EE驚日	FF開月	DD休火	BB生水	II傷木	HH杜金
843図	HC杜金	CA景土	AE(死)神	EF驚日	FD開月	DB休火	BI生水	IH傷木
844図	IC傷木	HA杜金	CE景土	AF(死)神	ED驚日	FB開月	DI休火	BH生水

陰局

H未	南	南西	西	北西	北	北東	東	南東
849図	AH(傷)神	BF杜日	HJ景月	FD死火	JG驚水	DI開木	GA休金	IB生土
850図	AH生神	BF(傷)日	HJ杜月	FD景火	JG死水	DI驚木	GA開金	IB休土
851図	AH休神	BF生日	HJ(傷)月	FD杜火	JG景水	DI死木	GA驚金	IB開土
852図	AH開神	BF休日	HJ生月	FD(傷)火	JG杜水	DI景木	GA死金	IB驚土

陰局

H未	南	南西	西	北西	北	北東	東	南東
857図	FJ開土	JH休神	HC(生)日	CB傷月	BI杜火	ID景水	DG死木	GF驚金
858図	JJ開土	HH休神	CC(生)日	BB傷月	II杜火	DD景水	GG死木	FF驚金
859図	HJ開土	CH休神	BC(生)日	IB傷月	DI杜火	GD景水	FG死木	JF驚金
860図	CJ開土	BH休神	IC(生)日	DB傷月	GI杜火	FD景水	JG死木	HF驚金

陽局

G申	南	南西	西	北西	北	北東	東	南東
837図	BD死水	IB驚火	HI開月	CH休日	AC(生)神	EA傷土	FE杜金	DF景木
838図	DD景木	BB死水	II驚火	HH開月	CC休日	AA(生)神	EE傷土	FF杜金
839図	FD杜金	DB景木	BI死水	IH驚火	HC開月	CA休日	AE(生)神	EF傷土
840図	ED傷土	FB杜金	DI景木	BH死水	IC驚火	HA開月	CE休日	AF(生)神

陽局

G申	南	南西	西	北西	北	北東	東	南東
845図	DE景日	FG(死)神	BC驚土	HD開金	IF休木	EB生水	GH傷火	CI杜月
846図	FE景日	BG(死)神	HC驚土	ID開金	EF休木	GB生水	CH傷火	DI杜月
847図	BE景日	HG(死)神	IC驚土	ED開金	GF休木	CB生水	DH傷火	FI杜月
848図	HE景日	IG(死)神	EC驚土	GD開金	CF休木	DB生水	FH傷火	BI杜月

陽局

H未	南	南西	西	北西	北	北東	東	南東
853図	DC(死)水	FA驚火	GJ開月	CI休日	AB生神	JD傷土	IF杜金	BG景木
854図	BC(死)木	DA驚水	FJ開火	GI休月	CB生日	AD傷神	JF杜土	IG景金
855図	IC(死)金	BA驚木	DJ開水	FI休火	GB生月	CD傷日	AF杜神	JG景土
856図	JC(死)土	IA驚金	BJ開木	DI休水	FB生火	GD傷月	CF杜日	AG景神

陽局

H未	南	南西	西	北西	北	北東	東	南東
861図	BI開木	ID休水	DG生火	GF傷月	FJ杜日	JH景神	HC(死)土	CB驚金
862図	II開木	DD休水	GG生火	FF傷月	JJ杜日	HH景神	CC(死)土	BB驚金
863図	DI開木	GD休水	FG生火	JF傷月	HJ杜日	CH景神	BC(死)土	IB驚金
864図	GI開木	FD休水	JG生火	HF傷月	CJ杜日	BH景神	IC(死)土	DB驚金

陰局

H未	南	南西	西	北西	北	北東	東	南東
865図	AB死神	JD驚日	IF開月	BG休火	DC(生)水	FA傷木	GJ杜金	CI景土
866図	CB死土	AD驚神	JF開日	IG休月	BC(生)火	DA傷水	FJ杜木	GI景金
867図	GB死金	CD驚土	AF開神	JG休日	IC(生)月	BA傷火	DJ杜水	FI景木
868図	FB死木	GD驚金	CF開土	AG休神	JC(生)日	IA傷月	BJ杜火	DI景水

陰局

H巳	南	南西	西	北西	北	北東	東	南東
873図	DI(傷)水	CG杜木	HD景金	JC死土	AH驚神	EJ開日	IA休月	GE生火
874図	DI生水	CG(傷)木	HD杜金	JC景土	AH死神	EJ驚日	IA開月	GE休火
875図	DI休水	CG生木	HD(傷)金	JC杜土	AH景神	EJ死日	IA驚月	GE開火
876図	DI開水	CG休木	HD生金	JC(傷)土	AH杜神	EJ景日	IA死月	GE驚火

陰局

H巳	南	南西	西	北西	北	北東	東	南東
881図	BD開月	EI休火	JB(生)水	CE傷木	HJ杜金	GC景土	DH死神	IG驚日
882図	ED開月	JI休火	CB(生)水	HE傷木	GJ杜金	DC景土	IH死神	BG驚日
883図	JD開月	CI休火	HB(生)水	GE傷木	DJ杜金	IC景土	BH死神	EG驚日
884図	CD開月	HI休火	GB(生)水	DE傷木	IJ杜金	BC景土	EH死神	JG驚日

陰局

H巳	南	南西	西	北西	北	北東	東	南東
889図	AB(驚)神	GD開日	CA休月	EG生火	JC傷水	IE杜木	BJ景金	DI死土
890図	DB(驚)土	AD開神	GA休日	CG生月	EC傷火	JE杜水	IJ景木	BI死金
891図	BB(驚)金	DD開土	AA休神	GG生日	CC傷月	EE杜火	JJ景水	II死木
892図	IB(驚)木	BD開金	DA休土	AG生神	GC傷日	CE杜月	EJ景火	JI死水

陽局

H未	南	南西	西	北西	北	北東	東	南東
869図	JG傷水	DI杜火	GA景月	IB死日	AH(驚)神	BF開土	HJ休金	FD生木
870図	JG生水	DI傷火	GA杜月	IB[illegible]日	AH死神	BF(驚)土	HJ開金	FD休木
871図	JG休水	DI生火	GA傷月	IB杜日	AH景神	BF死土	HJ(驚)金	FD開木
872図	JG開水	DI休火	GA生月	IB傷日	AH杜神	BF景土	HJ死金	FD(驚)木

陽局

H巳	南	南西	西	北西	北	北東	東	南東
877図	JC驚水	IE開火	BJ休月	DI生日	AB(傷)神	GD杜土	CA景金	EG死木
878図	EC驚木	JE開水	IJ休火	BI生月	DB(傷)日	AD杜神	GA景土	CG死金
879図	CC驚金	EE開木	JJ休水	II生火	BB(傷)月	DD杜日	AA景神	GG死土
880図	GC驚土	CE開金	EJ休木	JI生水	IB(傷)火	BD杜月	DA景日	AG死神

陽局

H巳	南	南西	西	北西	北	北東	東	南東
885図	HJ開月	GC休日	DH生神	IG傷土	BD杜金	EI景木	JB(死)水	CE驚火
886図	GJ開月	DC休日	IH生神	BG傷土	ED杜金	JI景木	CB(死)水	HE驚火
887図	DJ開月	IC休日	BH生神	EG傷土	JD杜金	CI景木	HB(死)水	GE驚火
888図	IJ開月	BC休日	EH生神	JG傷土	CD杜金	HI景木	GB(死)水	DE驚火

陽局

H巳	南	南西	西	北西	北	北東	東	南東
893図	DH傷神	CJ杜土	HA景金	JE死木	AI(驚)水	EG開火	ID休月	GC生日
894図	GH生神	DJ傷土	CA杜金	HE景木	JI死水	AG(驚)火	ED開月	IC休日
895図	IH休神	GJ生土	DA傷金	CE杜木	HI景水	JG死火	AD(驚)月	EC開日
896図	EH開神	IJ休土	GA生金	DE傷木	CI杜水	HG景火	JD死月	AC(驚)日

表 7〈時盤　例外〉遁甲立向盤　〈897図～960図〉

陰局

H卯	南	南西	西	北西	北	北東	東	南東
897図	DJ(傷)土	AH杜神	FC景日	JB死月	HI驚火	CD開水	BA休木	IF生金
898図	DJ生土	AH(傷)神	FC杜日	JB景月	HI死火	CD驚水	BA開木	IF休金
899図	DJ休土	AH生神	FC(傷)日	JB杜月	HI景火	CD死水	BA驚木	IF開金
900図	DJ開土	AH休神	FC生日	JB(傷)月	HI杜火	CD景水	BA死木	IF驚金

陰局

H卯	南	南西	西	北西	北	北東	東	南東
905図	JC開日	EJ休月	FE(生)火	DF傷水	BD杜木	IB景金	HI死土	CH驚神
906図	EC開日	FJ休月	DE(生)火	BF傷水	ID杜木	HB景金	CI死土	JH驚神
907図	FC開日	DJ休月	BE(生)火	IF傷水	HD杜木	CB景金	JI死土	EH驚神
908図	DC開日	BJ休月	IE(生)火	HF傷水	CD杜木	JB景金	EI死土	FH驚神

陰局

H卯	南	南西	西	北西	北	北東	東	南東
913図	AB傷神	CD杜日	EF景月	JA死火	IC驚水	BE(開)木	DJ休金	FI生土
914図	FB傷土	AD杜神	CF景日	EA死月	JC驚火	IE(開)水	BJ休木	DI生金
915図	DB傷金	FD杜土	AF景神	CA死日	EC驚月	JE(開)火	IJ休水	BI生木
916図	BB傷木	DD杜金	FF景土	AA死神	CC驚日	EE(開)月	JJ休火	II生水

陰局

H丑	南	南南	西	北西	北	北東	東	南東
921図	DD(傷)神	II杜日	BB景月	EE死火	JJ驚水	CC開木	AA休金	GG生土
922図	DD生土	II(傷)神	BB杜日	EE景月	JJ死火	CC驚水	AA開木	GG休金
923図	DD休金	II生土	BB(傷)神	EE杜日	JJ景月	CC死火	AA驚水	GG開木
924図	DD開木	II休金	BB生土	EE(傷)神	JJ杜日	CC景月	AA死火	GG驚水

陽局

H卯	南	南西	西	北西	北	北東	東	南東
901図	IC傷水	BE(杜)火	DJ景月	FI死日	AB驚神	CD開土	EF休金	JA生木
902図	JC傷木	IE(杜)水	BJ景火	DI死月	FB驚日	AD開神	CF休土	EA生金
903図	EC傷金	JE(杜)木	IJ景水	BI死火	DB驚月	FD開日	AF休神	CA生土
904図	CC傷土	EE(杜)金	JJ景木	II死水	BB驚火	DD開月	FF休日	AA生神

陽局

H卯	南	南西	西	北西	北	北東	東	南東
909図	BD開火	IB休月	HI生日	CH傷神	JC杜土	EJ景金	FE(死)木	DF驚水
910図	ID開火	HB休月	CI生日	JH傷神	EC杜土	FJ景金	DE(死)木	BF驚水
911図	HD開火	CB休月	JI生日	EH傷神	FC杜土	DJ景金	BE(死)木	IF驚水
912図	CD開火	JB休月	EI生日	FH傷神	DC杜土	BJ景金	IE(死)木	HF驚水

陽局

H卯	南	南西	西	北西	北	北東	東	南東
917図	HI傷木	CD杜水	BA景火	IF死月	DJ(驚)日	AH開神	FC休土	JB生金
918図	HI生木	CD傷水	BA杜火	IF景月	DJ死日	AH(驚)神	FC開土	JB休金
919図	HI休木	CD生水	BA傷火	IF杜月	DJ景日	AH死神	FC(驚)土	JB開金
920図	HI開木	CD休水	BA生火	IF傷月	DJ杜日	AH景神	FC死土	JB(驚)金

陽局

H丑	南	南西	西	北西	北	北東	東	南東
925図	CC開水	EE休火	JJ生月	II傷日	BB杜神	DD景土	FF(死)金	GG驚木
926図	CC開木	EE休水	JJ生火	II傷月	BB杜日	DD景神	FF(死)土	GG驚金
927図	CC開金	EE休木	JJ生水	II傷火	BB杜月	DD景日	FF(死)神	GG驚土
928図	CC開土	EE休金	JJ生木	II傷水	BB杜火	DD景月	FF(死)日	GG驚神

陰局

H丑	南	南西	西	北西	北	北東	東	南東
929図	BB開神	DD休日	FF(生)月	GG傷火	CC杜水	EE景木	JJ死金	II驚土
930図	BB開土	DD休神	FF(生)日	GG傷月	CC杜火	EE景水	JJ死木	II驚金
931図	BB開金	DD休土	FF(生)神	GG傷日	CC杜月	EE景火	JJ死水	II驚木
932図	BB開木	DD休金	FF(生)土	GG傷神	CC杜日	EE景月	JJ死火	II驚水

陰局

H亥	南	南西	西	北西	北	北東	東	南東
937図	HC(傷)日	CJ杜月	JE景火	EF死水	FD驚木	DB開金	BA休土	AH生神
938図	HC生日	CJ(傷)月	JE杜火	EF景水	FD死木	DB驚金	BA開土	AH休神
939図	HC休日	CJ生月	JE(傷)火	EF杜水	FD景木	DB死金	BA驚土	AH開神
940図	HC開日	CJ休月	JE生火	EF(傷)水	FD杜木	DB景金	BA死土	AH驚神

陰局

H亥	南	南西	西	北西	北	北東	東	南東
945図	AB休神	BD生日	DF傷月	FG(杜)火	GC景水	CE死木	EJ驚金	JA開土
946図	JB休土	AD生神	BF傷日	DG(杜)月	FC景火	GE死水	CJ驚木	EA開金
947図	EB休金	JD生土	AF傷神	BG(杜)日	DC景月	FE死火	GJ驚水	CA開木
948図	CB休木	ED生金	JF傷土	AG(杜)神	BC景日	DE死月	FJ驚火	GA開水

陰局

H亥	南	南西	西	北西	北	北東	東	南東
953図	FE開木	DC休金	JG(生)土	EH傷神	CB杜日	GF景月	HD死火	BJ驚水
954図	DE開木	JC休金	EG(生)土	CH傷神	GB杜日	HF景月	BD死火	FJ驚水
955図	JE開木	EC休金	CG(生)土	GH傷神	HB杜日	BF景月	FD死火	DJ驚水
956図	EE開木	CC休金	GG(生)土	HH傷神	BB杜日	FF景月	DD死火	JJ驚水

陽局

H丑	南	南西	西	北西	北	北東	東	南東
933図	JJ傷水	CC杜火	AA景月	GG死日	DD(驚)神	II開土	BB休金	EE生木
934図	JJ生木	CC傷水	AA杜火	GG景月	DD死日	II(驚)神	BB開土	EE休金
935図	JJ休金	CC生木	AA傷水	GG杜火	DD景月	II死日	BB(驚)神	EE開土
936図	JJ開土	CC休金	AA生木	GG傷水	DD杜火	II景月	BB死日	EE(驚)神

陽局

H亥	南	南西	西	北西	北	北東	東	南東
941図	CB開土	GF休金	HD生木	BJ傷水	FE杜火	DC景月	JG(死)日	EH驚神
942図	GB開土	HF休金	BD生木	FJ傷水	DE杜火	JC景月	EG(死)日	CH驚神
943図	HB開土	BF休金	FD生木	DJ傷水	JE杜火	EC景月	CG(死)日	GH驚神
944図	BB開土	FF休金	DD生木	JJ傷水	EE杜火	CC景月	GG(死)日	HH驚神

陽局

H亥	南	南西	西	北西	北	北東	東	南東
949図	GC休水	CE生火	EJ傷月	JA杜日	AB景神	BD死土	DF驚金	FG(開)木
950図	FC休木	GE生水	CJ傷火	EA杜月	JB景日	AD死神	BF驚土	DG(開)金
951図	DC休金	FE生木	GJ傷水	CA杜火	EB景月	JD死日	AF驚神	BG(開)土
952図	BC休土	DE生金	FJ傷木	GA杜水	CB景火	ED死月	JF驚日	AG(開)神

陽局

H亥	南	南西	西	北西	北	北東	東	南東
957図	FD傷火	DB杜月	BA景日	AH死神	HC(驚)土	CJ開金	JE休木	EF生水
958図	FD生火	DB傷月	BA杜日	AH景神	HC死土	CJ(驚)金	JE開木	EF休水
959図	FD休火	DB生月	BA傷日	AH杜神	HC景土	CJ死金	JE(驚)木	EF開水
960図	FD開火	DB休月	BA生日	AH傷神	HC杜土	CJ景金	JE死木	EF(驚)水

表7〈時盤　例外〉遁甲立向盤〈961図～1024図〉

陰局

H酉	南	南西	西	北西	北	北東	東	南東
961図	CF開金	DB休土	FH生神	BI傷日	HE杜月	IG景火	EC死水	GD驚木
962図	DF開金	FB休土	BH生神	HI傷日	IE杜月	EG景火	GC死水	CD驚木
963図	FF開金	BB休土	HH生神	II傷日	EE杜月	GG景火	CC死水	DD驚木
964図	BF開金	HB休土	IH生神	EI傷日	GE杜月	CG景火	DC死水	FD驚木

H酉	南	南西	西	北西	北	北東	東	南東
969図	AB(傷)神	ID杜日	BF景月	DG死火	FC驚水	GE開木	CA休金	EI生土
970図	EB生土	AD(傷)神	IF杜日	BG景月	DC死火	FE驚水	GA開木	CI休金
971図	CB休金	ED生土	AF(傷)神	IG杜日	BC景月	DE死火	FA驚水	GI開木
972図	GB開木	CD休金	EF生土	AG(傷)神	IC杜日	BE景月	DA死火	FI驚水

I申	南	南西	西	北西	北	北東	東	南東
977図	AI(杜)神	IG景日	GD死月	DC驚火	CH開水	HJ休木	JF生金	FA傷土
978図	AI傷神	IG(杜)日	GD景月	DC死火	CH驚水	HJ開木	JF休金	FA生土
979図	AI生神	IG傷日	GD(杜)月	DC景火	CH死水	HJ驚木	JF開金	FA休土
980図	AI休神	IG生日	GD傷月	DC(杜)火	CH景水	HJ死木	JF驚金	FA開土

I申	南	南西	西	北西	北	北東	東	南東
985図	IJ驚水	DH開木	GC休金	FB(生)土	JI傷神	HD杜日	CG景月	BF死火
986図	DJ驚水	GH開木	FC休金	JB(生)土	AI傷神	CD杜日	BG景月	IF死火
987図	GJ驚水	FH開木	JC休金	HB(生)土	CI傷神	BD杜日	IG景月	DF死火
988図	FJ驚水	JH開木	HC休金	CB(生)土	BI傷神	ID杜日	DG景月	GF死火

陽局

H酉	南	南西	西	北西	北	北東	東	南東
965図	FC傷水	GE杜火	CA景月	EI死日	AB(驚)神	ID開土	BF休金	DG生木
966図	DC生木	FE傷水	GA杜火	CI景月	EB死日	AD(驚)神	IF開土	BG休金
967図	BC休金	DE生木	FA傷水	GI杜火	CB景月	ED死日	AF(驚)神	IG開土
968図	IC開土	BE休金	DA生木	FI傷水	GB杜火	CD景月	EF死日	AG(驚)神

H酉	南	南西	西	北西	北	北東	東	南東
973図	HE開金	IG休木	EC生水	GD傷火	CF杜月	DB景日	FH(死)神	BI驚土
974図	IE開金	EG休木	GC生水	CD傷火	DF杜月	FB景日	BH(死)神	HI驚土
975図	EE開金	GG休木	CC生水	DD傷火	FF杜月	BB景日	HH(死)神	II驚土
976図	GE開金	CG休木	DC生水	FD傷火	BF杜月	HB景日	IH(死)神	EI驚土

I申	南	南西	西	北西	北	北東	東	南東
981図	BB(休)水	FF生火	DD傷月	JJ杜日	AA景神	CC死土	GG驚金	HH開木
982図	HB(休)木	BF生水	FD傷火	DJ杜月	JA景日	AC死神	CG驚土	GH開金
983図	GB(休)金	HF生木	BD傷水	FJ杜火	DA景月	JC死日	AG驚神	CH開土
984図	CB(休)土	GF生金	HD傷木	BJ杜水	FA景火	DC死月	JG驚日	AH開神

I申	南	南西	西	北西	北	北東	東	南東
989図	JI驚神	HD開土	CG休金	BF生木	IJ傷水	DH杜火	GC景月	FB(死)日
990図	HI驚神	CD開土	BG休金	IF生木	DJ傷水	GH杜火	FC景月	JB(死)日
991図	CI驚神	BD開土	IG休金	DF生木	GJ傷水	FH杜火	JC景月	HB(死)日
992図	BI驚神	ID開土	DG休金	GF生木	FJ傷水	JH杜火	HC景月	CB(死)日

陰局

I申	南	南西	西	北西	北	北東	東	南東
993図	AA休神	CC生日	GG傷月	HH杜火	BB(景)水	FF死木	DD驚金	JJ開土
994図	JA休土	AC生神	CG傷日	GH杜月	HB(景)火	BF死水	FD驚木	DJ開金
995図	DA休金	JC生土	AG傷神	CH杜日	GB(景)月	HF死火	BD驚水	FJ開木
996図	FA休木	DC生金	JG傷土	AH杜神	CB(景)日	GF死月	HD驚火	BJ開水

I午	南	南西	西	北西	北	北東	東	南東
1001図	BJ(杜)水	IH景木	DC死金	GB驚土	AI開神	JD休日	HG生月	CA傷火
1002図	BJ傷水	IH(杜)木	DC景金	GB死土	AI驚神	JD開日	HG休月	CA生火
1003図	BJ生水	IH傷木	DC(杜)金	GB景土	AI死神	JD驚日	HG開月	CA休火
1004図	BJ休水	IH生木	DC傷金	GB(杜)土	AI景神	JD死日	HG驚月	CA開火

I午	南	南西	西	北西	北	北東	東	南東
1009図	GD驚土	DI開神	IB休日	BE(生)月	EJ傷火	JC杜水	CH景木	HG死金
1010図	DD驚土	II開神	BB休日	EE(生)月	JJ傷火	CC杜水	HH景木	GG死金
1011図	ID驚土	BI開神	EB休日	JE(生)月	CJ傷火	HC杜水	GH景木	DG死金
1012図	BD驚土	EI開神	JB休日	CE(生)月	HJ傷火	GC杜水	DH景木	IG死金

I午	南	南西	西	北西	北	北東	東	南東
1017図	AE(生)神	DC傷日	JG杜月	EH景火	CB死水	GA驚木	HD開金	BJ休土
1018図	BE(生)土	AC傷神	DG杜日	JH景月	FB死火	CA驚水	GD開木	HJ休金
1019図	HE(生)金	BC傷土	AG杜神	DH景日	JB死月	EA驚火	CD開水	GJ休木
1020図	GE(生)木	HC傷金	BG杜土	AH景神	DB死日	JA驚月	ED開火	CJ休水

陽局

I申	南	南西	西	北西	北	北東	東	南東
997図	CH杜水	HJ景火	JF死月	FA驚日	AI(開)神	IG休土	GD生金	DC傷木
998図	CH傷水	HJ杜火	JF景月	FA死日	AI驚神	IG(開)土	GD休金	DC生木
999図	CH生水	HJ傷火	JF杜月	FA景日	AI死神	IG驚土	GD(開)金	DC休木
1000図	CH休水	HJ生火	JF傷月	FA杜日	AI景神	IG死土	GD驚金	DC(開)木

I午	南	南西	西	北西	北	北東	東	南東
1005図	CB生水	GA傷火	HD杜月	BJ景日	AE(死)神	DC驚土	JG開金	EH休木
1006図	EB生木	CA傷水	GD杜火	HJ景月	BE(死)日	AC驚神	DG開土	JH休金
1007図	JB生金	EA傷木	CD杜水	GJ景火	HE(死)月	BC驚日	AG開神	DH休土
1008図	DB生土	JA傷金	ED杜木	CJ景水	GE(死)火	HC驚月	BG開日	AH休神

I午	南	南西	西	北西	北	北東	東	南東
1013図	EJ驚木	JC開水	CH休火	HG生月	GD傷日	DI杜神	IB景土	BE(死)金
1014図	JJ驚木	CC開水	HH休火	GG生月	DD傷日	II杜神	BB景土	EE(死)金
1015図	CJ驚木	HC開水	GH休火	DG生月	ID傷日	BI杜神	EB景土	JE(死)金
1016図	HJ驚木	GC開水	DH休火	IG生月	BD傷日	EI杜神	JB景土	CE(死)金

I午	南	南西	西	北西	北	北東	東	南東
1021図	AI杜神	JD景土	HG死金	CA驚木	BJ(開)水	IH休火	DC生月	GB傷日
1022図	AI傷神	JD杜土	HG景金	CA死木	BJ驚水	IH(開)火	DC休月	GB生日
1023図	AI生神	JD傷土	HG杜金	CA景木	BJ死水	IH驚火	DC(開)月	GB休日
1024図	AI休神	JD生土	HG傷金	CA杜木	BJ景水	IH死火	DC驚月	GB(開)日

表7〈時盤　例外〉遁甲立向盤　〈1025図～1088図〉

陰局

—辰	南	南西	西	北西	北	北東	東	南東
1025図	HD(杜)土	AI景神	DB死日	IE驚月	BJ開火	EC休水	JH生木	CA傷金
1026図	HD傷土	AI(杜)神	DB景日	IE死月	BJ驚火	EC開水	JH休木	CA生金
1027図	HD生土	AI傷神	DB(杜)日	IE景月	BJ死火	EC驚水	JH開木	CA休金
1028図	HD休土	AI生神	DB傷日	IE(杜)月	BJ景火	EC死水	JH驚木	CA開金

陰局

—辰	南	南西	西	北西	北	北東	東	南東
1033図	EC驚月	FJ開火	DE休水	BF(生)木	ID傷金	HB杜土	CI景神	JH死日
1034図	FC驚月	DJ開火	BE休水	IF(生)木	HD傷金	CB杜土	JI景神	EH死日
1035図	DC驚月	BJ開火	IE休水	HF(生)木	CD傷金	JB杜土	EI景神	FH死日
1036図	BC驚月	IJ開火	HE休水	CF(生)木	JD傷金	EB杜土	FI景神	DH死日

陰局

—辰	南	南西	西	北西	北	北東	東	南東
1041図	AE死神	HC驚日	BA(開)月	FH休火	DB生水	JF傷木	ED杜金	CJ景土
1042図	CE死土	AC驚神	HA(開)日	BH休月	FB生火	DF傷水	JD杜木	EJ景金
1043図	EE死金	CC驚土	AA(開)神	HH休日	BB生月	FF傷火	DD杜水	JJ景木
1044図	JE死木	EC驚金	CA(開)土	AH休神	HB生日	BF傷月	FD杜火	DJ景水

陰局

—寅	南	南西	西	北西	北	北東	東	南東
1049図	JC(杜)月	EJ景火	FE死水	DF驚木	BD開金	IB休土	AI生神	CA傷日
1050図	JC傷月	EJ(杜)火	FE驚水	DF死木	BD驚金	IB開土	AI休神	CA生日
1051図	JC生月	EJ傷火	FE(杜)水	DF景木	BD死金	IB驚土	AI開神	CA休日
1052図	JC休月	EJ生火	FE傷水	DF(杜)木	BD景金	IB死土	AI驚神	CA開日

陽局

—辰	南	南西	西	北西	北	北東	東	南東
1029図	DB生水	JF(傷)火	ED杜月	CJ景日	AE死神	HC驚土	BA開金	FH休木
1030図	FB生木	DF(傷)水	JD杜火	EJ景月	CE死日	AC驚神	HA開土	BH休金
1031図	BB生金	FF(傷)木	DD杜水	JJ景火	EE死月	CC驚日	AA開神	HH休土
1032図	HB生土	BF(傷)金	FD杜木	DJ景水	JE死火	EC驚月	CA開日	AH休神

陽局

—辰	南	南西	西	北西	北	北東	東	南東
1037図	ID驚水	HB開火	CI休月	JH生日	EC傷神	FJ杜土	DE景金	BF(死)木
1038図	HD驚木	CB開水	JI休火	EH生月	FC傷日	DJ杜神	BE景土	IF(死)金
1039図	CD驚木	JB開水	EI休火	FH生月	DC傷日	BJ杜神	IE景土	HF(死)金
1040図	JD驚木	EB開水	FI休火	DH生月	BC傷日	IJ杜神	HE景土	CF(死)金

陽局

—辰	南	南西	西	北西	北	北東	東	南東
1045図	BJ杜木	EC景水	JH死火	CA驚月	HD(開)日	AI休神	DB生土	IE傷金
1046図	BJ傷木	EC杜水	JH景火	CA死月	HD驚日	AI(開)神	DB休土	IE生金
1047図	BJ生木	EC傷水	JH杜火	CA景月	HD死日	AI驚神	DB(開)土	IE休金
1048図	BJ休木	EC生水	JH傷火	CA杜月	HD景日	AI死神	DB驚土	IE(開)金

陽局

—寅	南	南西	西	北西	北	北東	東	南東
1053図	JB死水	EF驚火	CD開月	GJ休日	AE生神	BC傷土	FG(杜)金	DA景木
1054図	DB死木	JF驚水	ED開火	CJ休月	GE生日	AC傷神	BG(杜)土	FA景金
1055図	FB死金	DF驚木	JD開水	EJ休火	CE生月	GC傷日	AG(杜)神	BA景土
1056図	BB死土	FF驚金	DD開木	JJ休水	EE生火	CC傷月	GG(杜)日	AA景神

陰局

—寅	南	南西	西	北西	北	北東	東	南東
1057図	DB驚日	FD開月	GF休火	CG(生)水	EC傷木	JE杜金	IJ景土	BI死神
1058図	FB驚日	GD開月	CF休火	EG(生)水	JC傷木	IE杜金	BJ景土	DI死神
1059図	GB驚日	CD開月	EF休火	JG(生)水	IC傷木	BE杜金	DJ景土	FI死神
1060図	CB驚日	ED開月	JF休火	IG(生)水	BC傷木	DE杜金	FJ景土	GI死神

陰局

—寅	南	南西	西	北西	北	北東	東	南東
1065図	AE死神	BC驚日	FG(開)月	DA休火	JB生水	EF傷木	CD杜金	GJ景土
1066図	GE死土	AC驚神	BG(開)日	FA休月	DB生火	JF傷水	ED杜木	CJ景金
1067図	CE死金	GC驚土	AG(開)神	BA休日	FB生月	DF傷火	JD杜水	EJ景木
1068図	EE死木	CC驚金	GG(開)土	AA休神	BB生日	FF傷月	DD杜火	JJ景水

陰局

—子	南	南西	西	北西	北	北東	東	南東
1073図	BB(杜)日	DD景月	FF死火	GG驚水	CC開木	EE休金	JJ生土	II傷神
1074図	BB傷日	DD(杜)月	FF景火	GG死水	CC驚木	EE開金	JJ休土	II生神
1075図	BB生日	DD傷月	FF(杜)火	GG景水	CC死木	EE驚金	JJ開土	II休神
1076図	BB休日	DD生月	FF傷火	GG(杜)水	CC景木	EE死金	JJ驚土	II開神

陰局

—子	南	南西	西	北西	北	北東	東	南東
1081図	EE驚神	CC開日	GG休月	HH(生)火	BB傷水	FF杜木	DD景金	JJ死土
1082図	EE驚土	CC開神	GG休日	HH(生)月	BB傷火	FF杜水	DD景木	JJ死金
1083図	EE驚金	CC開土	GG休神	HH(生)日	BB傷月	FF杜火	DD景水	JJ死木
1084図	EE驚木	CC開金	GG休土	HH(生)神	BB傷日	FF杜月	DD景火	JJ死水

陽局

—寅	南	南西	西	北西	北	北東	東	南東
1061図	EC驚火	JE開月	IJ休日	BI生神	DB傷土	FD杜金	GF景木	CG(死)水
1062図	JC驚火	IE開月	BJ休日	DI生神	FB傷土	GD杜金	CF景木	EG(死)水
1063図	IC驚火	BE開月	DJ休日	FI生神	GB傷土	CD杜金	EF景木	JG(死)水
1064図	BC驚火	DE開月	FJ休日	GI生神	CB傷土	ED杜金	JF景木	IG(死)水

陽局

—寅	南	南西	西	北西	北	北東	東	南東
1069図	BD杜月	IB景日	AI死神	CA驚土	JC(開)金	EJ休木	FE生水	DF傷火
1070図	BD傷月	IB杜日	AI景神	CA死土	JC驚金	EJ(開)木	FE休水	DF生火
1071図	BD生月	IB傷日	AI杜神	CA景土	JC死金	EJ驚木	FE(開)水	DF休火
1072図	BD休月	IB生日	AI傷神	CA杜土	JC景金	EJ死木	FE驚水	DF(開)火

陽局

—子	南	南西	西	北西	北	北東	東	南東
1077図	BB驚水	FF開火	DD休月	JJ生日	EE傷神	CC杜土	GG景金	HH(死)木
1078図	BB驚木	FF開水	DD休火	JJ生月	EE傷日	CC杜神	GG景土	HH(死)金
1079図	BB驚金	FF開木	DD休水	JJ生火	EE傷月	CC杜日	GG景神	HH(死)土
1080図	BB驚土	FF開金	DD休木	JJ生水	EE傷火	CC杜月	GG景日	HH(死)神

陽局

—子	南	南西	西	北西	北	北東	東	南東
1085図	CC杜火	EE景月	JJ死日	II驚神	BB(開)土	DD休金	FF生木	GG傷水
1086図	CC傷火	EE杜月	JJ景日	II死神	BB驚土	DD(開)金	FF休木	GG生水
1087図	CC生火	EE傷月	JJ杜日	II景神	BB死土	DD驚金	FF(開)木	GG休水
1088図	CC休火	EE生月	JJ傷日	II杜神	BB景土	DD死金	FF驚木	GG(開)水

表7〈時盤　例外〉遁甲立向盤　〈1089図～1152図〉

陰局								
I戌	南	南西	西	北西	北	北東	東	南東
1089図	GF驚木	CB開金	DH休土	FI(生)神	BE傷日	HG杜月	IC景火	ED死水
1090図	CF驚木	DB開金	FH休土	BI(生)神	HE傷日	IG杜月	EC景火	CD死水
1091図	DF驚木	FB開金	BH休土	HI(生)神	IE傷日	EG杜月	GC景火	CD死水
1092図	FF驚木	BB開金	HH休土	II(生)神	EE傷日	GG杜月	CC景火	DD死水

陰局								
I戌	南	南西	西	北西	北	北東	東	南東
1097図	AE(杜)神	EC景日	CG死月	GH驚火	HB開水	BF休木	FD生金	DA傷土
1098図	DE傷土	AC(杜)神	EG景日	CH死月	GB驚火	HF開水	BD休木	FA生金
1099図	FE生金	DC傷土	AG(杜)神	EH景日	CB死月	GF驚火	HD開水	BA休木
1100図	BE休木	FC生金	DG傷土	AH(杜)神	EB景日	CF死月	GD驚火	HA開水

陰局								
J酉	南	南西	西	北西	北	北東	東	南東
1105図	AF景神	GB死日	CH驚月	DI開火	FA(休)水	BG生木	HC傷金	ID杜土
1106図	IF景土	AB死神	GH驚日	CI開月	DA(休)火	FG生水	BC傷木	HD杜金
1107図	HF景金	IB死土	AH驚神	GI開日	CA(休)月	DG生火	FC傷水	BD杜木
1108図	BF景木	HB死金	IH驚土	AI開神	GA(休)日	CG生月	DC傷火	FD杜水

陰局								
J酉	南	南西	西	北西	北	北東	東	南東
1113図	JJ(生)神	HH傷日	CC杜月	BB景火	II死水	DD驚木	GG開金	FF休土
1114図	HJ休神	CH(生)日	BC傷月	IB杜火	DI景水	GD死木	FG驚金	JF開土
1115図	CJ開神	BH休日	IC(生)月	DB傷火	GI杜水	FD景木	JG死金	HF驚土
1116図	BJ驚神	IH開日	DC休月	GB(生)火	FI傷水	JD杜木	HG景金	CF死土

陽局								
I戌	南	南西	西	北西	北	北東	東	南東
1093図	HB杜水	BF景火	FD死月	DA驚日	AE(開)神	EC休土	CG生金	GH傷木
1094図	GB傷木	HF杜水	BD景火	FA死月	DE驚日	AC(開)神	EG休土	CH生金
1095図	CB生金	GF傷木	HD杜水	BA景火	FE死月	DC驚日	AG(開)神	EH休土
1096図	EB休土	CF生金	GD傷木	HA杜水	BE景火	FC死月	DG驚日	AH(開)神

陽局								
I戌	南	南西	西	北西	北	北東	東	南東
1101図	BE驚土	HG開金	IC休木	ED生水	GF傷火	CB杜月	DH景日	FI(死)神
1102図	HE驚土	IG開金	EC休木	GD生水	CF傷火	DB杜月	FH景日	BI(死)神
1103図	IE驚土	EG開金	GC休木	CD生水	DF傷火	FB杜月	BH景日	HI(死)神
1104図	EE驚土	GG開金	CC休木	DD生水	FF傷火	BB杜月	HH景日	II(死)神

陽局								
J酉	南	南西	西	北西	北	北東	東	南東
1109図	II生水	DD傷火	GG杜月	FF景日	JJ(死)神	HH驚土	CC開金	BB休木
1110図	DI休水	GD生火	FG傷月	JF杜日	HJ景神	CH(死)土	BC驚金	IB開木
1111図	GI開水	FD休火	JG生月	HF傷日	CJ杜神	BH景土	IC(死)金	DB驚木
1112図	FI驚水	JD開火	HG休月	CF生日	BJ傷神	IH杜土	DC景金	GB(死)木

陽局								
J酉	南	南西	西	北西	北	北東	東	南東
1117図	FA(景)水	BG死火	HC驚月	ID開日	AF休神	GB生土	CH傷金	DI杜木
1118図	DA(景)木	FG死水	BC驚火	HD開月	IF休日	AB生神	GH傷土	CI杜金
1119図	CA(景)金	DG死木	FC驚水	BD開火	HF休月	IB生日	AH傷神	GI杜土
1120図	GA(景)土	CG死金	DC驚木	FD開水	BF休火	HB生月	IH傷日	AI杜神

陰局								
J未	南	南西	西	北西	北	北東	東	南東
1121図	AA(景)神	BB死日	HH驚月	II開火	EE休水	GG生木	CC傷金	DD杜土
1122図	DA(景)神	AB死日	BH驚月	HI開火	IE休水	EG生木	GC傷金	CD杜土
1123図	CA(景)神	DB死日	AH驚月	BI開火	HE休水	IG生木	EC傷金	GD杜土
1124図	GA(景)神	CB死日	DH驚月	AI開火	BE休水	HG生木	IC傷金	ED杜土

陰局								
J未	南	南西	西	北西	北	北東	東	南東
1129図	JD景水	CI死木	HB驚金	GE(開)土	DJ休神	IC生日	BH傷月	EG杜火
1130図	CD景水	HI死木	GB驚金	DE(開)土	IJ休神	BC生日	EH傷月	JG杜火
1131図	HD景水	GI死木	DB驚金	IE(開)土	BJ休神	EC生日	JH傷月	CG杜火
1132図	GD景水	DI死木	IB驚金	BE(開)土	EJ休神	JC生日	CH傷月	HG杜火

陰局								
J巳	南	南西	西	北西	北	北東	東	南東
1137図	AF景神	CB死日	DH驚月	FI開火	BE休水	HA(生)木	IC傷金	ED杜土
1138図	EF景土	AB死神	CH驚日	DI開月	FE休火	BA(生)水	HC傷木	ID杜金
1139図	IF景金	EB死土	AH驚神	CI開日	DE休月	FA(生)火	BC傷水	HD杜木
1140図	HF景木	IB死金	EH驚土	AI開神	CE休日	DA(生)月	FC傷火	BD杜水

陰局								
J巳	南	南西	西	北西	北	北東	東	南東
1145図	HC(生)土	CJ傷神	JE杜日	EF景月	FD死火	DB驚水	BI開木	IH休金
1146図	CC休土	JJ(生)神	EE傷日	FF杜月	DD景火	BB死水	II驚木	HH開金
1147図	JC開土	EJ休神	FE(生)日	DF傷月	BD杜火	IB景水	HI死木	CH驚金
1148図	EC驚土	FJ開神	DE休日	BF(生)月	ID傷火	HB杜水	CI景木	JH死金

陽局								
J未	南	南西	西	北西	北	北東	東	南東
1125図	DJ生神	IC傷土	BH杜金	EG景木	JD(死)水	CI驚火	HB開月	GE休日
1126図	IJ休神	BC生土	EH傷金	JG杜木	CD景水	HI(死)火	GB驚月	DE開日
1127図	BJ開神	EC休土	JH生金	CG傷木	HD杜水	GI景火	DB(死)月	IE驚日
1128図	EJ驚神	JC開土	CH休金	HG生木	GD傷水	DI杜火	IB景月	BE(死)日

陽局								
J未	南	南西	西	北西	北	北東	東	南東
1133図	EE景水	GG死火	CC驚月	DD開日	AA(休)神	BB生土	HH傷金	II杜木
1134図	IE景木	EG死水	GC驚火	CD開月	DA(休)日	AB生神	BH傷土	HI杜金
1135図	HE景金	IG死木	EC驚水	GD開火	CA(休)月	DB生日	AH傷神	BI杜土
1136図	BE景土	HG死金	IC驚木	ED開水	GA(休)火	CB生月	DH傷日	AI杜神

陽局								
J巳	南	南西	西	北西	北	北東	東	南東
1141図	FD生木	DB傷水	BI杜火	IH景月	HC(死)日	CJ驚神	JE開土	EF休金
1142図	DD休木	BB生水	II傷火	HH杜月	CC景日	JJ(死)神	EE驚土	FF開金
1143図	BD開木	IB休水	HI生火	CH傷月	JC杜日	EJ景神	FE(死)土	DF驚金
1144図	ID驚木	HB開水	CI休火	JH生月	EC傷日	FJ杜神	DE景土	BF(死)金

陽局								
J巳	南	南西	西	北西	北	北東	東	南東
1149図	BE景水	HA(死)火	IC驚月	ED開日	AF休神	CB生土	DH傷金	FI杜木
1150図	FE景木	BA(死)水	HC驚火	ID開月	EF休日	AB生神	CH傷土	DI杜金
1151図	DE景金	FA(死)木	BC驚水	HD開火	IF休月	EB生日	AH傷神	CI杜土
1152図	CE景土	DA(死)金	FC驚木	BD開水	HF休火	IB生月	EH傷日	AI杜神

表7〈時盤　例外〉遁甲立向盤　〈1153図～1192図〉

陰局

J卯	南	南西	西	北西	北	北東	東	南東
1153図	AF景神	IB死日	EA(驚)月	GI開火	CE休水	DG生木	FC傷金	BD杜土
1154図	BF景土	AB死神	IA(驚)日	EI開月	GE休火	CG生水	DC傷木	FD杜金
1155図	FF景金	BB死土	AA(驚)神	II開日	EE休月	GG生火	CC傷水	DD杜木
1156図	DF景木	FB死金	BA(驚)土	AI開神	IE休日	EG生月	GC傷火	CD杜水

陰局

J卯	南	南西	西	北西	北	北東	東	南東
1161図	FB(生)月	GD傷火	CF杜水	EG景木	JC死金	IE驚土	BJ開神	DI休日
1162図	GB休月	CD(生)火	EF傷水	JG杜木	IC景金	BE死土	DJ驚神	FI開日
1163図	CB開月	ED休火	JF(生)水	IG傷木	BC杜金	DE景土	FJ死神	GI驚日
1164図	EB驚月	JD開火	IF休水	BG(生)木	DC傷金	FE杜土	GJ景神	CI死日

陰局

J丑	南	南西	西	北西	北	北東	東	南東
1169図	AF景神	EB死日	GH驚月	CA(開)火	DE休水	FG生木	BC傷金	HD杜土
1170図	HF景土	AB死神	EH驚日	GA(開)月	CE休火	DG生水	FC傷木	BD杜金
1171図	BF景金	HB死土	AH驚神	EA(開)日	GE休月	CG生火	DC傷水	FD杜木
1172図	FF景木	BB死金	HH驚土	AA(開)神	EE休日	GG生月	CC傷火	DD杜水

陰局

J丑	南	南西	西	北西	北	北東	東	南東
1177図	CE(生)日	GC傷月	HG杜火	BH景水	FB死木	DF驚金	JD開土	EJ休神
1178図	GE休日	HC(生)月	BG傷火	FH杜水	DB景木	JF死金	ED驚土	CJ開神
1179図	HE開日	BC休月	FG(生)火	DH傷水	JB杜木	EF景金	CD死土	GJ驚神
1180図	BE驚日	FC開月	DG休火	JH(生)水	EB傷木	CF杜金	GD景土	HJ死神

陽局

J卯	南	南西	西	北西	北	北東	東	南東
1157図	JC生神	IE傷土	BJ杜金	DI景木	FB(死)水	GD驚火	CF開月	EG休日
1158図	IC休神	BE生土	DJ傷金	FI杜木	GB景水	CD(死)火	EF驚月	JG開日
1159図	BC開神	DE休土	FJ生金	GI傷木	CB杜水	ED景火	JF(死)月	IG驚日
1160図	DC驚神	FE開土	GJ休金	CI生木	EB傷水	JD杜火	IF景月	BG(死)日

陽局

J卯	南	南西	西	北西	北	北東	東	南東
1165図	CE景水	DG死火	FC驚月	BD開日	AF休神	IB生土	EA(傷)金	GI杜木
1166図	GE景木	CG死水	DC驚火	FD開月	BF休日	AB生神	IA(傷)土	EI杜金
1167図	EE景金	GG死木	CC驚水	DD開火	FF休月	BB生日	AA(傷)神	II杜土
1168図	IE景土	EG死金	GC驚木	CD開水	DF休火	FB生月	BA(傷)日	AI杜神

陽局

J丑	南	南西	西	北西	北	北東	東	南東
1173図	FB生火	DF傷月	JD杜日	EJ景神	CE(死)土	GC驚金	HG開木	BH休水
1174図	DB休火	JF生月	ED傷日	CJ杜神	GE景土	HC(死)金	BG驚木	FH開水
1175図	JB開火	EF休月	CD生日	GJ傷神	HE杜土	BC景金	FG(死)木	DH驚水
1176図	EB驚火	CF開月	GD休日	HJ生神	BE傷土	FC杜金	DG景木	JH(死)水

陽局

J丑	南	南西	西	北西	北	北東	東	南東
1181図	DE景水	FG死火	BC驚月	HD開日	AF休神	EB生土	GH傷金	CA(杜)木
1182図	CE景木	DG死水	FC驚火	BD開月	HF休日	AB生神	EH傷土	GA(杜)金
1183図	GE景金	CG死木	DC驚水	FD開火	BF休月	HB生日	AH傷神	EA(杜)土
1184図	EE景土	GG死金	CC驚木	DD開水	FF休火	BB生月	HH傷日	AA(杜)神

陰局

J亥	南	南西	西	北西	北	北東	東	南東
1185図	FF(生)神	BB傷日	HH杜月	II景火	EE死水	GG驚木	CC開金	DD休土
1186図	FF休土	BB(生)神	HH傷日	II杜月	EE景火	GG死水	CC驚木	DD開金
1187図	FF開金	BB休土	HH(生)神	II傷日	EE杜月	GG景火	CC死水	DD驚木
1188図	FF驚木	BB開金	HH休土	II(生)神	EE傷日	GG杜月	CC景火	DD死水

陰局

	南	南西	西	北西	北	北東	東	南東

陰局

	南	南西	西	北西	北	北東	東	南東

陰局

	南	南西	西	北西	北	北東	東	南東

陽局

J亥	南	南西	西	北西	北	北東	東	南東
1189図	EF生水	GG傷火	CC杜月	DD景日	FF(死)神	BB驚土	HH開金	II休木
1190図	EE休木	GG生水	CC傷火	DD杜月	FF景日	BB(死)神	HH驚土	II開金
1191図	EE開金	GG休木	CC生水	DD傷火	FF杜月	BB景日	HH(死)神	II驚土
1192図	EE驚土	GG開金	CC休木	DD生水	FF傷火	BB杜月	HH景日	II(死)神

陽局

	南	南西	西	北西	北	北東	東	南東

陽局

	南	南西	西	北西	北	北東	東	南東

陽局

	南	南西	西	北西	北	北東	東	南東

知道出版有限公司
台北市木新路二段111巷12弄26號
電話:(02)9395450.9396007.9396640
傳眞:(02)9381823　郵撥1293513-1